365일 복음 묵상 가해
말씀으로 걷는 하룻길

The Everyday Life with the Word
- Year A

Shin Eun Keun

Copyright © 2011 by Shin Eun Keun
Published by ST PAULS, Seoul, Korea

ST PAULS
103-36 Songjung-dong Gangbuk-gu 142-806 Seoul Korea
Tel 02-9448-300, 02-986-1361 Fax 02-986-1365

국립중앙도서관 출판시도서목록(CIP)

| 말씀으로 걷는 하룻길 : 365일 복음 묵상 가해 / 신은근 지음. ― |
| 서울 : 성바오로, 2011 |
| p. ;   cm |
| ISBN 978-89-8015-766-2 03230 : ₩18000 |
| 성서 묵상[聖書默想] |
| 238.242-KDC5 |
| 242.5-DDC21   CIP2011000699 |

365일 복음 묵상 가해

말씀으로
걷는
하룻길

| 신은근 신부 지음

일러두기

이 책은 전례력상으로 짝수해 및 가해에 해당하는 2008년 〈매일미사〉에 실린 복음 묵상들을 한 권으로 묶은 것입니다.

이 책에는 네이버에서 제공한 나눔글꼴이 사용되었습니다.

구원은 삶의 결과입니다

언젠가 식당에서 점심을 먹고 있었습니다. 옆 테이블에 할아버지 두 분이 오시더니 주문하고는 대뜸 성당 이야기를 했습니다.
"그래. 자네 손녀가 성당에서 혼례를 올린단 말이지?"
"그렇다네. 신랑 쪽이 열렬한 신자 집안인가 봐."
두 분은 한참 동안 이야기했습니다. 그러다 한 분이 생각났다는 듯 충고했습니다. "그런데 말이야. 식이 끝날 때쯤 신도들에게 과자를 하나씩 주는데 받으러 가지 말게. 신도가 아닌 줄 용하게 알고 주지 않는다네." 웃는 얼굴로 할아버지를 쳐다봤습니다. 아직도 신기하다는 표정이었습니다. 영성체하러 갔다가 거절당한 것이 분명합니다. 할아버지의 생각은 단순했습니다. '그까짓 과자, 하나 주면 어때서 저희끼리 먹는 것일까?'
신앙생활을 하지 않는 이에게는 성체도 작은 과자일 뿐입니다. 모르기 때문이지요. 하지만 믿음의 길을 걷는 이에게 성체는 '신앙의 전부'입니다. 성체를 통해 하느님의 섭리를 접하기 때문입니다. 그것은 모든 사건과 만남을 주관하시는 그분의 힘입니다. 그러니 성체를 모르면 성경도 모르는 것이 됩니다. 아무리 읽어도 예수님의 체온은 느껴지지 않습니다. 그분의 에너지가 함께하지 않는 탓입니다.

복음서에서 주님은 많은 기적을 베푸셨습니다. 그런 일이 신앙 안에서 일어나지 말라는 법은 없습니다. 우리가 믿는 예수님과 성경 속의 예수님은 같은 분이기 때문입니다. 그러니 성체의 주님을 모르면 성경의 주님도 모르는 것이 됩니다. 이론적으로 알아도 체험으로 깨달아지지 않습니다.

한번은 평일 낮 미사를 마치고 성당 마당에 있는데 할머니 한 분이 오시더니 느닷없이 이렇게 물으셨습니다. "신부님, 성당에서도 구원이 있습니까?" 평소 할머니의 신심을 알고 있던 저는 왜 그러냐고 물었습니다. 이야기를 종합하면 다음과 같습니다.

아침에 일어나 미사 갈 준비를 하는데 아랫방 새댁이 할머니를 찾았습니다. 그 새댁은 교회에 다니는데 하도 요란해서 할머니는 싫어한다고 했습니다. 그런데 새댁이 오더니, 어젯밤 하느님에게서 구원받았다는 소리를 들었다는 겁니다. 그 소리가 너무 생생해 한잠도 못 자고 기도했다고 합니다. 그런데 잠을 안 잤는데도 즐겁기만 해서 할머니와 기쁨을 나누려 왔다는 것입니다. '별 미친 년 다 있구먼.' 할머니는 속이 거북했지만 내색 않고 들었습니다. 그런데 새댁이 또 이런 말을 했습니다.

"할머니도 구원받았다는 소리를 들은 적이 있으세요? 아니, 성당에도 구원이 있나요?"

"아, 그럼! 구원 없는 성당이 어디 있나."

소리를 질렀지만 할머니는 내심 찜찜했습니다. 생각해 보니 구원받았다는 소리는커녕 구원이란 말조차 해 본 적이 없었습니다. '뭐가 잘못된 건가?' 이런 생각이 들어 할머니는 저를 찾아왔다고 했습니다.

할머니에게 구원에 대한 설명은 쉽지 않았습니다. 여태껏 해 오신 대로 살면 된다는 것이 고작이었습니다. 구원은 삶의 결과입니다. 세상 사는 것이 끝난 뒤에 주님께서 하실 일입니다. 아직 살아 있는데 구원받았다고 떠드는 것은 모르고 하는 소리입니다. 더구나 감정이나 기분에 치우쳐 구원을 외치는 것은 유치한 행동이랍니다.

저 역시 구원에 대해 잘 모릅니다. 성경에 대해서도 많이 부족합니다. 성체를 오해한 할아버지나 구원을 잊고 살았던 할머니와 다를 바 없습니다. 다만 평소의 생각과 느낌을 글로 남겨 뒀는데, 그것에 살을 붙이다 보니 〈매일미사〉 묵상 글이 되었습니다. 이제 그 글들이 이렇게 한 권의 책으로 남게 되니 은혜롭습니다. 책이 나올 수 있도록 배려해 주신 주교회의 전임 홍보국장 김화석(도미니코) 신부님과 성바오로출판사 황인수(이냐시오) 신부님에게 진심으로 감사드립니다.

2011년을 시작하며

신은근 바오로 신부

365일 복음 묵상 가해

1월

01 January — 천주의 성모 마리아 대축일

'천주의 성모 마리아'는 초대 교회 때부터 있어 온 칭호였고 431년 에페소 공의회에서 공적으로 승인했다. 교황 비오 11세는 에페소 공의회 1500주년이 되는 1931년부터 모든 교회에 '천주의 성모 마리아 대축일'을 지내게 했다. 처음엔 10월 11일이었는데 1970년 이후부터 1월 1일에 지내고 있으며 교황 바오로 6세는 이날을 '세계 평화의 날'로 선포했다.

루카 2,16-21 :

목자들은 아기 예수님을 찾아갑니다. 그리고 천사가 일러준 그대로임을 발견합니다. 그들은 마리아에게 천사 이야기를 합니다. 그의 표정과 생김새까지 다 이야기했을 겁니다. 마리아께서는 예수님의 잉태를 알려 준 그 천사였음을 직감합니다.

천사를 목격했으니 목자들은 이제 보통 사람이 아닙니다. 그들은 영적 체험을 한 것입니다. 예수님을 만났고 성모님도 알게 되었습니다. 하느님의 어머니가 되신 분을 처음으로 만났고 이야기를 나누었습니다. 그들은 형언할 수 없는 기쁨과 따뜻함을 안고 떠나갔을 것입니다.

우리는 성모님을 잘 아는 것 같지만 사실은 잘 모를 수 있습니다. 지식으로는 마리아께서 어떤 분인지 잘 압니다. 하지만 그분을 진정으로 알려면 그분을 만나야 합니다. 아니면 천사를 통해 깨달음을 얻어야 합니다. 성모님을 알려 주는 천사는 주위에 많이 있습니다.

성모님께 진심으로 매달렸고, 그리하여 그분께서 주시는 기적을 체험해 본 사람들입니다. 성모님은 어머니십니다. 자식이 온몸으로 다가가는데 외면할 어머니는 없습니다. 그렇게 성모님을 만난 이들은 모두가 천사가 됩니다. 한 해를 시작하는 첫날, 우리 역시 성모님을 어머니로 부르면서 시작합시다. 그분은 분명 사랑으로 지켜주실 것입니다. 아기 예수님을 만난 목자들처럼 성모님을 새롭게 만나고 천사가 되어 이 한 해를 살아야겠습니다.

02 January

성 대 바실리오와 나지안조의 성 그레고리오 주교 학자 기념일

바실리오 성인은 330년 카파도키아에서 태어났다. 학문과 덕행에 특출했던 그는 은수 생활을 하다 사제가 되었고 주교로 임명되었다. 아리우스 이단과 투쟁했고 병자와 가난한 이들을 구하는 데 적극적이었다. 많은 저서와 편지를 남겼다. 동방 수도회의 아버지로 공경받고 있다. 그레고리오 성인은 성녀 논나의 아들로 역시 카파도키아의 나지안조에서 태어났다. 바실리오 성인을 만나 함께 은수 생활을 하다 사제품을 받았고 주교가 되었다. 평생 아리우스 이단과 논쟁하며 정통 교리를 수호하다 선종하였다.

요한 1,19-28 :

"나는 그리스도가 아닙니다." 요한은 이렇게 답합니다. 그러나 그에게는 그리스도로 착각할 무엇이 있었습니다. 세례와 함께 죄 사함의 은총을 베풀었습니다. 그의 말과 행동에는 하느님의 힘이 전해지고 있었던 겁니다. 그런데도 요한은 자신이 그리스도가 아니라고 선언합니다.

오늘날 많은 이들이 그리스도로 대접받고 싶어 합니다. 영적 능력이 조금만 있어도 사람들 위에 서고 싶어 합니다. 그렇게 해서 조직을 만들며 분가하는 것이 신흥 종교의 모습입니다.

그러나 요한은 그렇게 하지 않았습니다. 그는 사이비 종교의 교주가 아니었습니다. 사람들이 요한에게 빠진 것은 그의 세례 때문입니다. 강물에 들어갔다 나오기만 하면 죄가 사해진다고 하니 얼마나 쉬운 일입니까? 그렇게 하니까 죄 사함의 느낌도 왔습니다. 그러기에 사람들은 요한을 메시아로 착각했던 겁니다. 주님께서 요한의 말과 행동에 힘을 실어 주셨던 것이지요. 강물에 들어갔다 나오는 사람에게 죄 사함의 느낌을 선물로 주셨던 것입니다.

요한이 자신을 그리스도로 착각했더라면 더 이상 성경에 등장하지 않았을 것입니다. 겸손은 자신의 본래 위치를 보는 행동입니다. 재물이 많아지고 지위가 높아지면 '아차' 하는 사이 자신을 대단한 존재로 생각합니다. 사람들이 소홀이 하면 금방 불쾌한 마음을 지닙니다. 그런 삶은 축복의 삶이 될 수 없습니다. 요한의 모습에서 묵상해야 할 부분입니다.

03 January

요한 1,29-34 :

　요한은 예수님을 증언합니다. "성령께서 비둘기처럼 오시어 그분 위에 머무는 것을 보았다." 비둘기는 상서로운 새였습니다. 주님의 힘과 기운이 그런 모습으로 예수님께 오는 것을 보았던 것입니다. 그 이유 때문에 요한이 예수님께 승복했을까요? 아닙니다. 그건 하나의 표현일 뿐입니다. 사실은 주님께서 요한에게 가시어 그를 이끌어 주셨던 것입니다.

　주님께서 이끌어 주시면 누구나 변화됩니다. 그분께서 이끄시는데 버티어 낼 사람은 없습니다. 처음에는 미적미적해도 결국 그분의 손길을 따라갑니다. 이것이 인생입니다. 다만 그분께서 끌어 주시도록 누군가 기도해야 합니다. 누군가 끊임없이 희생해야 합니다. 하느님의 기운은 그런 사람의 염원을 절대로 소홀히 하지 않습니다.

　교리 시간에 들쑥날쑥 잘 나오지 않고 가끔 엉뚱한 질문을 하던 예비 신자가 세례를 받자 열렬한 신앙인으로 바뀌는 것을 보게 됩니다. 나중에는 헌신적인 본당간부가 되기도 합니다. 어떻게 저 사람이 변화되었을까? 누가 저 사람을 바꾸었을까? 그의 뒤에는 수십 년을 기도해 온 어머니가 있었습니다. 어머니의 헌신이 결실을 맺은 것입니다.

　기도가 없으면 금방 냉담해집니다. 뜨거움이 없기에 식는 것이지요. 세례자 요한은 몰랐지만 주님께서는 그의 내면에 뜨거움을 주셨습니다. 메시아를 기다리던 백성의 염원이 요한에게 닿았던 것입니다.

04 January

요한 1,35-42 :

개는 야생으로 돌아가면 들개가 됩니다. 그러나 양은 그렇지 않습니다. 야생으로 보내도 가지 않습니다. 태어날 때부터 인간을 떠나지 않습니다. 그런 양을 인간은 애정으로 보살핍니다. 그러기에 사람 손이 닿지 않으면 양들은 죽어 버린다고 합니다. 이런 양이기에 목자에게 언제나 복종합니다.

이스라엘은 양이 많은 나라입니다. 그래서 성경에는 양 이야기가 많습니다. 어린양도 그중 하나입니다. 어린양은 혼자서 아무것도 못합니다. 목자가 시키는 대로 할 뿐입니다. 이처럼 순한 양을 유다인들은 과월절이 되면 잡습니다. 이집트 탈출을 기념하는 파스카 축제 때 쓰기 위해서입니다. 복음에서 요한은 예수님을 바로 그 '어린양으로 부르고 있습니다.

영성체 전에 사제는 빵을 쪼개는 예식을 합니다. 인류를 위해 돌아가신 예수님의 부서진 몸을 상징하는 행위입니다. 이때 청중은 "하느님의 어린양, 세상의 죄를 없애시는 주님!" 하고 외칩니다. 목자에게 철저히 순종하는 어린양을 예수님께 비유하는 것이지요.

요한은 자기 제자 두 사람을 예수님께 보냅니다. 떠나는 그들에게 예수님을 어린양으로 소개했습니다. 그렇게 순종하며 살라는 암시입니다. 예수님께서도 새로운 제자들에게 아무런 당부를 하지 않으십니다. 그저 "와서 보라."고만 하십니다. 아버지께 순명하며 사는 모습을 보라고 하신 것입니다.

05 January

요한 1,43-51 :

　　나타나엘은 예수님께 승복합니다. 자신이 무화과나무 아래 있는 걸 보셨다는 그분의 말씀에 무릎을 꿇은 것입니다. 나무 밑에 있는 걸 봤다는 말에 그렇게 달라질 수 있을까요? 그건 아닐 겁니다. 아마도 예수님께서는 그의 지난날을 이야기하셨을 것입니다. '나무 밑에 있는 것을 보았다'는 표현은 나타나엘의 "과거를 이야기했다."는 말과 같은 의미로 받아들여야 합니다.

　　나타나엘은 필립보에게 말합니다. "나자렛에서 무슨 좋은 것이 나올 수 있겠소?" 시골에서 무슨 걸출한 인물이 나오겠냐는 말입니다. 그 말은 맞습니다. 문화 시설이 전무했던 나자렛에서 인물이 나올 수는 없는 일이었습니다. 더구나 로마 문화가 판을 치던 시대에 예루살렘 말고는 어디에서도 인물이 나올 수 없는 분위기였습니다.

　　어쩌면 나타나엘은 위대한 스승을 찾고 있었는지 모릅니다. 예수님께서는 그 마음을 읽으셨고 그의 소년 시절과 앞으로의 꿈을 이야기하셨을 것입니다. 그것이 '무화과나무 아래 있는 것을 보았다'는 표현입니다. 그러자 나타나엘은 고백합니다. "스승님은 하느님의 아들이십니다." 그가 표현할 수 있는 최상의 언어였습니다.

　　나타나엘은 꿈을 이루어 줄 분으로 예수님을 믿었습니다. 그렇습니다. 예수님께서는 우리의 꿈을 이루어 줄 분이십니다. 이 한 해, 그분의 제자로 살아간다면 우리가 바라는 많은 것들은 현실이 되어 나타날 것입니다.

06 January — 주님 공현 대축일

주님 공현 대축일은 동방 박사 세 사람이 아기 예수님을 경배하러 왔던 사건을 기념하는 날이다. 그래서 예전에는 삼왕내조三王來朝라 했다. 공현이란 "공적으로 드러낸다." 는 뜻이다. 예수님이 인류의 구세주임을 공개적으로 선언하셨다는 의미다. 우리나라에서는 1월 2일과 8일 사이의 주일에 지내고 있다.

마태 2,1-12 :

한 자루의 양초로 수많은 초에 불을 붙입니다. 그래도 처음 양초의 빛은 약해지지 않습니다. 무심히 받아들이지만 기적입니다. 자신의 힘을 전적으로 주지만 조금도 없어지지 않는 이 사실이 어찌 기적이 아닐는지요. 초는 초대 교회 때부터 그리스도를 상징해 왔습니다. 지금도 미사 봉헌 때는 촛불을 켭니다. 초는 신앙인들에게 특별한 물건입니다.

오늘은 주님 공현 대축일입니다. 동방 박사 세 사람은 아기 예수님을 만나러 먼 길을 떠나왔습니다. 오직 별의 인도만 믿고 기약 없는 길을 걸어왔습니다. 우리의 인생도 하느님을 만나기 위한 여행이라면 동방 박사들의 이야기에는 희망이 있습니다. 별의 인도가 꼭 있을 것이라는 희망입니다. 우리의 별은 어디에 있는지요?

동방 박사들은 예수님을 만나러 온 것이 아니라 경배하러 왔습니다. 그러기에 그들은 나름대로 예물을 바쳤습니다. 올 한 해, 우리 역시 예물을 바치며 살아야 합니다. 살면서 만나는 그 많은 아픔과 희생을 예물로 봉헌해야 합니다. 무엇이든 주님께서 주시는 것으로 여기며 받아들일 때 예물이 되는 것이지요. 누군가를 위해 기도한다고 기도의 힘이 나와 무관해지는 것은 아닙니다. 누군가를 위해 희생하고 참을 때 그 인내의 은공이 자신에게 오지 않는 것은 아닙니다. 한 자루의 초가 수많은 초에 불을 붙여도 힘을 잃지 않는 것과 같은 이치입니다.

07 January

마태 4,12-17.23-25 :

예수님께서는 전도를 시작하십니다. "회개하여라. 하늘나라가 가까이 왔다." 그분의 외침은 단순하고 명쾌합니다. 회개와 하늘나라가 그분 외침의 전부였습니다. 그러니 회개하면 하늘나라는 가까이 옵니다. 삶의 자세를 바꾸면 하느님의 힘이 곧 함께합니다.

야고보 씨는 작은 식당을 운영합니다. 아내와 함께 시장 어귀에서 몇 년째 국밥을 팔고 있습니다. 종업원도 없고 두 사람이 함께 합니다. 사람 좋은 야고보 씨는 손님들이 행패를 부려도 웃음을 잃지 않습니다. 그런데 일과가 끝나면 꼭 술을 마십니다. 많이 마시는 것은 아니지만 매일 마시다 보니 뒤치다꺼리는 늘 아내 몫입니다. 두 사람은 그것 때문에 자주 달그락거립니다. 착한 야고보 씨는 술을 끊으려 몇 번을 시도했지만 성공하지 못했습니다.

"신부님, 어떡하면 술을 끊을 수 있나요?" 어느 날 야고보 씨는 절실하게 물었습니다. 사정을 잘 알고 있기에 무어라 할 말이 없었습니다. 그래도 용기를 내어 말했습니다. "술을 끊는다 생각하지 말고 안 마시는 습관을 들여 보세요. 완전히 끊는다 생각하지 말고 일과가 끝난 뒤에는 안 마시겠다, 이렇게 결심해 보세요. 그리고 성모님께 많이 기도하세요."

언제부터인가 야고보 씨는 술을 끊었습니다. 삶의 태도를 바꾸었기에 은총이 함께했던 것이지요. 주님께서 봐주시면 안 될 일이 없습니다. 회개하면 하늘나라가 가까이 옵니다. 삶의 태도를 바꾸면 은총은 즉각 함께합니다.

08 January

마르 6,34-44 :

오천 명이 넘는 군중이 물고기 두 마리와 빵 다섯 개로 허기를 채웁니다. 있을 수 없는 일입니다. 동화에나 나옴직한 일입니다. 그런데 이런 일이 실제로 있었습니다. 그러기에 네 복음서에 모두 등장합니다. 기적의 음식을 먹은 제자들은 너무 놀랐던 것이지요. 그런 까닭에 두고두고 이 이야기를 전했을 것입니다.

이야기의 핵심은 어디에 있겠습니까? 말할 것도 없이 예수님의 능력에 있습니다. 그분은 보잘것없는 음식으로도 수천 명을 먹일 수 있다는 걸 알리려는 데 있습니다. 옛날에는 배고픔이 흔했습니다. 전쟁이나 천재지변으로 굶주리는 사람들이 많았지요.

오늘날에도 배고픈 이들은 많습니다. 영적으로 굶주린 이들은 더 많습니다. 사는 것이 우울하고 불안한 사람들입니다. 그들에게 예수님께서는 말씀하십니다. "하찮은 것일지라도 나에게 맡겨라. 너를 풍요롭게 할 것이다." 물고기 두 마리와 빵 다섯 개는 배고픈 어른 한 사람이 먹기에도 시원찮은 음식입니다. 그런데 주님께서는 그 음식으로 수천 명의 군중을 감동시켰습니다.

아무리 하찮은 것일지라도 주님께 봉헌한다면 그분께서는 영적 에너지로 변화시켜 주십니다. 이것이 복음의 가르침입니다. 작은 것이라도 주님께 봉헌해야 합니다. 주님께 봉헌한다는 것은 '그분께서 주신 것'으로 여기며 감사히 받아들인다는 뜻입니다.

09 January

마르 6,45-52 :

　　아무나 물 위를 걸을 수 없습니다. 아무나 위험 속에서 살아남을 수 없습니다. 돌이켜 보면 아슬아슬했던 순간들은 많이 있습니다. 우리 삶의 지난날에는 그런 날들이 셀 수 없이 많습니다. 그러면서도 누군가의 도움으로 다시 일어섰던 때를 돌아보면 모두가 기적이었습니다.

　　물 위를 걷는 것은 불가능한 일입니다. 그러기에 제자들은 유령인 줄 착각합니다. 스승님의 능력을 망각한 것이지요. 우리 역시 행복할 때는 예수님을 주님으로 고백합니다. 그러나 일이 안 풀리고 관계가 꼬여 갈 때는 하늘에 불평하고 인연을 원망합니다.

　　예수님께서는 제자들에게 화내지 않으셨습니다. 그들의 약한 마음을 아셨던 것이지요. 주님께서는 우리에게도 화내지 않으십니다. 부족한 마음을 아시기 때문입니다. 그러니 죄 의식을 너무 많이 가지는 것은 좋지 않습니다. 언제라도 다시 일어서며 살아야 합니다.

　　인생은 물 위를 걷는 행위와 같습니다. 주님께서 잡아 주지 않으시면 빠질 수밖에 없습니다. 예수님을 믿어 그분의 에너지를 얻어야만 물 위를 걸을 수 있습니다. 물 위를 걷는 것처럼 불가능한 일도 해낼 수 있습니다. 행복의 근본은 믿음에 있습니다. 생각대로 되지 않는다고 실망해서는 안 됩니다. 어느 날, 모든 것이 해결됩니다. 그것이 믿음의 힘입니다.

10 January

루카 4,14-22 :

고향으로 가신 예수님께서는 이사야 예언서를 읽고 말씀하십니다. 그 모습과 장면을 우리는 상상할 수 있습니다. "주님의 영이 내 위에 내리셨다." 누가 이렇게 당당하게 말할 수 있을는지요. 예수님께서는 확신에 차 있었습니다. 그 확신이 사람들에게 전해진 것이지요. 당당함은 확신에서 나옵니다. 주님의 당당한 모습에 사람들은 말씀을 믿고 받아들입니다. 행복을 느꼈을 것입니다.

"주님께서는 나를 보내시어 가난한 이들에게 기쁜 소식을 전하고 잡혀간 이들에게 해방을 선포하게 하셨다." 가난한 사람에게 기쁜 소식은 부자가 되는 것입니다. 예수님께서는 그 방법을 알려 주신 셈입니다. 하느님을 알고 그분의 힘을 소유할 수 있는 길을 제시하신 것입니다. 이보다 더 큰 부자가 어디 있을는지요?

잡혀간 이들은 전쟁 포로만이 아닙니다. 빚에 묶이고 설움에 눌리고 신분과 제약의 장애물에 시달리는 이들입니다. 그들에게 해방을 선언한다고 하셨습니다. 오직 주님께만 묶이라는 말씀입니다. 오늘 우리는 무엇에 쉽게 묶이는지요? 아직도 나쁜 기억과 악한 감정을 떨치지 못하고 있는 것은 아닌지요? 미움의 벽은 근본을 무너뜨리지 않으면 다시 살아납니다. 예수님께 극복의 힘을 청해야겠습니다.

11 January

루카 5,12-16 :

평생 가면을 만들며 살아온 이가 있었습니다. 언제부턴가 그는 가면 만들기를 그만뒀습니다. 만든 가면도 절대로 팔지 않았습니다. 그러자 소문이 돌았습니다. 그의 가면을 쓰면 가면이 얼굴에 붙어 '본 얼굴'이 된다는 겁니다. 그의 가면을 사려는 사람들이 줄줄이 나타났습니다. 돈은 얼마든지 줄 테니 얼굴을 고쳐 달라며 애걸했습니다.

소문은 임금님 귀에까지 들어갑니다. 호기심에 임금은 그를 불러들이지요. "네가 만드는 가면이 놀랍다고 들었다. 어떠냐. 나한테도 하나 만들어 줄 수 없느냐?" 가면 만드는 이가 대꾸합니다. "이미 가면을 쓰고 계시면서 또 쓰시겠단 말씀입니까?" 임금은 화를 냅니다. "뭐라? 내가 가면을 썼다고?" 그가 또 대꾸합니다. "임금님께서는 가끔씩 마음과 반대로 얼굴 표정을 짓지 않습니까. 그게 가면이 아니고 무엇입니까?" 그러자 임금은 웃으며 응답했습니다. "네 말이 맞다. 그러고 보니 넌 사람들에게 진짜로 가면을 만들어 주는 것이 아니구나."

"아닙니다. 저는 가면 사러 오는 이에게 3년 동안 좋은 마음을 지닌 뒤 오라고 합니다. 그러면 얼굴이 그렇게 변해 있으니까요. 그리고 어느 날 가면 씌우는 흉내를 내고는 말합니다. 이 아름다운 가면이 흉하게 변할 수 있으니 마음을 바르게 쓰며 살라고 말입니다." 성경에는 나병 환자를 치유하시는 예수님의 이야기가 많습니다. 육체는 건강한데 마음이 나병으로 일그러져 있는 것은 아닌지 돌아보라는 메시지입니다.

12 January

요한 3,22-30 :

세례자 요한은 결론 내립니다. "그분은 커져야 하고 나는 작아져야 한다." 아무나 이 말을 할 수 없습니다. 겸손한 사람이라도 상대를 알기 전에는 이렇게 말할 수 없습니다. 요한은 예수님과의 관계를 알고 있었습니다. 그분은 그리스도이시며 자신은 그분의 길을 준비하는 자임을 깨달았던 것입니다.

살면서 우리는 가끔씩 질문합니다. 나는 누구인가? 누구를 위해 살고 있는가? 희생하기 위해 태어난 사람은 없습니다. 가족을 위한 희생도 사랑이 이끄는 행동일 뿐입니다. 누구에게나 자신이 걸어야 할 길이 있습니다. 그 길을 먼저 기쁨과 확신으로 받아들여야 합니다. 언제나 그 자세가 우선입니다. 세례자 요한은 그렇게 사신 분입니다. 그러기에 찾아온 제자들에게 정확한 정보를 주고 있습니다.

"하늘로부터 주어지지 않으면 사람은 아무것도 받을 수 없다." 요한의 답변이었습니다. 어떤 사람에게 하늘이 가르침을 내리겠습니까? 자신의 본모습을 아는 사람이 아닐는지요? 그러니 삶의 모든 것을 감사의 시각으로 바라봐야합니다. 그래야 '하늘의 힘'을 가까이 느낄 수 있습니다. 그래야 사람들에게 다가가 좋으신 주님을 전할 수 있습니다. 요한은 결코 억울하게 생각하며 예수님을 소개한 것이 아닙니다.

13 January

주님 세례 축일

전례상으로 주님 세례 축일을 경계로 성탄 시기가 끝나고 연중 시기가 시작된다. 주님 세례 축일은 예수님의 공생활이 시작되었음을 선언하는 날이다. 세례를 받으신 예수님은 이제 공적으로 당신을 드러내시며 활동을 시작하신다.

마태 3,13-17 :

예수님께서도 세례를 받으셨습니다. 그럴 이유가 없을 것 같은데 세례를 받으셨습니다. 그만큼 세례는 신비스런 성사입니다. "이는 내가 사랑하는 아들, 내 마음에 드는 아들이다." 하늘에서는 이 말씀이 들렸고 성령께서는 비둘기의 모습으로 오셨습니다. 천상의 모든 분들이 그분의 세례를 지켜보았다는 표현입니다. 예수님께만 일어난 사건일는지요?

누구나 세례를 받으면 이런 일이 일어납니다. 그만큼 세례는 위대한 사건입니다. 우리에게도 하늘의 응답이 있었습니다. "내가 사랑하는 아들, 내 마음에 드는 아들이다." 이 말씀이 있었고 성령께서도 오셨습니다. 다만 우리가 몰랐을 뿐입니다. 그러니 예수님의 세례 축일은 우리의 세례를 되돌아보는 날입니다.

세례 후 우리는 달라졌습니다. 죄를 피하려 했고 사랑을 위해 노력했습니다. 기도에 힘쓰며 성사생활을 가까이 했습니다. 삶을 긍정적으로 보았고 미래에 희망을 두었습니다. 그런데 지금은 어떻습니까? 열정의 불씨만 남아 있는 것은 아닌지요? 그때의 자세를 되찾아야 합니다. 주님께서는 잘못을 없애 주셨습니다. 그런데 아직도 죄와 연관된 신앙에 머물고 있다면 바꾸어야 합니다. 신앙생활은 죄가 아니라 '은총과 연관되어' 있습니다. '어떻게 하면 죄를 피할 수 있을까?' 이 생각이 아니라 '어떻게 하면 은총을 소중히 여기며 살아갈까?' 이 생각을 해야 합니다. 그것이 세례성사의 교훈입니다.

마르 1,14-20 :

"하느님의 나라가 가까이 왔다. 회개하고 복음을 믿어라." 말씀의 실현을 위해 스승님은 제자들을 부르십니다. 첫 번째 그룹으로 베드로 형제와 야고보 형제가 선택됩니다. "나를 따라오너라. 너희를 사람 낚는 어부가 되게 하겠다." 그러자 그들은 곧바로 그물을 버리고 따라갑니다. 마치 기다렸다는 듯이 예수님 곁에 섭니다.

더구나 야고보와 요한은 함께 일하던 아버지를 그대로 둔 채 떠나갑니다. 삯꾼들이 빤히 보고 있는데 홀러덩 떠나갑니다. 아버지와 원수진 것도 아닐 터인데 정말 그렇게 서둘러 떠나갔을까요? 삯꾼들은 무슨 생각을 했겠습니까? '아니, 저럴 수 있나. 아버지를 놔두고 저렇게 가다니!' 했을 것입니다. 오늘날 우리도 이 장면은 받아들이기 힘듭니다. 예수님께서 그런 식으로 제자를 뽑으시는 것에 이상한 느낌이 듭니다.

아무튼 스승님의 부르심에 제자들은 즉각 따릅니다. 그 과정은 짧습니다. 단순합니다. 변명이 없습니다. '부르면 따라야 한다.' 이것이 복음의 메시지입니다. 제자들이라고 왜 고뇌가 없고 망설임이 없었겠습니까? 그들도 번민했고 갈 것인가 말 것인가 수도 없이 생각했습니다. 하지만 모두 생략되어 있습니다. 모든 과정이 생략된 채 스승님을 따르는 결과만 나옵니다. 그것이 중요하다는 것이지요. 회개 역시 그렇습니다. 변명이나 망설임 없이 즉시 실천할 때 하느님 나라를 체험할 수 있습니다.

15 January

마르 1,21-28 :

예수님은 의사가 아닙니다. 그런데도 많은 병자들을 고쳐 주십니다. 오늘의 복음은 악한 영에게 사로잡힌 이를 고쳐 주는 내용입니다. 악한 영은 성령의 반대 개념입니다. 우리 식으로 표현하면 '사탄'입니다. 그는 예수님의 정체를 폭로하고 있습니다. "우리는 당신이 누구신지 압니다. 당신은 하느님의 거룩한 분이십니다." 그는 왜 예수님의 정체를 폭로하려 했을까요? 초를 치자는 것이었을까요? 아무튼 악한 영은 예수님의 꾸중을 듣습니다.

복음의 교훈은 단순합니다. 사탄도 예수님의 정체를 알아본다는 것입니다. 그들이 알아보는데 믿음을 가진 이들은 왜 못 알아보는지. 알면서 모른 체하는 것은 아닌지. 일부러 신앙에 관한 것은 피하려 드는 것이 아닌지 돌아보라는 말입니다.

세상은 묘해져서 이상한 영에 대한 소문이 많습니다. 그런 곳에 사람들은 가고 싶어 합니다. 악한 영이 아니라 '이상한 영'입니다. 분열을 일으키고 우월주의에 젖어 있기에 이상한 영이라 했습니다. 이것은 교회가 공인했느냐, 하지 않았느냐 이전의 문제입니다.

'우리는 옳고 너희는 잘못되었다. 우리는 거룩하고 너희는 그렇지 못하다.' 이런 생각은 위험합니다. 분열이 있는 곳에 성령께서는 존재하지 않으시기 때문입니다. 거룩한 영은 일치하는 곳에 계십니다. 당연히 기쁨과 평화를 줍니다. 악한 영은 불안과 투쟁을 남깁니다. 그러기에 예수님의 꾸중을 들었던 것입니다.

16 January

마르 1,29-39 :

　　예수님의 하루 일과를 읽는 기분입니다. 그분께서는 많은 병자들을 고쳐 주십니다. 시몬의 장모를 고쳐 주는 대목까지 나옵니다. 시몬은 베드로의 옛 이름입니다. 그의 장모가 살아 있었으니 시몬은 혼인한 사람입니다. 그의 아내는 누구인지 모릅니다. 사별했을 수도 있습니다. 그러기에 예수님을 따라나섰는지도 모를 일입니다.

　　아무튼 시몬의 장모를 고쳐 주신 날, 많은 이들이 병자들을 데려왔습니다. 예나 지금이나 아픈 이들은 많습니다. 그들에게 예수님께서는 어떤 존재로 보였을까요? 처음부터 하느님의 사람으로 보이지는 않았을 겁니다. 환자들이 낫는 것을 보고서야 믿었을 것입니다. 그들은 병이 나을 목적으로 예수님 앞에 왔던 것이지요. 그것을 아셨지만 주님께서는 고쳐 주셨습니다. 그분의 사랑입니다.

　　이렇듯 병을 낫게 하심으로써 하느님의 능력을 드러내셨습니다. 주님의 사랑을 보여 주셨습니다. 치유의 목적은 하느님의 위대하심과 사랑을 알리려는 데 있었던 것입니다. 사랑이 없었다면 치유를 베풀지 않았을 것입니다. 이튿날 사람들은 예수님을 붙잡습니다. 그분이 계시면 어떤 병도 두렵지 않기 때문입니다. 그러나 스승님께서는 다른 고을로 가십니다. 그분은 어디든 가시어 하느님의 권능과 사랑을 전해야 했기 때문입니다.

17 January

성 안토니오 아빠스 기념일

안토니오 성인은 3세기 중엽 이집트에서 태어났다. 20세 되던 해 부모님이 사망하자 유산을 팔아 가난한 이들에게 주고는 은수자의 생활을 시작했다. 처음에는 동굴에서 노동과 기도와 성서 읽기에 전념하다 나중엔 비어 있는 성채에 들어가 살았다. 그에 관한 소문이 퍼지자 제자들이 모여들었다. 성인은 그들과 함께 공동체 생활을 시작했다. 수도 생활의 창시자로 공경받는 이유다. 356년 105세로 사망했다.

마르 1,40-45 :

병자들을 낫게 하던 예수님께서는 마침내 나병 환자 한 사람을 만나십니다. 그는 예수님 앞에 무릎을 꿇고 엎드립니다. 그가 예수님을 만나기까지 어떤 일이 있었는지 모릅니다. 얼마나 기도했으며 누가 그를 위해 희생했는지 나와 있지 않습니다. 그는 우연히 예수님을 만난 것이 아닙니다. 기적은 그렇게 저절로 주어지는 것이 아닌 까닭입니다.

"예수님, 당신께서는 하고자 하시면 저를 깨끗하게 하실 수 있습니다." 모호하게 느껴질지 몰라도 예의를 갖춘 말입니다. '저는 낫고 싶습니다. 하지만 제 뜻보다 스승님의 뜻이 더 중요합니다.' 그런 말이었습니다. 그는 예수님의 마음에 호소하고 있었던 것입니다.

예수님께서는 그를 낫게 하십니다. 숱한 병자들을 치유하셨기에 그 사람의 치유를 대수롭게 생각할 수 있습니다. 그러나 예수님 시대의 나병은 보통 병이 아니었습니다. 결코 나을 수 없는 병이었습니다. 하늘이 내린 병이었기에 하늘의 뜻이 담겨야 나을 수 있다고 여겼던 것입니다.

그런 병을 예수님께서는 낫게 하신 겁니다. 그가 얼마나 감동했겠습니까? 예수님의 능력을 전하지 않을 수 없었습니다. 그러기에 침묵하라 했지만 그는 외칩니다. 자신에게 일어난 일을 말하지 않고서는 견딜 수 없었던 것이지요. 우리 주위에도 몹쓸 병에 걸린 이들이 많습니다. 현대 의학으로도 어쩔 수 없는 병에 걸린 이들입니다. 그들에게 주님의 능력이 오시도록 기도해야겠습니다.

18 January

마르 2,1-12 :

중풍은 무서운 병입니다. 멀쩡하던 사람이 수족을 못 쓰는 병입니다. 본인은 물론 가족들을 고통으로 몰아넣습니다. 어쩌다 이런 병이 나타나는지요? 뇌세포가 죽어 그렇다는 것은 알고 있습니다. 그러나 의학 상식이 없던 옛날에는 참으로 기이한 병으로 여겼습니다. 펄펄하던 사람이 갑자기 말을 더듬고 움직이지 못하니 얼마나 놀라고 기가 찼겠습니까? 그러기에 하늘이 응징한 것으로 여겼습니다. 누군가 율법을 어겼기에 벌이 나타난 것으로 생각했던 것입니다.

예수님께서는 사람들의 그런 생각을 알고 있었기에 중풍 병자에게 '네 죄를 사한다'고 말씀하십니다. 죄를 사하니까 죄의 결과인 벌도 없어지고 병도 낫게 된다는 말씀입니다. 곁에 있던 바리사이들이 의아하게 생각합니다. 그들로서는 당연한 일이었습니다. 그러기에 예수님께서는 꾸짖듯 말씀하십니다.

"죄를 사한다고 말하는 것과 일어나 들것을 들고 나가라는 것과 어느 것이 쉽겠느냐?" 물론 죄를 사한다고 말하는 것이 쉽습니다. 결과를 알 수 없기 때문입니다. 죄를 사한다고 했지만 사해졌는지 아닌지 알 수 없는 일입니다. 하지만 들것을 들고 가라는 명령은 즉시 결과가 나타납니다. 스승님의 말씀에 중풍 병자는 들것을 들고 일어섰습니다. 하느님의 능력이 그분께 있음을 입증한 것입니다. 죄 사함의 권한도 그분께는 가능한 일이 되었습니다. 중풍 병자는 이 모든 일의 증인인 셈입니다.

19 January

마르 2,13-17 :

바리사이와 율법 학자들은 예수님의 반대 세력으로 등장합니다. 그들은 이스라엘의 지도자들입니다. 부유한 집단으로 기득권을 누렸습니다. 그리고 언제나 율법을 지키려고 안간힘을 썼습니다. 그러기에 예수님을 반대합니다. 그분을 위험 인물로 봤던 것이지요. 예수님의 능력이 율법을 저해하는 힘이 될까봐 두려워했습니다.

세리와 죄인들을 만나는 것도 못 마땅하게 여깁니다. 죄인과 어울리면 함께 부정해진다는 율법 때문입니다. 깨끗함과 더러움의 차이는 어디에서 오는 것일까요? 예수님께서는 구애받지 않으셨습니다. 오히려 세리를 제자로 부르기까지 하셨습니다. 오늘 복음의 레위입니다. 마태오 복음서에서는 마태오입니다. 아마도 마태오는 두 이름을 갖고 있는 듯합니다.

직업에는 귀천이 없다고 합니다. 실제로 귀하고 천한 구분은 많이 사라졌습니다. 그러나 현실의 벽은 여전합니다. 사람들의 편견 때문입니다. 남을 괴롭히는 일이 아니면 모두가 당당한 직업이 아닐는지요? 예수님께서는 율법 자체에 매이지 않으셨습니다. 오히려 율법의 근본정신을 보셨습니다. 그러기에 당시 사람들의 편견을 넘어 세리를 제자로 삼으셨던 것입니다. 갈수록 사람들은 겉모습에 현혹되고 있습니다. 삶의 본질을 보지 못하면 언제라도 허무한 인생으로 남습니다.

20 January

요한 1,29-34 :

세례자 요한은 예수님을 어린양이라 부릅니다. '하느님의 어린양, 세상의 죄를 없애시는 주님.' 영성체 전에 바치는 그 기도문의 어린양입니다. 유다인들은 이집트를 탈출할 때 어린양의 예식을 치렀습니다. 마지막 재앙에서 살아남기 위해서였습니다. 그들은 어린양의 피를 대문간에 뿌리며 숨을 죽였습니다.

그날 밤 천사는 어린양의 피가 뿌려진 집은 그냥 지나갑니다. 그렇지만 핏자국이 없는 집에서는 맏아들이 죽는 참변이 일어납니다. 어린양의 피가 구원의 표시였던 셈입니다. 이것이 파스카의 유래입니다.

하느님의 어린양은 세상의 죄를 없애는 분이십니다. 어떤 세상이겠습니까? 내가 속한 세상입니다. 내게 맡겨졌고 내가 책임져야 할 세상입니다. 불안과 걱정이 산처럼 쌓여 가는 내 몫의 세상입니다. 그 세상의 죄를 없애 주신다고 합니다. 남은 일은 이스라엘 백성처럼 어린양의 의식을 치르는 일입니다. 그것이 무엇이겠습니까?

올 한 해를 어린양의 정신으로 사는 일입니다. 왜 내가 희생해야 하는가? 왜 내가 억울한 삶을 살아야 하는가? 너무 이 생각에 매달려선 안 됩니다. 세월이 흐르면 깨닫게 됩니다. 그 희생과 억울함이 있었기에 얼마나 많은 보호와 축복이 우리 곁에 머물고 있는지를.

21 January

성녀 아녜스 동정 순교자 기념일

로마의 부유한 가정에서 태어난 성녀 아녜스는 어린 시절부터 신심이 깊었다. 박해가 심해지자 체포되어 혹독한 심문을 받았지만 끝내 배교를 거부했다. 성녀는 참수형을 받아 순교하였다. 훗날 성녀의 무덤에서는 많은 기적이 일어났고 유명한 순례지가 되었다. 오늘날 성녀 아녜스는 동정 순교자의 상징이 되고 있다.

마르 2,18-22 :

경주마는 옆에서 지키지 않으면 자꾸만 먹는다고 합니다. 배가 터질 때까지 먹는다는군요. 경주마는 일등 하라고 채찍을 맞으면서 뛰고 또 뛰어야 합니다. 엄청난 스트레스를 받고 있는 것이지요. 그래서 먹는 시간만큼은 맘껏 즐기고 싶은 겁니다. 화려한 경주마에게 이러한 마음고생이 있습니다. 몇 억씩 하는 경주마에 이런 비참한 구석이 있는 겁니다.

절제는 힘입니다. 그러기에 무엇인가 이루고자 하면 먹는 것을 멀리했습니다. 이것이 단식입니다. 따라서 동기가 중요합니다. 왜 단식하는가에 대한 이유입니다. 사람들은 예수님께 시비를 겁니다. 제자들이 단식하지 않는다고 따진 겁니다. 단식은 절제의 한 수단일 뿐이라고 예수님께서는 답변하십니다. 당신이 오셨으니까 이젠 당신의 가르침을 따르라는 것이었습니다. 아무리 단식한다 해도 사랑이 없으면 어찌 주님의 영을 만날 수 있겠느냐는 반문입니다.

단식은 목적이 될 수 없습니다. 은총을 얻는 방법에 지나지 않습니다. 자신을 괴롭히고 남에게 불안감을 주는 단식이라면 피해야 합니다. 사랑하기 위해 믿음의 길을 가는 것이지 고통을 위해 신앙생활을 하는 것은 아닙니다. 우리는 경주마가 아닙니다.

마르 2,23-28 :

어느 안식일에 예수님과 제자들은 밀밭 사이를 지나가고 있었습니다. 배가 출출하던 제자들 몇몇이 밀 이삭을 비벼 먹었습니다. 예전에 우리 역시 그랬던 기억이 있습니다. 그런데 바리사이들은 그 행동을 추수 행위로 간주합니다. 추수는 안식일에 금지되어 있었습니다. 밀 이삭 몇 개 비벼 먹은 것이 과연 추수 행위에 해당될지요? 따지는 사람에게는 해당될 수 있을지 모릅니다. 하지만 억지 주장일 수도 있습니다.

예수님께서는 바리사이들을 꾸짖으십니다. "안식일이 사람을 위해 있는 것이지 사람이 안식일을 위해 있는 것은 아니다." 주님이 아니면 이런 말씀을 하실 수 없습니다. 훗날 우리에게 많은 부분에서 잣대가 될 수 있는 말씀을 남기신 겁니다.

율법 학자들은 안식일 법을 위해서는 목숨까지 희생해야 한다고 가르쳤습니다. 그런데 예수님께서는 안식일보다 사람이 더 귀하다고 하십니다. 오늘날에는 예수님의 말씀이 백번 옳지만 당시 지도자들에게는 그분의 가르침이 위험해 보였을 것입니다.

신앙은 도약입니다. 건너뛰는 행동입니다. 때로는 과감한 생략이고 때로는 과감한 투자입니다. 예수님께서는 모범을 보이신 겁니다. 장애물 없는 길은 없습니다. 고통 없는 인생도 존재하지 않습니다. 고통과 장애물로 느껴진다면 뛰어넘을 수 있는 지혜와 힘을 청해야 합니다. 그것이 신앙생활입니다.

23 January

마르 3,1-6 :

독수리 한 마리가 붙잡혀 쇠사슬에 묶였습니다. 사슬을 끊으려고 안간힘을 썼지만 소용없는 일입니다. 독수리의 매서운 눈과 날카로운 부리가 부르르 떨었지만 사슬은 꿈쩍도 하지 않습니다. 매일 힘을 써 봤지만 마찬가지입니다. 점차 독수리는 체념하기 시작합니다.

시간이 흘렀습니다. 독수리도 힘이 떨어졌지만 쇠사슬도 녹이 슬었습니다. 이제 한 번만 더 독수리가 안간힘을 쓴다면, 온몸으로 날갯짓을 한다면 사슬이 끊어지겠건만 독수리는 모르고 있습니다. 체념 때문입니다. 독수리는 포기와 좌절이라는 또 다른 사슬에 묶인 겁니다. 날기를 포기한 독수리는 동물원에서 죽습니다. 이솝 우화에 나오는 이야기입니다.

예수님의 반대자들은 매서운 눈과 날카로운 촉각으로 지켜보고 있습니다. 안식일에 병자를 고쳐 줄지 지켜보고 있는 겁니다. 그때 손이 오그라든 사람이 등장합니다. 예수님께서는 반대자들이 보고 있는 것을 아셨습니다. 그들은 당신의 기적을 여러 번 봤던 사람들입니다.

한 번이라도 기적을 보고 마음을 열었더라면 하느님의 사랑이 물처럼 흘러갔을 터인데 그러지 못합니다. 예수님께서는 반대자들에게 질문하십니다. "안식일에 좋은 일을 하는 것이 합당하냐? 남을 해치는 것이 합당하냐?" 그들은 답이 없습니다. 기적을 보고도 도약하지 않았기 때문입니다. 그들이 갈 곳은 어디입니까? 파멸입니다. 결국 그들은 스승을 없애기로 합의합니다.

24 January

성 프란치스코 드 살 주교 학자 기념일

프란치스코 드 살 주교는 1567년 이탈리아 사보이아에서 귀족의 아들로 태어났다. 대학에 들어가 젊은 나이에 박사가 되었다. 그리고 가족의 반대에도 불구하고 신학교에 들어가 사제가 되었고 선교사를 자원했다. 훗날 스위스 제네바 교구의 주교가 되어 종교 개혁 시절의 어려움을 잘 극복했다. 그는 뛰어난 고해 신부였고 해박한 신학자였다. 1622년 12월 28일 숨을 거두었고 1665년 시성되었다. 우리나라에선 '프란치스코 살레시오' 성인으로 알려져 있다.

마르 3,7-12 :

호숫가의 군중은 예수님의 명성을 듣고 모여든 이들입니다. 아픈 이들도 있었고 악령에 시달리는 이들도 있었습니다. 그들은 망설임 없이 예수님 앞에 섭니다. 주저함도, 의심도 없습니다. 오직 그분에 대한 기대감뿐입니다. 오늘날도 마찬가지입니다. 영적이든 육적이든 아픔을 느끼는 이들은 예수님을 찾습니다. 주님의 기적을 원합니다. 악한 기운을 없애 주시길 청합니다.

이 모두가 영적 목마름입니다. 누가 이 목마름을 해소해 줄 수 있을는지요? 아무도 해소해 줄 수 없습니다. 조용히 성체 앞으로 나아가야 합니다. 영적 목마름을 해소해 주실 분은 감실 안에 계신 예수님뿐입니다. 영성체를 통해 만나는 그리스도뿐입니다.

말없이 감실 앞에 앉아 본 사람은 압니다. 그 속에서 들려오는 음성을 압니다. 마음속에 남겨지는 목소리를 들을 수 있기 때문입니다. 그때마다 분명 살아 계시는 예수님을 체험하게 됩니다. 성체를 통해 주님을 만난 이들은 이 말의 의미를 깨닫습니다. 그러므로 감실 앞에서 한 번은 영혼의 떨림을 체험해야 합니다. 영혼이 맑아지는 체험입니다. 어느 날 주님께서는 그런 은총을 주실 겁니다.

복음의 예수님께서는 당신을 찾아온 모든 이들에게 기적을 선물하셨습니다. 그들은 풍요로움을 안고 돌아갔습니다. 주님께서는 우리에게도 그렇게 하실 분입니다. 우리 안에 그분의 힘과 능력이 있으면 그분의 향기는 저절로 드러납니다.

25 January

성 바오로 사도의 개종 축일

바오로는 예수님의 직제자는 아니지만 초기 사도 중 한 분이다. 소아시아(터키) 남부 지방인 킬리키아의 '타르수스'에서 태어났다. 철저한 유다인으로 로마 시민권을 가진 바리사이에 속했다. 처음에는 그리스도교를 박해했지만 다마스쿠스로 가던 도중 부활하신 예수님을 만나 극적으로 개종한다(사도 22,10). 이후 그는 이방인들에게 본격적인 선교 활동을 시작했다.

마르 16,15-18 :

"손으로 뱀을 집어 들고 독을 마셔도 아무런 해도 입지 않을 것이다." 정말 그럴 수 있을는지요? 그렇다고 실험해 볼 순 없는 일입니다. 그랬다가는 하느님을 시험하는 것이 됩니다. 정말 뱀에게 물리거나 독을 마셔 목숨이 위태로워지면 누구를 원망하겠습니까? 예수님께 배상 청구를 해야 할는지요?

그렇다면 이 말씀을 믿지 말라는 것입니까? 그건 아닙니다. 뱀처럼 악하고 간교한 사람을 만나도 주님께서 지켜 주신다는 의미입니다. 독에 해당될 만큼 위험스런 사건을 만나도 주님께서 함께하신다는 말씀입니다. 그러니 아무 두려움 없이 복음을 전하라는 당부입니다.

하느님의 보호는 완벽합니다. 어느 누구도 해치지 못합니다. 선교사들이 오지와 벽지에서 그토록 꾸준히 자신의 길을 가는 것은 이러한 보살핌을 느꼈기 때문입니다. 우리도 마찬가지입니다. 우리의 삶이 주님을 전하고 알리는 삶이라면 그분께서는 함께하십니다. 그분의 보호를 강요만 할 것이 아니라 우리가 먼저 보호받을 수 있는 삶을 살아야 합니다.

죽을 고비를 넘긴 사람은 '하찮은 일'이 계기가 되었다고 합니다. 지나고 보니까 하찮은 것이었겠지요. 그러나 사실은 그 하찮은 것이 주님의 배려요 도움이었습니다. 인생에는 그런 일이 많습니다. 우리가 모를 뿐이지 그런 일은 수없이 많습니다. 전교는 그것을 전하는 일입니다. 하찮은 일을 통해 우리를 살려 주신 하느님을 전하는 일입니다.

26 January

성 티모테오와 성 티토 주교 기념일

성 티모테오는 사도 바오로의 설교를 듣고 제자가 되었다. 훗날 그는 바오로의 열렬한 협력자가 되어 전교 여행 때 함께 활약했다. 바오로가 감옥에 갇히고 로마로 이감된 뒤에는 에페소의 주교가 되어 사목했지만 이교도들에 의해 순교하였다. 성 티토 역시 사도 바오로에 의해 개종한 후 그의 협력자가 되어 전교 여행에 함께했다. 훗날 그는 크레타 섬의 주교가 되어 선교 활동에 전념하다 그곳에서 선종하였다.

루카 10,1-9 :

예수님은 일흔두 제자를 파견하십니다. 예수님께도 그렇게 많은 제자가 있었군요. 아무튼 그들은 예비군들이었나 봅니다. 그들을 파견하며 스승님께서는 말씀하십니다. "아무것도 지니지 마라. 돈 주머니도 여행 보따리도 신발도 지니지 마라." 왜 이렇게 각박한 말씀을 하시는지요?

아무것도 없어야 당신께 매달리기 때문입니다. 아무것도 지니지 말아야 오롯이 의탁하며 살기 때문입니다. 실제로 제자들은 그렇게 살았습니다. 예수님의 제자들이었기에 그렇게 살 수 있었습니다. 그런데 오늘날 우리는 어떻게 살아야 하는지요? 정말 아무것도 지니지 않고 살아야 하는지요? 그렇게 살 수는 없는 일입니다.

그러므로 말씀을 재해석해야 합니다. '물질은 지니되 마음을 빼앗기지 말라'고 새롭게 받아들여야 합니다. 오늘날 물질은 최고의 가치로 떠올랐습니다. 마음뿐 아니라 혼을 빼앗기며 사는 이들이 너무 많습니다. 어떻게 그들에게 믿음을 알리고 영적 가치를 전할 수 있을는지요? 우리가 먼저 물질에서 자유로운 사람이 되어야 할 것입니다.

스승님께서는 가시는 곳마다 평화를 빌어 주라고 하셨습니다. 그러니 주님의 제자로 살려면 평화를 빌어 주는 사람이 되어야 합니다. 평화를 만들며 살고 있는지요? 혹 불화를 일으키며 살고 있지는 않은지요? 화목을 깨고 반목을 부추긴다면 주님의 제자일 수 없습니다. 평화는 말에 있지 않고 행동에 있습니다. 지금 바로 실천에 옮겨야 그분의 사람이 됩니다.

27 January

마태 4,12-23 :

점을 보거나 운세를 믿는 사람들이 많아졌습니다. 사는 것이 불안해지니까 그럴 것입니다. 조상의 묘에 대해서도 예민합니다. 명당에 묘를 쓰면 후손들이 잘된다고 여깁니다. 묘를 잘못 쓰거나 함부로 건드리면 재앙이 온다고도 생각합니다. 과학적인 근거를 떠나 왜 이런 일에 신경을 쓰며 살고 있는지요?

후손들이 잘되기를 바라지 않는 조상이 있을는지요? 세상을 떠난 부모 역시 자녀들이 복 받기를 원합니다. 명당에 모셨다고 복을 빌어 주고 명당 아닌 곳에 모셨다고 토라지는 부모는 없습니다. 이승이든 저승이든 부모는 당연히 자녀들의 행복을 바랍니다. 그러니 마음에 새겨야 합니다. 복과 재앙은 하늘이 내리는 것이지 명당이 만들어 내는 것이 아님을.

예수님을 알기 전에는 몰라서 그런 생각을 했겠지만 이제는 바로잡아야 합니다. 그리고 모든 것은 하느님의 다스림 안에 있음을 고백해야 합니다. 이것이 회개입니다.

은총을 통해 하느님의 힘은 늘 우리 곁으로 옵니다. 그 힘이 운명을 좌우하도록 해야 합니다. 미래에 대한 불안이나 근거 없는 두려움은 신앙인의 자세가 아닙니다. 우리는 하느님을 아버지라 부르며 성체를 모시는 사람들입니다. 감사와 신뢰를 통한 응답으로 두려움을 극복해야 합니다. 주님께서 먼저 우리를 불러 주셨음을 기억한다면 불안할 이유가 없습니다.

28 January

성 토마스 아퀴나스 사제 학자 기념일

성 토마스 아퀴나스는 1225년경 이탈리아에서 귀족의 아들로 태어났다. 어린 시절부터 베네딕토 수도원에서 공부했고 대학은 나폴리에서 마쳤다. 1244년 가족들의 반대를 물리치고 도미니코 수도회에 입회했다. 이후 파리와 쾰른에서 성 알베르토의 지도를 받으며 학업을 계속했고 사제품을 받았다. 수많은 저서를 남겼는데 「신학대전」은 그가 남긴 가장 유명한 작품이다. 1274년 3월 7일 세상을 떠났다.

마르 3,22-30 :

율법 학자들은 예수님의 기적을 보고 그분이 마귀의 힘을 빌린 것이라고 합니다. 억장이 무너질 일입니다. 엄청난 수모입니다. 그런데도 예수님께서는 비유를 들어 설명하십니다. "어떤 집안이라도 갈라져 싸우면 버티어 내지 못하는 법이다. 사탄의 세력이라고 해서 그런 식으로 갈라져 싸우겠느냐?" 그러니 마귀의 힘으로 마귀를 쫓아낸다는 것은 억지 논리일 수밖에 없습니다.

율법 학자들은 눈먼 소경들입니다. 어찌 그렇게 말할 수 있을는지요? 가난한 이들에게 용기와 힘을 주셨던 예수님입니다. 돈이나 다른 대가를 받은 것이 아니었습니다. 오직 사랑으로 그렇게 하셨습니다. 그런데도 사탄의 힘을 빌렸다고 모함받았습니다.

예수님께서 이런 대접을 받았다면 영적인 사람이 수모를 받는 것은 당연한 일입니다. 더구나 신앙인으로부터 오해를 받는 것은 언제든 가능한 일입니다. 그러니 다른 사람의 영적 생활을 함부로 판단해서는 안 될 일입니다. 예수님께서는 '성령을 모독하는 자는 용서받지 못할 것'이라고 말씀하셨습니다. 회개와 뉘우침은 성령께서 베푸시는 영적 은총인데, 그것을 거부하고 부정하면 어떻게 죄 사함이 이루어지겠냐는 말씀입니다.

사람이 따뜻한 것은 성령께서 머무시기 때문입니다. 차갑고 비판적인 곳에서 어떻게 성령의 온기를 느낄 수 있을는지요? 어느 누구에게도 '악령이 들었다, 나쁜 영에 사로잡혔다'고 말하지 말아야겠습니다.

29 January

마르 3,31-35 :

한 청년이 집을 잃었다며 길에서 엉엉 울고 있었습니다. 이상한 생각이 들어 노인이 물었습니다. "젊은 그대가 어찌 집을 잃었다 하는가. 그리고 설사 그렇더라도 어찌 이리 철없이 우는가?" 청년이 답합니다. "저는 다섯 살 때 눈이 멀어 지금까지 스무 해를 보냈습니다. 그런데 오늘 아침 해 뜰 무렵 집을 나섰는데 갑자기 만물이 밝게 보였습니다. 놀라 사방을 둘러보니 길이 보이고 낯선 집들이 보였습니다." 노인은 놀랍니다. 눈뜬 소경을 만난 겁니다.

"좋아서 한낮을 걸어 다녔습니다. 이제 집으로 돌아가려는데 사방으로 뻗은 길이 여러 갈래요, 대문도 비슷해서 도저히 집을 찾지 못하게 되었습니다. 그래서 이렇게 울고 있습니다." 노인이 답했습니다. "이제 내가 네 집을 찾는 방법을 가르쳐 주마. 네가 눈을 도로 감는다면 집으로 가는 길이 보이고 너는 그 길에 익숙해질 것이다." 청년은 노인이 시키는 대로 눈을 도로 감았습니다. 그리고 예전처럼 지팡이를 두드리며 발길 가는 대로 걸었습니다. 얼마 뒤 그는 집에 도착했고 눈을 뜨려 하지 않았다고 합니다. 연암 박지원의 글입니다.

복음에서 예수님께서는 말씀하십니다. "하느님의 뜻을 실행하는 사람은 누구나 내 형제요 누이요 어머니다." 놀라운 말씀입니다. 당신을 믿고 따르는 이를 그분께서는 가족으로 여기신다는 말씀입니다. 참말 눈을 감고 주님께서 이끄시는 대로 살아야겠습니다. 그것이 행복으로 가는 지름길입니다.

마르 4,1-20 :

    인도의 민담입니다. 어떤 위대한 성자가 외투 하나만 걸친 채 곳곳을 동냥하며 다녔습니다. 그런데 모습과는 어울리지 않게 금으로 된 동냥 그릇을 가지고 있었습니다. 한때 제자였던 왕이 선물한 것이랍니다. 어느 날 폐허가 된 절에서 잠을 청하던 성자는 기둥 뒤에서 자신을 염탐하고 있는 도둑을 발견합니다. 그러자 낮은 목소리로 말합니다. "자, 여기 동냥 그릇이 있소. 탐나면 가져가시구려. 그래야만 단잠을 방해받지 않을 것 같소." 그러고는 손을 뻗어 황금 그릇을 내밀었습니다.

    그릇을 받아 쥔 도둑은 황급히 사라집니다. 그런데 다음 날 아침, 도둑은 되돌아와 성자 앞에 무릎을 꿇습니다. "지난밤, 당신은 이 그릇을 흔쾌히 주었습니다. 어떻게 하면 이런 것들을 가볍게 여길 수 있는지 알려 주십시오."

    비슷한 이야기들은 많습니다. 그리고 대답 역시 비슷합니다. 욕심을 버리라는 것이지요. 하지만 쉽게 욕심을 버릴 수 있겠는지요? 씨 뿌리는 비유 역시 핵심은 '욕심 버리기'입니다. 자연의 씨앗은 여건이 갖춰지면 어디서든 싹을 틔웁니다. 복음의 씨앗도 마찬가지입니다. 욕심을 줄이면 그만큼 좋은 땅이 됩니다. 그러면 씨앗은 저절로 자라 열매를 맺습니다. 우리도 언젠가 성자가 될 사람들입니다. 말씀의 씨앗이 뿌리내리도록 해야 합니다.

31 January

성 요한 보스코 사제 기념일

요한 보스코 사제는 1815년 가난한 농부의 아들로 태어났다. 일찍 아버지를 여의고 어머니로부터 신앙과 노동에 대한 가르침을 받았다. 사제가 된 후 고아들과 뒷골목 아이들, 교도소와 공장에서 만난 소년들을 보살피고 가르치는 한편, 직업 학교를 세우는 등 평생을 청소년 사목에 헌신했다. 규율보다는 사랑으로 청소년들을 대했으며 각자의 개성과 신앙을 격려하였다. 1859년 그는 제자들과 함께 청소년을 위해 일생을 바칠 것을 서약했는데, 이것이 살레시오회의 출발이다. 성 요한 보스코는 1888년 1월 31일 73세의 나이로 선종하였고 1934년 4월 시성되었다.

마르 4,21-25 :

예수님은 누가 등불을 함지 속이나 침상 밑에 놓겠냐고 하십니다. 방을 환하게 하려면 등불을 높은 곳에 두기 마련입니다. 선행도 마찬가지입니다. 본인은 남 몰래 베풀지만 언젠가는 드러납니다. 그리하여 그의 미래를 환하게 밝혀 줍니다. 삶의 등불을 켜는 것이지요.

어느 날 공자는 제자들에게 질문합니다. "덕이 높을 것 같은가? 복이 높을 것 같은가?" "그야 덕이 높지 않겠습니까?" 제자들은 단순하게 답합니다. 그러나 스승의 말씀은 의외입니다. "아닐세. 복이 높네." "그렇다면 스승님, 누구나 복을 받으려 하지 애써 덕을 닦으려 하겠습니까?" 제자들의 질문에 공자는 답합니다. "나는 오랫동안 덕을 닦으려고 애써 왔다. 그런데 주변에는 별 힘 안 들이고 겸손의 덕, 절제의 덕, 용기의 덕을 지닌 사람들이 많다. 하늘이 복을 내린 것이 아니고 무엇이겠는가?" "그렇다면 스승님, 어떻게 하면 그런 복을 받을 수 있을는지요?" "적선 외에 달리 무슨 방법으로 하늘의 복을 얻겠느냐?"

우리 속담에도 적선을 하면 귀신도 어쩌지 못한다는 말이 있습니다. 좋은 기운이 감싸고 있기에 악한 기운이 범접하지 못한다는 표현입니다. 그만큼 선행에는 하늘의 힘이 함께합니다. 교리적으로 말하면 은총이 감싸고 있는 것이지요. 이렇듯 선행과 자선은 사람의 운명을 바꾸어 주건만, 우리는 그것을 소홀히 하고 있습니다. 복은 받고 싶어 하면서 정작 그 길은 외면하고 있는 셈입니다. 선행의 등불을 켜야 합니다. 그러면 운명은 밝아집니다.

365일 복음 묵상 가해

2월

01　February

마르 4,26-34 :

　씨앗은 저절로 자랍니다. 하느님의 나라 역시 저절로 커집니다. 그러나 자세히 들여다보면 저절로 자라는 듯 보일 뿐입니다. 그 안에는 보이지 않는 뿌리가 있습니다. 뿌리는 차가운 땅 속에서 싹을 준비합니다. 이윽고 새싹이 돋습니다. 저절로 자라는 것 같지만 사실은 뿌리가 물과 영양분을 올려 주고 있습니다. 뿌리의 활동이 없으면 싹은 절대로 자랄 수 없습니다. 하지만 뿌리는 보이지 않습니다. 보이면 이미 뿌리가 아닌 것이지요.

　신앙생활에도 뿌리가 있습니다. 보이지 않는 부분입니다. 사람들이 쉽게 볼 수 없는 부분입니다. 그 부분을 잘해야 합니다. 그 부분이 튼튼하면 줄기는 건강해지고 꽃과 열매는 저절로 알차게 맺힙니다. 보이지 않는 기도 생활이 뿌리입니다. 보이지 않게 성사생활에 힘쓰는 것이 뿌리입니다. 남들이 모르게 베푸는 선행이 살아 있는 뿌리의 역할입니다.

　작은 겨자씨가 큰 나무가 된다고 했습니다. 아무리 작은 것이라도 정성을 들이면 큰 것으로 바뀐다는 가르침입니다. 정성은 보이지 않는 부분을 잘할 때 빛을 발합니다. 겨자씨 역시 뿌리가 시원찮으면 잘 자라지 않습니다. 신앙생활뿐 아니라 가정생활도 보이지 않는 부분에 정성을 쏟아야 합니다. 그러면 보이는 부분은 저절로 훤해집니다. 생동감이 넘칩니다. 이것은 자연의 신비입니다.

02 February 주님 봉헌 축일

루카 2,22-40 :

성모님께서는 아기 예수님을 성전에 봉헌하십니다. 그것은 율법에서 명하는 것이었습니다. 당시에는 아기들이 잘 죽었습니다. 의료 시설도 열악했고 전쟁이나 자연 재해도 많았습니다. 그러기에 태어나는 아기는 모두 봉헌하게 했습니다. 설사 죽더라도 주님께서 데려가시는 것으로 여기라는 암시입니다.

봉헌의 참뜻은 여기에 있습니다. 모든 것을 주님께서 주시는 것으로 여기는 데 있습니다. 좋은 일에는 그것이 쉽습니다. 그러나 괴롭고 아픈 일에는 어렵습니다. 고통스런 일을 주님께서 주셨다고 여기는 것은 신앙이 없는 이들에게는 불가능한 일입니다.

성모님께서는 제물을 바치십니다. 가난한 이들이 바쳤던 비둘기 한 쌍입니다. 감사의 예물로 바치셨습니다. 봉헌의 절반은 감사여야 합니다. 좋은 일을 주셨건 아픈 일을 주셨건 감사의 마음을 담아야 합니다. 그래야 주님의 힘이 함께합니다. 비둘기를 바쳤건 소나 양을 바쳤건 핵심은 감사의 마음입니다. 그러한 것은 단지 예물의 수단에 불과합니다.

그 자리엔 '시메온과 한나'라는 예언자들이 있었습니다. 그들은 예절 내내 성모님과 함께합니다. 자신의 귀한 것을 봉헌하면 주님께서는 예언자를 보내 주십니다. 우리를 위로하고 우리로 하여금 진실을 볼 수 있게 도와주는 분들입니다. 봉헌하는 이에게는 언제나 주님께서 관심을 갖고 계십니다.

03 February

마태 5,1-12 :

참 행복에 대한 말씀입니다. 참 행복이 어떻게 가난에 있는지요? 어찌하여 슬픔에 있고 박해 속에 있는지요? 알아듣기 힘든 말씀입니다. 세상 사람들은 그렇게 생각하지 않습니다. 오히려 그 반대로 생각합니다. 그런데도 성경은 계속해서 말하고 있습니다. 어떻게 받아들여야 할는지요?

성경의 가난은 무소유가 아닙니다. 성경이 말하는 가난은 자유로움에 있습니다. 얼마나 많이 갖고 있는가, 얼마나 적게 갖고 있는가. 이것이 가난을 판가름하는 기준은 아닙니다. 얼마를 가졌건 가진 것에서 자유로우면 그는 성경이 말하는 가난한 사람입니다.

가진 것이 많건 적건 물질의 노예로 살아간다면 그는 가난한 사람이 아닙니다. 물질을 섬기는 사람일 뿐입니다. 그러므로 세상 기준으로 부자라도 성경의 가난한 사람일 수 있습니다. 세속의 판단으로는 가난한 사람일지라도 성경의 관점에서는 아닐 수도 있습니다.

물론 가난은 적극적인 개념이 아닙니다. 그러나 예수님께서는 그런 모습으로 사셨습니다. 그러기에 힘이 있었습니다. 자유롭게 살면 힘과 행복을 주님께서 주신다는 암시입니다. 돈과 물질은 흐르는 물과 같습니다. 붙잡았더라도 잡혀 있는 것이 아닙니다. 주님께서 주셔야 진정한 소유가 되고 나의 것이 될 수 있습니다.

04 February

마르 5,1-20 :

　　예수님께서는 마귀 들린 어떤 이를 구해 주십니다. 그에게는 많은 귀신이 붙어 있었습니다. 그래서 이름이 군대입니다. 그는 무덤가에 살고 있습니다. 사람들이 사슬로 묶어 두었지만 괴성을 지르며 자기 몸을 돌로 치곤 했습니다. 생각하면 가련한 사람입니다. 뭔지 모를 영에 사로잡혀 정신 이상자처럼 살기 때문입니다. 사람들은 그가 마을로 오는 것을 막으려고 쇠사슬로 묶어 두었을 겁니다. 그는 한 마리 짐승이었습니다.

　　그런 사람을 예수님께서는 낫게 하십니다. 말씀 한 마디로 자유롭게 하십니다. 악한 영에 붙잡힌 그를 광명의 세계로 이끌어 주신 겁니다. 이 사실이 복음의 주제입니다. 예수님께서는 그러한 능력이 있음을 알리려는 것이지요. 우리 주위에도 그 사람 못지않게 어두운 세계에 갇혀 있는 이들이 많습니다. 본능이든 습관이든, 아니면 고통스런 체험이든, 사슬이 되어 그를 묶고 있습니다. 자유를 위해서는 주님의 은총이 필요합니다. 예수님께서는 악령이 돼지에게 가는 것을 허락하십니다. 우리로서는 이해할 수 없는 대목이지만 유다인들은 이해합니다. 돼지는 율법에 금지된 동물이었기 때문입니다. 돼지고기를 먹지 않으려고 순교한 이들도 있었습니다. 그만큼 부정한 동물로 여겼기에 악령이 돼지에게 가는 것을 허락하신 겁니다. 이방인들은 이 모습을 보고 놀랍니다. 그래서 예수님더러 떠나가 달라고 청합니다. 그들에게는 두려운 예수님이었습니다. 모르면 두려움이 될 수 있습니다.

05 February

성녀 아가타 동정 순교자 기념일

성녀 아가타는 이탈리아 남쪽의 시칠리아 섬에서 태어났다. 어린 시절부터 신심이 깊어 하느님께 자신을 봉헌할 것을 결심하며 열정적으로 살았다. 박해자들에게 붙잡혀 여러 번 혹독한 심문을 받았지만 마침내 장렬하게 순교하였다. 초대 교회 때부터 성녀에 대한 신심은 널리 전파되어 있었다. 로마 성찬 기도(제1양식)에도 성녀의 이름이 등장한다.

마르 5,21-43 :

마르코 복음서의 감동적인 대목 중 하나가 하혈하는 부인의 이야기입니다. 그녀는 12년 동안이나 몹쓸 병에 걸려 있었습니다. 병을 없애려고 재산을 모두 쏟아 부었지만 상태는 여전했습니다. 그러다 보니 더 이상 기댈 곳이 없어졌습니다. 그런 그녀에게 누군가 예수님의 소문을 들려줍니다.

'그래, 좋아. 병이 낫지 않아도 좋아. 이 서러운 인생을 알아만 주신데도 나는 한이 없겠어.' 그녀는 예수님 앞에 감히 나서지 못하고 멀찍이 따라갑니다. 그러다 그분의 옷자락에 손을 대 봅니다. 마음속으로 뜨거움이 전해집니다. 여인은 애절한 마음으로 기도합니다.

"누가 내 옷에 손을 대었느냐?" "스승님, 무슨 말씀이십니까? 사람들이 저렇게 밀쳐대고 있는데 당신 옷에 손을 댄 사람을 찾으시다니요?" "아니다. 누군가 내게서 기적의 힘을 빼내갔다." 이 말씀에 여인은 깜짝 놀랍니다. 자신에게 일어난 기적을 비로소 느낍니다. 울며 엎드린 여인에게 예수님의 음성이 들립니다. "딸아, 안심하여라. 네 믿음이 너를 구한 것이다."

예수님의 음성과 표정을 우리는 상상할 수 있습니다. 감동과 환희로 얼룩진 여인의 모습도 그려 볼 수 있습니다. 따뜻함이 흐르는 장면입니다. 믿음의 결과는 이렇듯 감동적입니다. 그렇습니다. 예수님께서는 언제나 사랑으로 응답하십니다. 다만 우리가 얼마나 정성으로 다가가는가? 얼마나 애절함을 지닌 채 다가갈 수 있는가? 이것이 문제입니다.

06 February

재의 수요일

사순 시기가 시작되면 사제는 회개와 속죄를 상징하는 자색 제의를 입는다. 그리고 교회는 재를 축복하여 머리에 얹는 예식을 거행한다. 사람이 흙에서 왔고 다시 흙으로 돌아갈 것을 상기시키는 것이다. '재의 수요일'은 이 예식에서 비롯된 명칭이다. 재는 지난 해 '주님 수난 성지 주일'에 축복했던 나뭇가지를 태운 것이다. 재를 머리에 뿌리는 것은 전통적인 참회의 상징이다.

마태 6,1-6.16-18 :

적선積善하는 이는 귀신도 어쩌지 못한다는 옛말이 있습니다. 그만큼 선행에는 하늘의 힘이 담겨 있다는 가르침입니다. 그런데도 사람들은 불안하면 점占을 보고 부적 찾는 일에만 열중합니다. 액땜하고 굿하는 데 더 정성을 쏟습니다. 적선이 좋은 줄 알지만 실천은 이렇듯 어렵습니다. 옛날부터 그랬습니다.

남을 도운다고 해서 다 적선이 되는 것도 아닙니다. 진정한 적선은 아무도 모르게 해야 합니다. 복음의 말씀처럼 오른손이 하는 일을 왼손이 모르게 해야 합니다. 그래야 하늘의 힘이 함께합니다. 사람들은 적선이라 하면 금방 '금전적인 것'과 연관 짓습니다. 돈과 재물로 도와야 적선이 된다고 너무 쉽게 생각해 버립니다.

그러나 사람에게 진정으로 필요한 것은 돈이 아니라 '애정'입니다. 물질이 아니라 사랑입니다. 다정한 말 한마디와 따뜻한 미소가 무엇과도 바꿀 수 없는 적선이 될 수 있습니다. 남을 위한 작은 기도가 세상의 어떤 것과도 비교할 수 없는 적선이 될 수 있습니다. 이렇듯 적선은 나눔의 실천입니다. 적선하는 이가 많아지면 은총도 많아집니다. 그런 사람을 가까이하면 하늘의 힘도 자주 체험하게 됩니다. 그런 이와 자주 만나면 운명 또한 밝아집니다.

07 February

설은 한 해의 첫날이다. 설이라는 말은 '설다'와 '낯설다'의 '설'이라는 어근語根과 연관된 것으로 여겨지고 있다. 새롭게 시작하는 한 해에 대한 낯섦이다. 그래서 한자로 '신일愼日'이라 했다. "삼가고 조심하는 날"이란 의미다. 전통적으로 이날은 단정한 몸가짐으로 어른들께 세배했고 조상들에게는 차례를 올렸다. 신앙인 역시 돌아가신 분들의 영혼을 기억하며 미사를 봉헌한다.

루카 12,35-40 :

생각지도 않을 때에 사람의 아들이 올 것이라 합니다. 그렇습니다. 그분께서는 갑자기 오십니다. 그분이 주시는 은총 역시 갑자기 옵니다. 그렇지만 조건이 있습니다. 욕심을 버리는 조건입니다. 마음을 비우면 어느새 곁에 와 있는 은총을 느낄 수 있습니다.

다음은 원숭이를 생포하는 고전적인 방법인데 아직도 사용한다고 합니다. 원숭이가 잘 노는 곳에 커다란 통을 갖다놓습니다. 통속에는 맛있는 것들이 잔뜩 들어 있습니다. 그런데 통의 아가리는 주먹 하나 들어갈 정도로 작게 만들어 놓습니다. 사냥꾼은 통속에서 맛있는 것을 하나씩 꺼내 먹습니다. 그러다 숲속의 원숭이가 보고 있다는 느낌이 오면 통을 그대로 둔 채 슬그머니 딴 곳으로 가버립니다.

원숭이는 잽싸게 달려와 통속에 손을 넣어 맛있는 것을 꺼내 먹습니다. 처음에는 하나씩 꺼내다 욕심이 생기면 잔뜩 쥐고 꺼내려 합니다. 하지만 아가리가 작아 꺼내지를 못합니다. 그때 사냥꾼은 원숭이에게 다가갑니다. 놀라 도망치려 하지만 통 안에 갇힌 손 때문에 바둥거리기만 합니다. 손을 놓으면 될 텐데 그렇게 하지 못하는 것이지요.

우리는 원숭이가 아닙니다. 그러나 때론 원숭이 같은 행동을 합니다. 놓고 물러서야 하는데 놓지 않고 있습니다. 놓고 물러서면 삶이 훨씬 수월해지는데 그렇게 하지 못하고 있습니다. 벌써 놓았어야 했는데 아직도 붙잡고 있는 것은 없는지 돌아봐야겠습니다. 놓으면 은총이 옵니다.

08 February

마태 9,14-15 :

신앙생활이 즐겁지 않은 것은 이유가 있습니다. 빛의 생활이 부족한 탓입니다. 그러기에 적선과 자선의 생활을 권고합니다. 베풀지 않고 받으려 한다면 신앙생활은 즐거울 수가 없습니다. 누가 거지겠습니까? 없는 사람입니까? 아닙니다. 달라고 하는 사람입니다. 있으면서도 달라고 하면 그 역시 거지 근성을 지닌 것이 됩니다.

베푸는 삶을 살아야 합니다. 희생하면서 베풀 수 있어야 합니다. 그래야 적선이 되고 자선이 됩니다. 선을 행하는 사람은 하늘이 감싼다는 옛말이 있습니다. 그의 생활이 빛의 생활이기에 악한 기운의 접근을 막아 준다는 말입니다.

부모는 자녀가 잘되기를 바랍니다. 경제적으로 어려워도 최선을 다합니다. 그들의 앞날에 좋은 일이 있을 것 같으면 무엇이든 합니다. 그런데 그들의 삶을 밝게 하는 자선과 적선은 소홀히 하고 있습니다. 부모가 자식을 위해 선을 베풀고 좋은 일을 한다면 어찌 주님께서 축복을 주시지 않겠습니까?

자선은 모르게 해야 합니다. 알게 하면 자랑이 됩니다. 모르게 해야 은총을 모셔 올 수 있습니다. 단식도 마찬가지입니다. 주님만이 아시게 해야 합니다. 사람에게 드러나면 그만큼 하늘의 힘은 줄어듭니다. 금년 사순 시기에는 사람보다 주님 앞에서 단식하고 절제하는 생활을 실천해야겠습니다.

09　February

루카 5,27-32 :

　　레위를 부르시는 예수님의 모습입니다. 그는 세리였지요. 당시 세리는 이스라엘의 천덕꾸러기였습니다. 무시할 수도 없고 가까이할 수도 없는 존재였습니다. 로마는 골치 아픈 이스라엘을 다스리기 위해 과도한 세금 정책을 폅니다. 감당하기 힘들 정도로 세금을 부과한 것이지요. 당연히 탈세할 수밖에 없습니다. 그러다 말을 잘 듣지 않는 이에게는 느닷없이 세무 사찰을 했습니다. 그 하수인 역할을 세리들이 했던 겁니다.

　그러기에 바리사이들과 율법 학자들은 세리를 죄인 취급했습니다. 그들과 어울리는 것 자체를 부정한 것으로 간주했습니다. 그런데 예수님은 그런 세리를 제자로 부르신 것입니다. 당시 상식으로는 이해할 수 없는 일이었습니다.

　레위는 감격합니다. 그는 예수님을 자신의 집에 모시고 큰 잔치를 베풀었습니다. 어부였던 다른 제자들과 비교되는 모습입니다. 세리는 돈도 있고 여유도 있었던 것 같습니다. 그러자 바리사이들이 투덜거렸습니다. 세리와 어울리는 예수님을 비난한 것입니다.

　"나는 의인이 아니라 죄인을 불러 회개시키러 왔다." 예수님의 답변입니다. 부족한 사람과 어울리는 이유를 말씀하신 겁니다. 그분을 따르는 우리는 어떠한지요? 편하고 좋은 사람만 만나고, 쉬운 신앙생활만 하고 있는 것은 아닌지 돌아봐야겠습니다.

10 February

마태 4,1-11 :

사탄은 예수님을 유혹합니다. 단식을 마치고 허기진 예수님께 빵을 만들어 보라고 충동질합니다. 물고기 두 마리와 빵 다섯 개로 오천 명을 먹이셨던 그분께 작은 빵 하나 만드는 것은 아무 일도 아닙니다. 그러나 그분께서는 거절하십니다. 자신을 위한 기적이었기 때문입니다. "사람이 빵으로만 사는 것은 아니다." 그분께서 남기신 말씀입니다.

사탄은 성전 꼭대기로 가서 예수님께 뛰어내려 보라고 유혹합니다. "그대가 하느님의 아들이라면 뛰어내리는 그대를 천사가 잡아 줄 것이 아닌가!" 만약 그렇게 했더라면 예수님께서는 얼마나 철없는 위인이 되셨을는지요? 어찌 보면 유혹은 이렇듯 유치합니다. 그런데도 우리는 유치한 감정에 속아 유혹에 발을 내밉니다.

주님께서도 유혹을 받으셨습니다. 그 사실은 우리에게 위안이 됩니다. 예수님을 유혹한 사탄이라면 우리도 유혹하기 때문입니다. 그러니 유혹 앞에서는 예외가 없습니다. 나만 왜 유혹에 시달리는가? 나는 왜 아직까지 이 유혹을 받아야 하는가? 이런 느낌이 들 때 오늘의 복음을 기억해야 합니다. 그리고 사탄을 물리쳤던 예수님의 모습을 떠올려야 합니다. 유혹은 죄가 아닙니다. 윤리적인 무엇도 아닙니다. 유혹은 그저 '유혹일 뿐'입니다. 사순 시기에 우리는 유혹의 본질을 묵상해 봅니다. 예수님의 모습도 묵상해 봅니다.

11 February

마태 25,31-46 :

마태오 복음서 25장은 종말에 관한 가르침입니다. 그런데 비유만 딸랑 세 개 나옵니다. 기름을 준비한 열 처녀의 비유, 종들에게 탈렌트를 주는 주인의 비유, 최후 심판에 관한 비유가 그것입니다. 세 비유에는 공통점이 있습니다. 선택받은 자와 그렇지 못한 자입니다. 선택받은 이들은 좋은 곳에 가지만 탈락한 이들은 별 볼일 없는 곳으로 갑니다. 전자는 주인의 뜻을 알아챘지만 후자는 자기 생각을 넘지 못했습니다. 그렇습니다. 비유의 핵심은 여기에 있습니다. '자신의 생각을 넘지 못했다'는 것입니다.

우리는 막연하게 생각합니다. 얼마나 율법을 잘 지켰는가? 얼마나 많은 헌금을 냈는가? 얼마나 죄짓지 않고 살았는가? 이런 것이 최후 심판의 기준일 것이라 여깁니다. 그런데 그런 말씀은 없습니다. 평생 독신을 지키고 숱한 사람들에게 전도한 이야기도 없습니다. 교회의 화려한 지위에 대한 언급도 없습니다. '오직 네 이웃에게 어떻게 대했느냐? 그들을 과연 나 보듯이 했느냐?'는 질문뿐입니다.

바로 사랑입니다. 얼마나 사랑을 갖고 살았느냐는 말씀입니다. 율법을 지키고 많은 일과 업적을 남겼다 해도 '사랑 없이' 했다면 구원과 연관시키지 말라는 교훈입니다. 바오로 사도의 말씀이 생각납니다. '천사의 말을 하고 남을 위해 불 속에 뛰어든다 해도 사랑이 없으면 별 볼일 없다'는 말씀입니다.

12 February

마태 6,7-15 :

예수님께서는 사랑하라고 말씀하셨습니다. 그리고 그분께서 보여 주신 행동은 용서였습니다. 그러므로 사랑하라는 말씀은 용서하라는 말씀입니다. "우리를 유혹에 빠지지 말게 하시고." 어떤 유혹이겠습니까? 사랑하지 않겠다는 유혹입니다. 절대로 용서하지 않겠는 마음입니다. 이런 유혹에서 구해 달라고 기도하는 겁니다.

기도는 고백입니다. 자신의 내면세계를 열어 놓는 행위입니다. 열어야 볼 수 있습니다. 자신도 보고 주님께서도 보십니다. 그런데 닫아 놓고 있습니다. '절대로 안 볼 사람이다. 다시는 만나지 않을 것이다. 결코 말을 나누지 않을 것이다.' 이렇게 마음을 닫고 기도합니다. 어찌 신앙생활이 기쁨으로 바뀌겠습니까?

마음을 닫으면 정성 없는 기도가 됩니다. 마음은 딴 곳에 있고 입만 외우는 기도가 되기 쉽습니다. 사람들의 모습이 하도 딱해서 예수님께서는 당신의 기도를 남겨 주십니다. '주님의 기도'를 가르쳐 주신 것입니다.

우리는 하느님을 아버지로 부릅니다. 이 기도를 바치면 자동적으로 주님의 자녀가 됩니다. 전능하신 분의 능력을 받는 자녀가 됩니다. 무엇이 두렵고 아까워서 마음을 닫고 살려는 것인지요? 한 번이라도 마음을 열고 이 기도를 바쳐 보십시오. 걱정이 사라짐을 금방 느낄 것입니다. 주님의 기도는 살아 있는 기도입니다.

13 February

루카 11,29-32 :

요나보다 더 큰 이가 여기에 있다고 하십니다. 요나는 니네베로 가서 예언자가 되라는 말씀에 게으름을 부립니다. 계속 가라고 하자 도망을 치다 폭풍우를 만납니다. 죽게 되어서야 정신을 차리지요. 그런데도 하느님께서는 그의 말에 힘을 실어 주셨습니다. 그가 회개를 외치자 니네베 사람들이 금방 따랐습니다. 임금까지 자루 옷을 입고 잿더미 위에 앉았습니다.

부족한 요나였지만 그의 외침에 이방인들은 이렇게 반응했습니다. 그런데 이스라엘은 기적을 보고도 따르지 않습니다. 주님의 백성이건만 말씀을 못 들은 체합니다. 예수님의 질책은 당연합니다. 남방 여왕 역시 이방인이었지만 지혜를 들으러 왔습니다. 먼 거리에서 찾아왔습니다. 예수님을 외면한 잘못을 그들이 증언할 것이라고 하십니다.

우리는 가까운 곳에 주님을 모시고 있습니다. 언제든 갈 수 있는 성당입니다. 박해 시대 때 피난하던 교우들은 미사와 영성체를 위해 얼마나 많은 희생을 치렀는지 모릅니다. 아무리 먼 길이라도 고통을 각오하며 찾아갔습니다. 그들에 비하면 우리의 신앙생활은 게으릅니다. 돌아볼 것이 많습니다. 심판 때에 그들이 우리를 비판할지 모를 일입니다. 그러므로 요나의 이야기는 오늘의 우리에게도 적용되는 이야기입니다.

14 February

마태 7,7-12 :

목욕탕을 운영하는 자매님이 있습니다. 남편의 퇴직금과 은행 빚으로 마련한 목욕탕입니다. 아직도 절반은 빚이라 매달 갚아야 합니다. 월말이 되면 아무것도 안 보인다고 합니다. '손님이 와야 한다. 남보다 친절하게, 청결하게 하자.' 늘 이런 생각뿐이라고 했습니다. 돈을 아끼려고 두 내외가 온몸으로 때 웁니다.

큰딸이 공부하다 신경 쇠약에 걸렸습니다. 삶을 비관하고 학업도 포기했습니다. 엄마는 이중으로 고통을 안고 삽니다. 밤에는 파김치가 되어 청소하고 다시 딸을 돌봐야만 합니다. 살아갈 기력이 없습니다. 오직 기도만이 그녀에게는 위안이고 힘이었습니다.

어느 날 걸을 수가 없었습니다. 병원에 갔더니 무릎에 물이 찼다고, 쉬지 않으면 절단해야 한다고 했습니다. 허나 그럴 수 없었습니다. 자매님은 다리를 끌며 청소했습니다. 울면서 버텼습니다. 오직 기도만이 힘이었습니다. 견디다 못해 사람을 쓰기로 남편과 합의하던 날, 기도하던 중 생각을 바꾸었습니다. '아니다. 사람 쓸 돈을 저축해서 우리 딸아이 같은 불행한 아이에게 주기로 하자. 그러니 주님, 2년만 버티게 해 주십시오. 은행 빚만 갚으면 된답니다.' 다음 날 이상하게 다리가 가벼웠답니다. 걸을 수 있었답니다. 너무 놀라 병원까지 걸어갔습니다. 의사가 말했습니다. "어? 물이 없어졌어요." 부인은 자신의 기도 이야기를 했습니다. 그러자 의사가 대답했습니다. "그래요. 하느님께서는 가끔씩 기도를 들어주십니다. 저는 많이 봤답니다."

15 February

마태 5,20-26 :

예수님은 형제에게 성내지 말라고 하십니다. 쉬운 일이 아닙니다. 화가 나면 폭언은 예사입니다. 바보, 멍청이 정도는 애교에 속합니다. 그런데도 이런 말을 하면 지옥에 갈 것이라고 하십니다. 말씀의 의도가 어디에 있을까요?

이웃에게 성내는 것부터 바꾸어야 한다는 말씀입니다. 살인이라는 큰 죄는 누구나 신경 씁니다. 하지만 가까운 사람에게 화내는 '작은 잘못'에는 무관심합니다. 그래서는 안 된다는 말씀입니다. 그렇습니다. 화내지 않으려고 애쓰는 사람이 살인 같은 큰 죄를 지을 수는 없는 일입니다. 가까운 사람을 얕보고 비웃는 사람이 큰 죄에 빠질 수 있습니다.

그러니 이웃과 소원한 관계라면 가까이 지내라는 말씀입니다. 형제와 법정 소송을 벌였다면 가급적 화해하라는 말씀입니다. 화해는 하느님의 힘과 기운을 모셔 오는 행동입니다. 작은 말 하나가 화해를 가져오기도 하고 불목을 초래하기도 합니다.

말실수를 하지 않으면 온전한 사람이라는 속담이 있습니다. 말실수를 하지 않는 사람이 어디 있겠습니까? 그렇지만 가까운 사람과 사랑하는 가족에게 화를 내고 업신여기는 말은 고칠 수 있습니다. 노력하면 가능합니다. 삶의 태도를 바꾼다면 저절로 고쳐집니다. 금년 사순 시기 동안 힘써야 할 과제입니다.

16 February

마태 5,43-48 :

원수를 사랑하라는 말씀은 수없이 들어 왔습니다. 어떻게 그럴 수 있을는지요? 마음먹는다고 되는 일은 분명 아닙니다. 제일 좋은 방법은 원수를 만들지 않는 것이겠지요. 살다 보면 원수는 아니지만 미운 사람은 만납니다. 첫눈에 미워진 것은 아닙니다. 나에게 미운 짓을 했기에 미운 감정이 쌓인 것입니다.

어떻게 풀어야 되는지요? 무작정 잊어버리고 처음으로 돌아갈 수는 없는 일입니다. 사람의 감정은 그렇게 이론적이지 않습니다. 무엇보다 먼저 시간이 요구됩니다. 미움이 쌓인 세월만큼은 아니더라도 시간이 필요합니다. 그걸 무시하고 즉시 그 자리에서 털어 버리려 하기에 문제가 생깁니다. 감정은 스스로 녹아내리는 것이지, 털어 버리는 물건이 아닙니다.

원수를 사랑할 수는 없습니다. 보통 사람은 할 수 없는 일입니다. 그것 역시 시간이 요구됩니다. 나에게 잘 대해 주고 나를 위해 희생하는 이에게는 무관심하면서 원수를 사랑하겠다는 것은 불가능한 일입니다. 그렇게 해서도 안 됩니다. 누가 들으면 웃을 일입니다. 그러니 먼저 나에게 잘 대해 주는 이를 사랑하고 그에게 보답해야 합니다. 이것이 순서입니다. 그렇게 살다 보면 어느 날 미운 사람과의 관계가 개선됩니다. 은총이 끌어 주시는 것이지요. 사랑도 은총입니다. 사랑을 지니면 은총이 감싸 줍니다.

17 February

마태 17,1-9 :

예수님께서는 갑자기 모습을 바꾸십니다. 세상 모습이 아닌 천상 모습입니다. 제자들은 깜짝 놀랍니다. 아무 준비 없이 스승님의 본모습을 보았기 때문입니다. 그럴 만한 이유가 있을는지요? 분명한 것 하나는 그분께서 의도적으로 하셨다는 점입니다. 핵심 제자 세 사람만 데리고 가신 것과 좀처럼 정체를 드러내지 않으시던 분이 하늘의 모습을 드러냈기 때문입니다.

스승님께서는 알고 계셨습니다. 미구에 고통 받고 십자가의 길을 간다는 것을 알고 계셨습니다. 그리고 그 과정에서 제자들이 흩어진다는 것도 아셨습니다. 그래서 스승님께서는 '영적 충격'을 주신 것입니다. 십자가를 지는 당신을 보더라도 놀라지 말라는 암시입니다. 지금 보는 모습이 당신의 참모습임을 알려주고 싶으셨던 것입니다. 그런데도 제자들은 잊어버립니다. 정작 그날이 왔을 때는 아무것도 생각해 내지 못합니다. 잡혀가는 스승님을 보면서 그들은 겁에 질려 숨어 버립니다.

부활을 체험한 뒤에야 제자들은 알게 됩니다. 십자가를 선택하신 스승님의 뜻을…. 그러자 살아생전 보여 주셨던 모든 것의 의미가 드러납니다. 그분의 배려와 사랑을 비로소 깨닫게 됩니다. 제자들이 다시 일어설 수 있었던 것은 스승님이 남기신 따뜻함 때문이었습니다. 지난날의 사건들이 그들에게 힘이 되었던 것입니다. 거룩한 변모 사건 역시 그중 하나입니다.

18 February

루카 6,36-38 :

　　예수님은 남을 심판하지 말라고 하십니다. 옳은 말씀입니다. 잘못된 판단이 얼마나 많은 세상입니까? 그런 잘못 때문에 평생을 '멍들어 사는 이'가 얼마나 많겠습니까? 사소한 말 한마디가 아이의 일생을 어둡게 합니다. 따뜻한 말 한마디가 아이의 운명을 바꿀 수 있습니다. 그러니 섣부른 판단은 피해야 합니다. 가능하면 좋은 쪽으로 판단하려고 애써야 합니다.

　　엄마에게 두 딸이 있었습니다. 하나는 5살, 하나는 4살입니다. 다섯 살짜리는 늘 부정적인 소식을 전합니다. "엄마, 이웃집 아저씨가 술이 취해 넘어졌어. 이웃집 오빠가 철봉에서 떨어졌어." 엄마는 이야기를 들을 때마다 마음이 무겁습니다. 그런데 네 살짜리는 늘 좋은 소식을 전합니다. "엄마, 이웃집 아저씨가 퇴근길에 과자를 이만큼 사 주셨어. 이웃집 오빠가 산수 시험에서 백점을 맞았대." 엄마는 이야기를 들을 때마다 마음이 밝아집니다.

　　세월이 흘렀습니다. 큰딸은 주정뱅이 신랑을 만났습니다. 아이는 철봉 근처만 가도 넘어져 다칩니다. 작은딸도 남편을 만났는데 퇴근길에 어찌나 과자를 자주 사 오는지 미워질 정도입니다. 아이는 유난히 산수 시험에 강합니다. 정채봉 님의 수필에 나오는 예화입니다. 이야기의 결론은 이렇습니다. '시각視覺이 운명을 바꾼다.' 사순 시기 동안 생각해 볼 말입니다.

마태 23,1-12 :

　　예수님은 단호히 말씀하십니다. "그들이 말하는 것은 실행해도 행동은 본받지 말라." 오늘의 현실 역시 이 말씀에서 별반 동떨어져 있지 않습니다. 바리사이와 율법 학자들은 당시 종교 지도자들이었습니다. 예수님께서는 그들의 어떤 점을 꾸짖고 계시는지요?

　　모범을 보이지 않은 점입니다. 그들은 몸을 사리며 살았습니다. 남에게는 시키고 자신들은 손가락 하나 까딱하지 않는다고 했습니다. 남에게는 선교하라고 하면서 본인은 예비 신자 한 사람 데려오지 않는 것과 같습니다. 아니, 데려온 예비 신자마저 엉뚱한 소리를 해서 쫓아 버리는 것과 같습니다.

　　자신을 낮추면 높아진다고 합니다. 불변의 진리입니다. 벼는 익을수록 고개를 숙인다는 말과 같습니다. 낟알이 찼기에 절로 고개를 숙입니다. 그러나 쭉정이는 고개를 숙이고 싶어도 숙일 수가 없습니다. 고개 숙일 알맹이가 없기 때문입니다.

　　사람도 마찬가지입니다. 실력도 알맹이도 없으면 고개를 숙여야 할 때를 모릅니다. 그러기에 늘 고개를 들고 좌우를 살핍니다. 자신을 알아주지 않는다고 불평합니다. 자신을 알리고 싶어 이쪽저쪽 붙어 다닙니다. 슬픈 인생입니다. 알맹이가 채워지면 고개는 쉽게 숙여지는데 그걸 모릅니다.

마태 20,17-28 :

제베대오의 두 아들은 야고보와 요한이며 어머니는 살로메입니다. 그녀는 예수님께 와서 아들의 앞날을 부탁합니다. 어머니로서는 당연한 일입니다. 하지만 예수님 앞에서는 어울리지 않는 모습입니다. 아마도 제베대오 부부는 예수님 일행을 돕고 있었을 겁니다. 그들의 지향은 좋았지만 영적으로 승화되지는 못하고 있었습니다.

믿음을 현실의 감각으로만 받아들이면 살로메의 행동은 반복됩니다. 덩치를 불리고 조직을 강화하는 일에 매달리게 됩니다. 그 역시 누군가 해야 될 일이지만 신앙생활의 본질은 아닙니다. 그것은 영적 성장을 위한 수단일 뿐입니다.

영적 생명이 자라지 않으면 신앙생활은 우울해집니다. 그토록 열심히 교회 활동을 하면서도 믿음이 즐겁지 않은 것은 '영적 에너지'가 고갈되었기 때문입니다. 영적 성장보다 물질적 확장을 외치는 소리는 여전히 존재합니다. 살로메처럼 그 소리에 현혹되는 이들도 없어지지 않을 겁니다.

"너희 가운데 높은 사람이 되려는 이는 섬기는 사람이 되어야 한다. 첫째가 되려는 이는 종이 되어야한다." 스승님의 말씀입니다. 무엇을 하든 섬기는 자세일 때 영적 생명이 주어진다는 말씀입니다. 알맹이는 못 보고 겉모습의 화려함만 보고 있는 우리에게 일침을 가하는 말씀입니다.

21 February

루카 16,19-31 :

부자와 라자로의 비유는 잘 알려진 이야기입니다. 비유의 핵심은 어디에 있는지요? 이 세상 것이 그대로 '저세상 것'이 되지 않는다는 데 있습니다. 이 세상의 부자가 저세상에서도 부자는 아니라는 말입니다. 마찬가지로 저세상의 라자로는 이 세상의 라자로와 전혀 다른 모습이었습니다.

부자가 잘못을 저질러 벌 받는 곳에 간 것은 아닙니다. 성경 어디에도 그런 기록은 없습니다. 라자로 역시 선행을 많이 해서 천국에 간 것은 아닙니다. 성경 어디에도 그런 기록은 없습니다. 이 세상에서는 두 사람의 삶이 극명하게 달랐습니다. 그런데 저세상에서는 정확하게 역전되어 있습니다. 이 철저한 대비를 보여 주고자 하는 것이 성경의 가르침입니다.

부자는 자신의 형제들이 고통스런 곳에 오지 않도록 라자로를 보내 달라고 청합니다. 무언가 잘못 살았음을 간접적으로 시인한 것이 됩니다. 그것이 무엇일는지요? 현실의 부유함을 당연히 내 것이라 생각하고 나누지 않은 것이 아닐는지요? 그리하여 인생을 너무 쉽게 생각하고 자만한 것이 아닐는지요? 현실에서 좋은 것을 많이 받은 사람은 감사하고 나누어야 합니다. 남몰래 나누는 연습을 해야 합니다. 복음의 또 다른 가르침입니다.

22 February

성 베드로 사도좌 축일

마태 16,13-19 :

"너희는 나를 누구라고 생각하느냐?" 주님의 질문입니다. 지금 답해야 할 의무는 없습니다. 그러나 언젠가는 답해야 할 날이 옵니다. 반드시 옵니다. 누구라고 답하겠습니까? 물론 우리는 답을 알고 있습니다. 베드로의 고백을 통해 정답이 무엇인지 알고 있습니다. 그러니 남은 과제는 답을 알고 있는 사람답게 사는 일입니다.

"스승님은 살아 계시는 하느님의 아들 그리스도입니다." 고백의 핵심은 그리스도라는 말에 있습니다. 그리스도는 '구세주救世主'라는 말과 같습니다. "세상을 구원하시는 주님"이란 뜻이지요. 그리고 주님은 '주인主人님'의 준말입니다. 무엇의 주인이겠습니까? 내 인생의 주인이며, 내 운명의 주인이며, 내가 소유한 모든 것의 주인이란 의미입니다.

세상 역시 어마어마한 개념으로 생각할 것이 아닙니다. 내가 속한 세상, 내가 책임져야 할 사람을 먼저 떠올려야 합니다. 저 광활한 우주를 연상한다면 감은 멀어집니다. 아프리카나 남미 어디라고 생각해도 막연해질 뿐입니다. 그러니 그리스도는 내가 책임져야 할 '나의 세상'을 구원해 줄 분이십니다.

베드로는 이렇듯 소박하고 단순하게 예수님을 고백했습니다. 그러니 우리 역시 그런 믿음으로 그리스도를 고백하며 살아야 합니다. 신앙생활의 기쁨을 위해서도 그렇게 살아야 합니다.

23 February

루카 15,1-3.11-32 :

오늘 말씀은 '탕자의 비유'라는 이름으로 많이 들어 왔던 내용입니다. 작은아들은 아버지의 재물을 자기 것으로 착각하며 삽니다. 그러기에 그는 노력하지 않습니다. 고마워하지도 않습니다. 당연히 그에게는 삶의 애절함이 없습니다. 어느 날 그는 유산을 달라며 떼를 씁니다. 마침내 돈을 손에 쥐자 바람처럼 사라집니다.

큰아들의 불평을 미루어 보건대 아버지는 철저한 사람이었습니다. 결코 헛된 낭비를 하거나 인심을 마구 쓰는 헤픈 사람이 아니었습니다. 그런데도 재물을 두말없이 작은아들에게 주었습니다. 왜 그랬을까요? 유산을 믿고 있는 한, 이 아이는 영영 사람 되기는 틀렸다고 생각했던 것입니다.

아버지의 마음은 넓고 깊었습니다. 그러기에 작은아들의 무례를 받아 줍니다. 결국엔 재물을 날리고 고생할 것을 알았지만 허락합니다. 그런 과정을 거쳐야만 '참사람'이 될 것을 알고 있었기 때문입니다.

아버지는 현명하고 사랑이 많았습니다. 앞을 내다봤고 결국 아들이 돌아올 것을 알고 있었습니다. 우리가 믿는 주님 역시 그런 아버지의 모습을 지녔다고 비유는 이야기합니다. 그러니 삶의 고통에는 그분께서 주시는 의미가 숨어 있음을 깨달아야 합니다. 누군가 그랬습니다. "유산이 자식을 망친다."고.

24 February

요한 4,5-42 :

예수님께서는 우물가의 여인과 말씀을 나누십니다. 여인에게 다가가 물을 청한 것이지요. 여인은 예사롭지 않은 사람임을 직감합니다. "내가 주는 물을 마시는 사람은 영원히 목마르지 않을 것이다." "선생님, 어디에 그런 물이 있습니까? 제게 좀 알려 주십시오." 여인은 호기심으로 예수님께 다가갑니다.

'내가 주는 물을 마시면 영원히 목마르지 않을 것이다.' 아무나 이 말을 할 수 없습니다. 너무나 엄청난 말인 까닭입니다. 그러기에 여인은 못 알아듣습니다. 우리 역시 알아듣기 힘든 말씀입니다. 영원히 목마르지 않는 것이 가능한 일일는지요? 살아갈수록 갈증이 심해지는 것이 현실입니다. 끊임없이 의미를 찾아야 하고 사랑과 희망을 붙잡으며 살아야 하기 때문입니다.

사마리아 여인은 단순하게 받아들이며 예수님께 나아갔습니다. 그러기에 자신의 능력을 뛰어넘어 예수님을 만났습니다. 그녀의 자세가 답입니다. 우리 역시 단순한 마음으로 청해야 합니다. '생명의 물을 주십시오. 영혼의 목마름을 벗을 수 있는 힘을 주십시오.' 몇 번이라도 애절한 마음으로 이 기도를 드려야 합니다.

복음의 스승님께서는 '내가 주는 물을 마셔야' 갈증이 사라질 수 있다고 하셨습니다. 기도와 선행을 통해 주님의 물을 마셔야 합니다. 맡기고 신뢰하며 살아갈 때 깨달음의 은총은 주어집니다.

25 February

루카 4,24-30 :

예수님께서는 고향 사람들을 찾아가십니다. 그들의 아집과 텃세를 알고 있었기에 마음먹고 가신 겁니다. 그리고 메시아에 관한 이사야 예언서를 읽고 말씀이 이루어졌음을 선언하십니다. 당신께서 구세주이심을 선언한 것이지요. 사람들은 눈이 똥그레집니다.

일부 사람들은 받아들였지만 일부 사람들은 반발합니다. "저 사람은 요셉의 아들이 아닌가? 우리 동네에서 목수 일을 하던 그 사람의 아들이 아닌가?" 과거를 들춰 흠집을 내려고 합니다. 요즘 세상에나 있는 일인 줄 알았는데 성경의 사람들도 그랬습니다.

예수님께서는 우회적으로 그들을 꾸짖으십니다. 하느님의 선택이 이스라엘 사람에게만 주어지는 것이 아니라고 하십니다. 그것도 성경에서 뽑아 이야기하십니다. 사렙타 마을의 과부와 나병 환자였던 나아만 장군의 이야기를 예로 든 것입니다. 특히 사렙타 마을의 과부는 위대한 예언자 엘리아에게 도움을 주었습니다. 그녀가 살던 시돈 지방은 돼지 키우는 곳이 많아 유다인들이 멸시하던 동네였습니다.

사람들은 화가 나서 예수님을 죽이려 합니다. 스승님께서는 상황을 짐작하셨지만 말씀을 바꾸지 않으셨습니다. 오히려 그들의 무례를 말없이 피해 가셨습니다. 주님이신 그분 앞에서도 말씀을 거부하는 이들이 있었습니다. 과거를 들추며 폄하하려는 이들이 있었습니다. 세상에는 '어쩔 수 없는 사람'들이 있는 것입니다. 교회 안에도 있습니다.

마태 18,21-35 :

용서는 잊어버리는 행동이 아닙니다. 미움을 어찌 잊을 수 있을는지요? 잊으려 들면 더욱 기억되는 것이 미움입니다. 그러니 용서는 한순간에 끝나는 감정이 아닙니다. 용서는 끊임없이 닦고 또 닦아야 하는 덕입니다.

복음의 종은 매정했습니다. 자신은 큰 용서를 받았지만 동료의 작은 잘못은 용서하지 못합니다. 왜 그랬을까요? 큰 용서에 대해 감사하지 않았기 때문입니다. 어쩌면 그는 당연한 것으로 여겼을지도 모릅니다. '엄청난 재산을 가진 임금인데 그깟 내 돈 얼마 탕감해 준 것이 무어 그리 대수일까?' 하고 생각했을 것입니다. 그러니 감사의 마음이 생겨날 리 없습니다. 임금 앞에서는 감사의 제스처를 취했을 뿐입니다.

작은 용서라도 감사드리면 은총이 함께합니다. 용서하는 이에게 내리는 복이 그에게도 오는 것이지요. 그런데 당연한 것으로 여기고 용서해 준 이를 엉뚱하게 생각한다면 어찌 하늘의 축복이 함께할는지요? 오히려 약삭빠른 사람으로 전락할 것입니다.

복음의 종이 그랬습니다. 그러기에 그는 작은 빚을 진 동료를 그토록 매몰차게 몰아붙인 것입니다. 용서를 베푸는 것은 어렵습니다. 용서받은 뒤 감사하며 사는 것도 쉬운 일은 아닙니다. 받은 용서를 기억하며 자비를 베푸는 것은 더욱 어려운 일입니다.

마태 5,17-19 :

예수님은 율법을 폐지하러 온 줄로 여기지 말라고 하십니다. 유다인들에게 율법은 하느님을 사랑하는 척도였습니다. 율법을 철저히 지킬수록 그만큼 하느님을 사랑하는 것으로 여겼습니다. 그러기에 그토록 율법에 매달렸던 것입니다. 그들의 행동을 나쁘다고 할 순 없습니다. 문제는 형식으로 흐른 데 있습니다. 지켜야 할 이유도 모른 채 매달린 데 있습니다. 그러면 율법의 노예가 되기 때문입니다.

예수님께서는 율법을 고치러 오신 것이 아니라고 하십니다. 율법 때문에 오신 것이 아니라는 말씀입니다. 그분은 사랑 때문에 오셨습니다. 이웃을 사랑하는 것이 하느님을 사랑하는 것임을 가르쳐 주기 위해 오셨습니다. 이웃을 사랑할수록 그만큼 하느님도 사랑하게 되는 것임을 알려 주기 위해 오셨습니다.

사랑은 감동을 주는 행동입니다. 그러기에 예수님께서는 숱한 사람들에게 기적을 베푸셨습니다. 하느님의 능력으로 그들의 마음을 움직이셨던 겁니다. 율법으로 사람을 움직이는 시대는 지나갔습니다. 이제는 사랑과 감동으로 다가가야 하는 세상이 되었습니다. 그러니 법이 앞서는 교회가 아니라 감동이 앞서는 교회가 되어야 합니다. 이것은 예수님께서 가르쳐 주신 사상입니다. 사랑만이 사람을 승복하게 합니다.

28 February

루카 11,14-23 :

예수님께서는 사탄을 몰아내십니다. 그분의 권능을 보고 사람들은 놀랍니다. 그러나 지도자들은 다르게 생각합니다. 사탄의 힘을 빌려 사탄을 쫓아낸다고 소문냅니다. 그들이 보기에도 예수님께서는 사람의 능력을 뛰어넘는 분이셨습니다.

민중은 기적을 믿고 따르는데 지도자들은 그렇게 하지 못합니다. 이유가 무엇일는지요? 백성을 지도하고 다스려야 한다고 생각했기 때문입니다. 남의 위에 서려는 사람에게는 영적 활동이 제대로 보일 리 없습니다.

그러기에 사탄을 쫓아내는 일은 아무나 할 수 없습니다. 영적 능력이 있다고 해서 할 수 있는 일도 아닙니다. 그 일은 주님만이 하실 수 있습니다. 그분께서 당신 힘을 잠시라도 허락해 준 이들만이 할 수 있습니다. 예수님의 본모습을 몰랐기에 지도자들은 곡해했습니다. 사탄의 사주를 받는 인물로 착각했습니다. 평소 예수님을 의심했기 때문입니다. 누구나 마찬가지입니다. 평소의 생각은 언젠가 행동으로 나타납니다.

이 기회에 우리도 돌아봐야 합니다. 사탄에 대한 평소의 생각이 어땠는지요? 두려움과 막연한 무서움은 아닌지요? 그렇다면 바꾸어야 합니다. 예수님께서는 사탄의 어떤 세력도 무너뜨릴 수 있는 분이십니다. 그분과 함께라면 어떤 악의 힘도 우리를 해칠 수 없습니다.

29 February

마르 12,28-34 :

    봄철에는 유난히 바람이 많습니다. 바람이 잦은 데는 이유가 있습니다. 나무는 가지 끝마다 싹을 틔워야 합니다. 그러려면 그곳까지 물을 올려야 합니다. 힘든 이 작업에 바람이 동참합니다. 가지를 흔들어 물이 쉽게 올라가도록 도와주는 것이지요. 그래서 봄철에 바람이 많다고 합니다. 신비스런 자연 현상입니다.

    사람도 마찬가지입니다. 가끔씩 선한 감정과 아름다운 느낌에 휩싸입니다. 사람들과의 관계가 따뜻함으로 다가옵니다. 이런 체험들은 우리의 생명력을 자극하는 봄바람입니다. 그럴 때마다 우리는 손길이 닿는 모든 곳에 따뜻함을 심고 기쁨과 평온함을 전해야 합니다. 이것이 사랑의 실천입니다.

    예수님께서는 마음을 다하고 목숨을 다하고 정성을 다해 사랑하라고 하셨습니다. 그리고 실제로 그렇게 사셨습니다. 지금도 그분께서는 자연의 바람처럼 사랑의 싹을 틔우라며 은총의 물을 주고 계십니다.

    그러니 우리도 사랑하는 이들에게 다가가 봄바람이 되어야 합니다. 그들을 위해 기도하며 남몰래 선행을 베풀어야 합니다. 오늘도 바람이 많이 붑니다. 무심코 바라보는 바람이지만 나무에게는 고맙기 그지없는 바람입니다. 우리도 그런 바람이 되어야 합니다. 하느님의 기운을 전하는 바람이 되어야 합니다.

365일 복음 묵상 가해

3월

성 요셉 성월은 그분의 삶을 묵상하는 달이다. 꼭 있어야 할 분이시지만 숨어 계신 분이 요셉 성인이다. 성모님께 가려져 계시고 전례력으로도 사순 시기에 가려져 있다. 성경에도 그분에 관한 내용은 많지 않다. 직업이 목수였다는 것, 성모님의 잉태를 알고 갈등에 빠지셨고 어린 예수님을 성전에서 찾느라 고생하셨던 분이라는 몇몇 기록뿐이다. 하지만 초대 교회 때부터 성 요셉은 임종하는 이들의 수호자로 섬김을 받아 왔다.

3월 19일이 요셉 축일로 정착한 것은 12세기경이다. 이 무렵 성지 예루살렘을 탈환하기 위해 십자군 전쟁이 일어나는데 첫 원정에선 승리한다. 그때 나자렛에 요셉 성인을 공경하기 위한 교회가 세워졌다는 기록이 있다. 이후 성인에 대한 공경과 축제는 성지에 남아 있던 프란치스코 수도회에 의해 계속 유지되어 왔다.

1479년에는 프란치스코 수도회 출신 교황인 식스토 4세가 요셉 축일을 전 교회로 확대시켰다. 1621년에는 그레고리오 15세 교황이 의무 축일로 격상시켰고 그때부터 성 요셉에 대한 그림과 조각들이 성행하였다. 1870년에는 교황 비오 9세가 성 요셉을 '성교회의 수호자'로 선언하였고 교황 요한 23세는 '제2차 바티칸 공의회의 보호자'로 정하였다. 1955년에는 교황 비오 12세에 의해 5월 1일이 '노동자들의 수호자 성 요셉 축일'로 선포되었다.

한편 우리나라는 박해 시대에 파리 외방 전교회 앵베르(한국명 범세형范世亨) 주교의 요청으로 교황 그레고리오 16세가 1841년 8월 22일자로 '성 요셉과 원죄 없이 잉태되신 성모 마리아'를 조선 교회의 공동 수호성인으로 선언하였다.

01 March

루카 18,9-14 :

　　세리의 기도를 예수님께서는 칭찬하십니다. 그가 잘 살았다는 것은 아닙니다. 그의 기도 자세를 칭찬하고 계실 뿐입니다. 기도에도 자세가 있음을 알 수 있습니다. 바리사이는 거만하게 기도했습니다. 어떻게 보면 그는 기도가 아니라 자랑을 하고 있었습니다.

　　어린 시절에는 자랑도 필요합니다. 자부심도 필요합니다. 그런 태도가 정신 건강에 도움이 되기도 합니다. 그렇지만 어른이 자랑하면 조금은 유치합니다. 자랑하고 있는 어른을 보면 어딘가 어색합니다. 자랑보다는 감사해야 되기 때문입니다. 바리사이 역시 감사했습니다. 그런데 세리와 비교해서 감사했습니다. 조건 없는 감사가 아니었습니다. 기도는 주님과의 관계입니다. 주님 외에 다른 사람을 내세운다면 올바른 기도가 아닙니다.

　　세리의 기도는 짧았습니다. 그의 기도는 '자신을 불쌍히 여겨 달라'는 한마디뿐이었습니다. 그 한마디가 하늘에 닿았던 것입니다. 많은 말이 주님을 움직이는 것은 아닙니다. 자신을 낮추며 바치는 한마디가 아버지께 전달됩니다.

　　인간 사회도 마찬가지입니다. 필요한 말은 많지 않습니다. 오히려 남을 속이거나 포장할 때 말을 많이 합니다. 변명하고 자랑을 합니다. 기도는 그런 행위가 아닙니다. 주님께 바칠 '한마디'의 기도를 묵상해 봐야겠습니다.

02 March

요한 9,1-41 :

소경의 평생 소원은 눈을 뜨는 것입니다. 복음의 소경은 수없이 도전하다 예수님을 만나 눈까지 뜹니다. 더 놀라운 것은 마음의 눈까지 떴다는 사실입니다. 기적의 목적은 단순히 병만 고치는 데 있지 않습니다. 치유를 통해 하느님의 힘을 알리려는 데 있습니다. 치유는 목적이 아니라 수단인 셈입니다.

소경의 치유도 그랬습니다. 예수님께서는 그를 통해 하느님의 힘을 드러내고자 하셨습니다. 그러니 기적은 준비되어 있으면 누구에게나 주어집니다. 준비도 다른 무엇이 아닙니다. 주님의 전능하심을 믿고 받아들이는 것이 전부입니다. 그런 자세로 믿음의 길을 간다면 언젠가 기적을 만나게 됩니다. 복음의 교훈은 이 점을 알리려는 데 있습니다.

소경 이야기에는 세 부류의 사람이 등장합니다. 첫째는 바리사이입니다. 그들은 기적을 인정하지 않습니다. 오히려 법적으로 따지고 있습니다. 소경이 눈 뜬 날이 안식일이었다고 예수님을 윽박지릅니다. 어떤 면에서는 그들이 장님입니다. 다음은 소경의 가족과 이웃입니다. 그들은 기적을 보고도 호기심 이상을 넘지 못합니다. 오히려 자신들에게 해가 될까 두려워합니다. 믿음에서 의심을 넘지 못하면 그렇게 될 수 있습니다. 세 번째는 소경입니다. 그는 눈을 뜨고 싶은 일념으로 기다렸기에 예수님을 만날 수 있었습니다. 포기하지 않으면 기적은 일어납니다. 소경은 진심으로 감사하며 일생을 살았을 것입니다.

03 March

요한 4,43-54 :

　　예수님께서는 왕실 관리의 아들을 살리십니다. 예나 지금이나 왕실과 연관된 인물은 힘이 있습니다. 그런 사람이 예수님 앞에 나선 것입니다. 그는 급했습니다. 아들을 살려 달라고 간곡히 청합니다. 예수님의 소문을 익히 들어 왔던 게 분명합니다.

　　숱한 사람들이 예수님 앞에 나왔습니다. 평판이 좋은 사람도, 나쁜 사람도 있었습니다. 손가락질받는 이들도 많았습니다. 병자들은 대개 불치병을 앓고 있었습니다. 예수님께서는 그들을 다 만나 주셨습니다. 그들의 요구를 대부분 들어주셨습니다.

　　왕실 관리라고 그분께서 따로 대접한 것은 아니었습니다. 당신께 다가왔던 많은 사람 중 하나로 여기셨을 뿐입니다. 그의 아들을 살리면서 부탁하신 것도 없습니다. 힘없는 사람들을 도우라는 말씀도 없었습니다. 도움이나 편리함을 청하시지도 않았습니다. 왕실 관리도 예수님께는 그저 민중의 한 사람이었을 뿐입니다.

　　우리는 예수님의 이 모습을 전해야 합니다. 그분을 전하면서 편리한 쪽만 찾으려 해서는 안 됩니다. 권력이나 힘 있는 쪽에 기대려 해서도 안 됩니다. 왕실 관리는 자신의 아들이 나은 것을 보고 그분을 믿게 되었다고 합니다. 그는 물론이요, 온 집안이 믿게 되었다고 합니다. 예수님의 의연한 모습을 그 역시 느꼈을 것입니다. 전교는 당당해야 합니다. 복음을 전하는 사람이 위축된다면 아니함만 못합니다.

04 March

요한 5,1-3.5-16 :

'벳자타 못이 출렁일 때 맨 처음 뛰어들면 어떤 병도 낫는다.' 일종의 민간 신앙입니다. 그 이유 때문에 연못 근처에는 병자들이 많았습니다. 벳자타 못은 예루살렘 '양문(羊門)' 곁에 있었습니다. 금요일마다 문 근처에서 양을 사고파는 시장이 열려서 양문이라 불렀다고 합니다.

예수님께서는 벳자타 못에 대해서는 말씀하지 않으십니다. 다만 병이 낫기를 기다린 환자 한 사람을 낫게 하십니다. 자그마치 38년을 기다린 사람입니다. 그만한 인내와 기다림이 있었기에 예수님을 만났을 것입니다. 그에게는 비로소 베자타 못이 출렁인 결과가 되었습니다.

그런데 바리사이들은 그날이 안식일이라는 이유로 찬물을 끼얹습니다. 예수님께서는 그의 인내를 기억하며 기적을 베푸셨는데 바리사이들은 법의 잣대를 들이댄 것입니다. 그의 기다림이 보상받는 날이 안식일이라면 더욱 의미 있는 일입니다. 그런데 거기까지는 생각하지 못합니다. 율법의 본질은 망각하고 껍데기만 따지기에 그렇습니다.

기적은 계율을 뛰어넘습니다. 기적은 하느님의 사랑인 까닭입니다. 율법과 계율은 그분의 사랑을 깨닫는 수단이며 과정입니다. 그 이상도 이하도 아닙니다. 38년이 아니라 3년 8개월이라도 애절하게 기다리며 인내한다면 누구나 주님의 기적을 만날 수 있습니다.

05 March

요한 5,17-30 :

예수님께서는 철저하게 아버지의 뜻을 따르셨습니다. 아버지의 뜻을 벗어나서는 아무것도 할 수 없다고 하십니다. 그토록 완벽하게 순명하신 이유는 무엇인지요? 아버지를 따르는 것이 진리임을 아셨기 때문입니다. 역사 안에는 실패한 영적 지도자들이 많습니다. 그들의 공통된 잘못은 자신의 목소리를 진리로 착각한 점입니다. 아버지의 말씀을 전해야 하는데 자신의 목소리에 매달려 있었기에 은총이 함께하지 않았던 것입니다.

「쿠오바디스」는 폴란드 작가 '헨리크 시엔키에비치'의 소설입니다. 끝 부분에는 제목을 암시하는 다음 이야기가 등장합니다. 박해를 피해 베드로는 로마를 탈출하지요. 자신은 가고 싶지 않았지만 사람들의 권유 때문에 억지로 달아납니다. 로마를 벗어나는 도로 위에서 그는 스승님을 만납니다. 베드로는 놀라며 묻습니다. "주님, 어디로 가십니까?"(쿠오바디스 도미네) 예수님께서는 짧게 답하십니다. "네가 내 백성을 버리기에 한 번 더 죽으러 간다." 그 말에 베드로는 깨달음을 얻고 로마로 돌아옵니다.

왜 그는 내키지 않는 탈출을 실행했겠습니까? 살아야 한다고 생각했기 때문입니다. 살아서 예수님의 가르침을 보존해야 된다고 생각한 것입니다. 그러나 그것은 베드로의 생각이었습니다. 주님의 뜻은 달랐지요. 죽어 거름이 되는 것이 그분의 뜻이었습니다. 교회는 베드로의 것이 아니라 하느님의 것인데 그는 순간적으로 착각했던 겁니다.

06 March

요한 5,31-47 :

"내가 하고 있는 일들이 나를 증언할 것이다." 그분께서 하신 일은 병자들을 낫게 하는 일이었습니다. 악령을 몰아내고 평화를 심는 일이었습니다. 마침내 죽은 이를 살리며 하느님의 권능을 드러내는 일이었습니다. 이루어질 수 없는 일을 그분께서 하신 겁니다.

기적을 체험한 이들은 예수님을 받아들였습니다. 하느님의 아들이심을 의심하지 않았습니다. 기적이 그들의 내면세계를 바꾼 것입니다. 그러니 우리 역시 돌아봐야 합니다. 주님께서 베푸신 기적은 없는지 돌아봐야 합니다. 믿음이 약하고 신앙이 미지근한 것은 기적을 찾아내지 못했기 때문입니다. 우리에게 베푸신 그분의 개입을 모르고 있기 때문입니다.

누구에게나 힘든 시절은 있습니다. 아프고 고통스런 사건입니다. 어떻게 해결되었습니까? 누군가의 도움이 있었습니다. 그가 누구였겠습니까? 사실은 주님께서 보낸 사람이 아니었던가요? 그러니 감사해야 합니다. 이것이 신앙생활의 출발입니다.

예수님께서는 지금까지 우리를 지켜 주셨습니다. 앞으로도 은총으로 도와주실 것입니다. 그분의 계속되는 기적을 우리는 믿습니다. 이 믿음을 받아들이면 예수님의 목소리를 들을 수 있습니다. 그분의 모습을 볼 수 있습니다. 사건 속에서 그분을 만날 수 있습니다. 믿음 없이 살기에, 믿어도 대충대충 믿기에 기적이 보이지 않는 것입니다.

07 March

요한 7,1-2.10.25-30 :

바리사이들은 예수님을 잡으려 하지만 군중은 믿음을 드러냅니다. "메시아가 오더라도 저분께서 일으키신 것보다 더 많은 표징을 일으키겠는가?" 군중 사이에는 이런 분위기가 퍼져 나갔습니다. 사람들은 피부에 닿는 것을 받아들입니다. 민중을 외면하면 누구도 힘을 쓸 수 없습니다.

교회 역시 마찬가지입니다. 민중을 가까이해야 주님의 메시지를 전할 수 있습니다. 무엇으로 그들에게 가까이 갈 수 있을는지요? 따뜻함입니다. 민중이 예수님을 받아들이기 시작한 것은 그분의 따뜻함과 사랑을 보았기 때문입니다.

'저분만큼 많은 표징을 보여 줄 수 있겠는가?'라고 했습니다. 무슨 표징이겠습니까? 병자들이 낫는 일이었습니다. 가난한 이들이 희망을 갖는 일이었습니다. 지도자들이 외면하는 이들을 친구로 받아 주는 일이었습니다. 그렇다고 대가를 요구하거나 부탁을 강요하는 것도 아니었습니다.

이런 것을 보면서 민중은 예수님 편에 서기 시작합니다. "메시아는 어디서 오는지 모르는데 우리는 저분이 어디서 오는지 알고 있지 않은가?" 민중은 이렇게 말합니다. 그들의 소박한 지식입니다. 메시아가 아닌 줄 알겠다는 지식입니다. 그런데도 그들은 예수님을 인정하고 지지합니다. 그분의 따뜻함이 모든 것을 뛰어넘은 것입니다.

08 March

요한 7,40-53 :

갈릴래아에서는 예언자가 나올 수 없다고 단언합니다. 어이없는 발상입니다. 하느님의 선택이 어떤 지역에 한정될 수는 없기 때문입니다. 어느 땅의 사람이건 당신께서는 예언자로 선택하실 수 있습니다. 이것은 믿음의 근본에 관한 문제입니다. 그런데도 바리사이들은 함부로 말합니다.

이스라엘은 오랫동안 남북으로 갈라져 있었습니다. 갈릴래아는 북쪽이고 예루살렘과 베들레헴은 남쪽에 속합니다. 문화적으로 차이가 생기면서 남쪽은 우월감을 갖게 됩니다. 하지만 예언자가 북쪽에서 나올 수 없다는 것은 참으로 유치한 생각입니다.

예수님 시대의 종교 지도자들이 이랬습니다. 전통과 역사를 자만심으로 받아들인 결과입니다. 이스라엘은 작은 나라입니다. 주변 국가에 비하면 초라할 정도로 작은 나라입니다. 살아남을 수 있는 길은 일치뿐인데 그걸 잊고 있습니다. 어떤 지도자건 우월감만 내세운다면 카리스마(하늘의 기운)를 지닐 수 없습니다.

남을 인정해야 안목이 넓어집니다. 나만 옳다고 생각하면 남을 부정하게 됩니다. 그리고 자신의 생각만 끌어안고 양보하지 않으려 합니다. 사람들은 그를 보고 어떻게 생각하겠습니까? 어리석은 사람이 따로 있는 것은 아닙니다. 우월하다고 착각할수록 어리석음은 깊어집니다.

09 March

요한 11,1-45 :

라자로는 부활합니다. 죽었던 사람이 다시 살아난 것입니다. 그의 소생은 예수님의 부활을 암시합니다. 새 목숨을 얻은 라자로가 어떻게 살았는지 우리는 모릅니다. 그렇지만 그는 흔들리지 않는 믿음으로 살았을 것입니다. 확고한 믿음이 부활 은총의 핵심입니다. 죽었다가 살아난 것을 믿을 수 있다면 더 이상 못 믿을 것이 없습니다.

부활의 은총은 지식으로 접근하면 느껴지지 않습니다. 이론이 아닌 까닭입니다. 라자로의 소생이 체험이듯 부활은 체험이어야 합니다. 내 몸과 마음이 어떤 형태로든 부활해야 살아 있는 은총을 만날 수 있습니다. 이를 위해 사순 시기가 있는 것입니다.

"라자로야, 나와라." 예수님의 말씀에 그는 무덤에서 걸어 나옵니다. 아직도 수의를 걸치고 있습니다. 있을 수 없는 일이 현실로 나타난 순간입니다. 그 장면을 목격한 마르타와 마리아의 심정은 어떠했겠습니까? 어떤 느낌으로 오빠의 움직임을 지켜보았겠습니까? 두 사람의 변신 역시 궁금해집니다.

내 안에는 '라자로의 모습'이 없는지 돌아봐야 합니다. 믿을 수 없다고 제쳐두고 있는 라자로의 죽은 모습은 없는지 돌아봐야 합니다. 그분께서 말씀하시면 다시 시작할 수 있습니다. 그분이 말씀을 걸어오시면 언제라도 인생은 바뀔 수 있습니다. 라자로처럼 소생할 수 있는 것입니다. 이를 묵상하라는 것이 복음의 가르침입니다.

10 March

요한 8,1-11 :

성경을 모르는 사람도 간음한 여인을 용서하는 이야기는 알고 있습니다. 그만큼 널리 알려진 이야기입니다. 감동적인 내용이 아니면 알려질 리 없습니다. 무엇이 그러한 감동을 남겼겠습니까? 용서입니다. 모두를 용서하시는 예수님의 넓고 따뜻한 마음입니다.

예로부터 간음은 여자의 잘못으로 여겨져 왔습니다. 그러기에 가혹한 벌로 다스렸습니다. 이스라엘이 그랬고 우리나라가 그랬습니다. 그러나 어찌 여자만의 잘못이겠습니까? 예수님께서는 모두를 용서하십니다. 간음한 여인뿐만 아니라 그녀를 고발했던 위선적인 남자들도 용서하십니다.

"나도 그대를 단죄하지 않겠소. 다시는 죄를 짓지 마시오." 우리는 그분의 말씀을 실천할 수 있을는지요? 잘못을 저지른 이에게 그분처럼 말할 수 있을는지요? 할 수 있어야 합니다. 그래야 그분 앞에 설 수 있습니다. 그래야 말씀이 되돌아와 우리의 삶을 감싸 줍니다.

주님께서는 기쁨을 갖고 살기를 원하십니다. 죄에 대한 두려움으로 전전긍긍하며 사는 것을 원치 않으십니다. 그분께 대해서는 밝은 생각이 언제나 먼저입니다. 간음한 여인보다 그녀를 고발했던 이들이 더 어두웠습니다. 그들은 벌주는 하느님을 더 많이 생각하고 있었던 것입니다. 여인은 예수님을 만났기에 삶이 바뀌었습니다. 사랑과 용서는 사람을 바뀌게 합니다.

11 March

요한 8,21-30 :

유다인들은 예수님의 말씀을 알아듣지 못합니다. 오히려 동문서답하고 있습니다. 그분을 받아들이지 않았기 때문입니다. 사사건건 그분이 하는 일에 제동을 겁니다. 기적까지도 사탄의 사주를 받은 일로 치부합니다. 그러니 무슨 말을 해도 그들에겐 들릴 리가 없습니다.

아무라도 예수님에 대해서는 잘 모릅니다. 은총이 도와주지 않으면 알 수가 없습니다. 지식으로 설명될 수 있는 분이 아닌 탓입니다. 그러기에 그토록 기다려 왔던 예수님인데도 몰라봅니다. 그토록 구약에 정통한 사람들인데도 오신 메시아를 못 알아봅니다. 은총이 함께하지 않았기 때문입니다. 받아들이지 않는 곳에는 은총도 함께하지 않습니다.

우리 역시 삶 속에 일어나는 기적을 받아들여야 합니다. 숨 쉬는 자체가 기적입니다. 아니, 기적을 볼 수 있는 시각의 출발입니다. 이런 눈으로 바라보면 숱한 기적들이 우리 곁에 있음을 느끼게 됩니다. 받아들이면 기적은 깨달아집니다. 그리고 예수님의 모습도 보입니다.

유다인들은 예수님을 배척했습니다. 그분께서 베푸시는 기적을 보면서도 믿지 않았기 때문입니다. 믿지 않으면 의심이 끼어듭니다. 기적의 주인공을 옆에 두고도 근심걱정을 쌓아 갑니다. 안타까운 일입니다. 주님께서도 안타까워하십니다.

12 March

요한 8,31-42 :

"진리가 너희를 자유롭게 할 것이다." 예수님께서는 당신을 믿는 유다인들에게 이 말씀을 하십니다. 진리와 자유는 이렇듯 가까이 있습니다. 자유를 느껴야 진리인 것이고 진리가 아니라면 자유를 줄 수 없다는 표현입니다.

자유는 홀가분합니다. 불안을 제압하는 기쁨입니다. 어디에도 얽매이지 않는 능력입니다. 완벽한 그 자유를 어디에서 만날 수 있겠습니까? 답변은 '진리가 자유롭게 한다.'는 예수님의 말씀입니다. 그러니 자유 역시 깨달음입니다. 주님께서 주시는 은총입니다.

유다인들은 아브라함에게서 자유를 찾습니다. 그의 자손임을 내세워 종살이 한 적이 없다고 합니다. 하지만 그들은 율법에 매여 삽니다. 율법에 의해 예수님마저 배척하려 합니다. 진정한 자유가 아니라는 증거입니다.

우리는 무엇에서 자유를 찾고 있습니까? 재물은 아닌지요? 재물을 자유의 출발로 삼고 있는 것은 아닌지요? 재물 때문에 신앙마저 귀찮은 것으로 여긴다면 유다인들과 다를 바 없습니다. 자유는 선물입니다. 하늘의 아버지께서 주시는 선물입니다. 기쁨을 갖고 당당하게 살아가라고 자녀인 우리에게 주시는 그분의 능력입니다. 감사하는 마음으로 믿음의 길을 간다면 누구에게나 그분께서는 주십니다. 이것은 진리입니다.

13 March

요한 8,51-59 :

유다인들은 예수님께 돌을 던지려 합니다. 아브라함을 모독한다고 생각했던 것입니다. 하느님보다 아브라함을 더 신뢰하는 결과가 되었습니다. 아브라함도 하느님께로 가는 안내자이지 그 이상은 아닙니다.

아무리 훌륭한 성인일지라도 안내자 이상은 아닙니다. 이것을 망각하면 잘못에 빠지게 됩니다. 유다인들이 그랬습니다. 아브라함의 후손이라는 자부심 때문에 예수님을 부정하고 있습니다. 아브라함보다 위대한 분은 나타날 수 없다고 생각했던 겁니다.

아브라함을 올바로 보지 못한 결과입니다. 자신의 아들을 바칠 만큼 철저하게 순명한 사람이 아브라함이었습니다. 그의 믿음은 보지 못하고 겉모습만 기억하고 있습니다. 주님과 아브라함의 관계는 제쳐 두고 엉뚱한 것을 내세우고 있습니다. 오히려 아브라함의 본모습을 지적하는 예수님께 돌을 던지려 합니다.

교회 내의 교육이나 조직도 마찬가지입니다. 근본정신을 보고 따라가야 합니다. 우리의 신심을 엉뚱한 곳으로 몰고 간다면 예수님께 돌을 던지는 행위가 될 수 있습니다. 그렇게 하고 있는 것은 아닌지 늘 돌아봐야 합니다.

14 March

요한 10,31-42 :

　모르기에 돌을 던집니다. 예수님을 몰랐기에 유다인들은 돌을 던지려 했습니다. 그들의 무지는 결국 십자가의 죽음을 초래합니다. 종교 때문에 살인을 기획한다면 광신입니다. 미친 믿음입니다. 자신들은 의로움을 내세우지만 현실은 그렇게 판단하지 않습니다.

　내가 죽이려 들면 상대도 나를 죽이려 듭니다. 내가 남의 종교를 비난하면 그들도 내 종교를 비난합니다. 믿음이 아니라고 우기면 마찬가지 결과가 돌아옵니다. 역사에서 수없이 반복된 사실입니다.

　종교에도 '예의'가 있습니다. 아무리 종교가 아닌 듯 보이더라도 기본 예의는 갖춰 줘야 합니다. 종교를 떠나 해석하더라도 다른 사람의 문화요, 삶이기 때문입니다. 그것을 짓밟고 없애려 드는 것은 바른 종교의 모습이 아닙니다. 서양 종교가 남미에서 얼마나 우수한 지역 문화를 말살시켰는지 우리는 기억하고 있습니다.

　이제는 그런 역사가 되풀이되어서는 안 됩니다. 타종교라면 무조건 마음을 닫고 색안경을 꼈다면 이제는 바꾸어야 합니다. 그 모두가 예수님께 돌을 던진 유다인들의 행위와 다를 바 없기 때문입니다.

15 March

한국 교회의 수호자 복되신 동정 마리아의 배필 성 요셉 대축일

다윗 가문의 요셉은 나자렛에서 목수 일을 하고 있었다. 역시 나자렛에 살고 있던 마리아와 약혼했는데 마리아는 '성령으로 말미암아' 예수님을 잉태하게 된다. 이 사실을 몰랐던 요셉은 고뇌하지만 천사의 개입으로 사건의 전말을 알게 된다. 그리고 이를 받아들임으로써 성 가정의 수호자가 된다. 성 요셉에 대한 공경은 동방 교회에서 먼저 시작되어 서방 교회에 보급되었다. 성 요셉은 성모 마리아와 더불어 한국 교회의 수호성인이다.

마태 1,16.18-21.24 :

요셉은 착한 남자입니다. 마리아께서 잉태한 사실을 알았을 때 가만히 헤어지려 했습니다. 약혼녀가 자신도 모르는 아기를 가졌는데 당황하지 않을 남자가 어디 있겠습니까? 그는 조용한 해결을 선택합니다. 그런 결단이 있기까지 얼마나 번민했을지 우리는 짐작할 수 있습니다. 하느님의 사람은 늘 고뇌와 함께 등장합니다.

그러므로 요셉의 고뇌는 은총이었습니다. 아픔을 통해 성숙해지라는 하느님의 배려였습니다. '임마누엘'은 자신을 비우고 상처 받고 포기한 뒤라야 깨달아지는 말씀입니다. 그러니 현실을 살고 있는 우리 역시 또 다른 모습의 요셉입니다. 고뇌 없이 아버지가 되고 남편이 되려고 해서는 안 됩니다.

누구라도 고통을 두려워하면 의심에 휩싸입니다. 편한 것만 추구하면 이기적으로 바뀝니다. 옆에서 보기에도 안쓰러울 정도로 옹졸해진 남자들이 얼마나 많은지요? 훌륭한 남자는 자신을 감출 줄 아는 남자입니다. 그러면서도 있어야 할 자리에는 꼭 있는 남자입니다. '모든 것을 알고 있지만 아무것도 모르는 듯' 살아가는 남자입니다. 요셉 성인 안에서 그 모습을 봅니다.

마태 26,14-27,66 :

　　예수님의 십자가 길에는 수많은 사람들이 등장합니다. 유다는 배반의 길로 들어섰습니다. 베드로 역시 스승님을 모른다고 말합니다. 빌라도는 여론에 밀려 사형을 선언합니다. 빌라도의 아내는 예수님을 죽이는 일에 관여하지 말 것을 당부합니다. 여인의 감각으로 좋은 일이 아님을 알아낸 것이지요.

　　군인들도 예수님을 조롱합니다. 그들의 행동은 정상이 아닙니다. 죽음이 결정된 사람을 조롱하는 것은 비겁한 일입니다. 청중 역시 방관하며 말없이 구경합니다. 몇몇 여인들만이 두려움 속에서도 스승님의 뒤를 따라갑니다. 군중 속에는 예수님의 죽음을 안타까워하는 이들도 있었을 겁니다. 그러기에 얼떨결에 붙들린 키레네 사람 '시몬'은 말없이 예수님의 십자가를 집니다. 우리의 모습은 어떤 사람과 비슷할는지요?

　　유다인들은 새 임금이 등장하면 열광했습니다. 나뭇가지를 흔들며 환영했습니다. 성지의 유래는 여기에 있습니다. 우리 역시 새 임금을 환영합니다. 성지 주일의 전례는 이를 상징합니다. 그러나 우리가 환영하는 분은 이스라엘이 기다렸던 정치적 인물은 아닙니다. 고통 받고 십자가에서 운명하시는 분입니다. 그런 까닭에 장황하고 긴 수난 복음을 읽습니다.

17 March

요한 12,1-11 :

"마리아는 비싼 나르드 향유 한 리트라를 가져와서, 예수님의 발에 붓고 자기 머리카락으로 그 발을 닦아 드렸다. 그러자 온 집 안에 향유 냄새가 가득하였다." 우리는 이 장면을 쉽게 상상할 수 있습니다. 혼신의 몸짓으로 예수님 앞에 엎드린 마리아와 그녀를 지켜보는 스승님의 따뜻한 눈빛입니다. 사랑은 모든 것을 가능케 한다는 말이 떠오르는 장면입니다.

그런데 이스카리옷 사람 유다는 달랐습니다. 그는 향유를 팔아 가난한 이들에게 돈을 주는 것이 나았을 것이라고 합니다. 그에게는 마리아의 행동이 못마땅했던 게 분명합니다. 마리아를 받아 주는 스승님의 모습도 맘에 들지 않았을 것입니다. 그러나 주님께서는 유다의 발언에 개의치 않으십니다. 마리아의 행위는 자신의 장례를 위한 준비라며 두둔하십니다.

우리는 어느 쪽입니까? 마리아입니까? 유다입니까? 사순 시기가 지나면 성주간이 시작됩니다. 이 한 주간만이라도 비판적 시각과 따지기 좋아하는 유다의 모습은 접어야겠습니다. 그리고 아낌없이 내주던 마리아의 모습으로 살아야겠습니다.

18 March

요한 13,21-33.36-38 :

예수님께서는 유다의 배반을 예언하십니다. 그리고 베드로의 배반까지 예고하십니다. 유다는 스승님의 말씀에 밖으로 나갔지만 베드로는 그 자리에 있었습니다. 다른 제자들도 있었습니다. 베드로는 펄쩍 뛰었을 겁니다. 주님을 위해 목숨까지 내놓겠다고 말했던 베드로였습니다.

그런데 스승님께서 붙잡히시자 우려했던 일이 현실로 나타납니다. 주위를 맴돌던 베드로는 예수님을 모른다고 말합니다. 절대 그런 일이 없을 거라고 했는데 막상 부딪치자 엉뚱한 말이 튀어나온 겁니다. 그것도 스승님의 예고처럼 세 번씩이나 이루어졌습니다.

그의 행동을 굳이 배반이라 몰아세울 수 있을는지요? 그는 자신도 모르게 모른다고 말했을 겁니다. 어정쩡한 자세였기에 마음에 없는 말이 튀어나왔을 겁니다. 베드로는 확신이 없었던 것입니다. 아직 부활의 은총이 내리지 않은 탓입니다.

누구라도 은총이 없으면 흔들립니다. 아무리 우직한 사람이라도 은총이 붙잡아 주지 않으면 흔들리기 마련입니다. 그러니 겸손해야 합니다. 쉽게 장담해서는 안 됩니다. 베드로의 모습은 우리의 모습입니다. "내가 진실로 너에게 말한다. 닭이 울기 전에 너는 세 번이나 나를 모른다고 할 것이다." 이 말씀은 용서를 전제한 말씀이었습니다.

19 March

마태 26,14-25 :

유다는 스승님을 외면합니다. 떠날 결심을 합니다. 정말 돈 때문에 그랬을까요? 배신의 원인이 돈이었다면 어리석은 일입니다. 그런데도 주위에는 그런 일들이 자주 생깁니다. 한몫 챙기려고 정보를 빼내 팝니다. 공금을 들고튑니다. 모두가 유다의 행동인 셈이지요.

아무튼 유다는 수석 사제들에게 스승님을 넘길 것을 제안합니다. 그러자 그들은 은전 서른 닢을 내줍니다. 당시 은돈 서른 개는 노예 한 사람의 '시세'였습니다. 정확하게 말하면 노예가 황소에게 받혀 죽었을 때 보상금으로 지불하는 금액이었습니다. 유다인들이 얼마나 예수님을 얕잡아 보고 있었는지 짐작할 수 있는 대목입니다.

스승님은 제자의 배신을 알고 있었습니다. 요한 복음서에서 예수님은 "네가 하려는 일을 하라."고 말씀하십니다. 배신을 받아들이신 겁니다. 철저하게 십자가의 길을 걷는 예수님의 모습입니다. 우리도 살면서 크고 작은 배신을 만납니다. 아무리 가슴이 아프더라도 이제는 십자가의 한 모습으로 받아들여야 합니다.

예수님께서는 이렇게 수난의 길을 시작하셨습니다. 제자의 배신을 받아들임으로써 보이지 않는 십자가를 먼저 지신 겁니다. 그래도 스승님께서는 비난하지 않으셨습니다.

20 March

성주간 목요일

루카 4,16-21 :

세상은 바뀝니다. 사람도 변합니다. 교회 역시 쇄신을 거듭합니다. 그렇게 해서 주님께 나아갑니다. 변화와 쇄신의 종착역은 예수님의 거룩함입니다. 하지만 세속에 속한 우리는 쉽게 그럴 수 없습니다. 그러기에 그분께서는 우리를 이끌어 주십니다. 교회 안에 성사가 있는 이유입니다. 예수님께서는 성사를 통해 당신의 거룩함을 접하도록 길을 열어 주신 겁니다.

성사에는 외적 표시가 있습니다. 내적 변화를 상징하는 암시입니다. 우리는 세례를 통해 보통 사람에서 하느님께 속한 사람으로 바뀌었습니다. 세례 때 기름을 바른 것은 이러한 내적 변화를 드러내는 행위였습니다. 그래서 '거룩한 기름'(성유)이라고 합니다. 사제 역시 성유로 도유되어 그리스도의 사제직을 수행합니다.

이러한 성유는 일 년에 한 번 이루어집니다. 성주간 목요일 아침에 드리는 '성유 축성 미사' 때입니다. 주교님은 사제들과 함께 미사를 봉헌하며 새 성유를 축성합니다. 미사 중에는 사제들의 '서약 갱신'도 있습니다. 그리스도의 사제직을 수행하는 '축성'된 신분이기에 '성유 축성 미사' 때마다 새롭게 하는 것이지요. 우리 역시 세례성사 때 악의 세력을 끊겠다고 약속한 사람들입니다. 약속에 충실한 삶을 살고 있는지 돌아봐야겠습니다.

20 March

주님 만찬 성목요일

'파스카 삼일'의 첫날이다. 스승님은 제자들과 함께 마지막 만찬을 드신다. 그 자리에서 예수님은 빵과 포도주의 모습 속에 당신 자신을 남기신다. 성체성사를 제정하신 것이다. 그리고 제자들에게 세상 마칠 때까지 이 예식을 계속하라고 명하신다.

요한 13,1-15 :

　　예수님께서는 제자들의 발을 씻어 주십니다. 때 묻고 투박한 발을 묵묵히 씻어 주십니다. 억지로 하는 연기가 아니라 사랑으로 하는 따뜻함입니다. 훗날 제자들도 그렇게 합니다. 스승님의 행동에서 너무 큰 감동을 받았기에 그들 역시 헌신적인 마음으로 발을 씻어 줍니다. 오늘의 전례 안에 이 의식儀式이 남아 있는 걸로 보아 분명한 사실입니다.

　스승님에게 발을 내맡긴 제자들은 어떤 표정이었겠습니까? 베드로는 한사코 만류합니다. "안 됩니다, 주님. 제 발은 절대로 씻지 못하십니다." 어쩔 줄 몰라 하는 베드로의 모습을 쉽게 상상할 수 있습니다. 그렇지만 한 순간을 넘기자 베드로는 손과 머리까지 씻어 달라고 조릅니다. 사랑을 베푸시는 예수님과 그 사랑 앞에서 감격하는 베드로의 순수한 모습입니다.

　주님 만찬 성목요일 저녁 미사 때 사제는 성경의 이 아름다운 장면을 재연합니다. 그러나 가장 중요한 애정이 빠져 있다면 무슨 의미가 있을는지요? 형식이 감동을 일으키는 시대는 지나갔습니다. 행동과 표정에 반드시 사랑을 담아야 합니다. 그래야 복음 정신이 됩니다. 아무리 장중한 전례라 할지라도 복음 정신이 사라지면 '거룩한 쇼'와 다를 바 없습니다.

21 March   주님 수난 성금요일

전통에 따라 이날은 미사 봉헌을 하지 않는다. 대신 말씀 전례와 십자가 경배 그리고 영성체 예식만 거행한다. 원래 성금요일에는 말씀 전례만 있었다. 그러다 차츰 십자가 경배와 영성체 예식이 도입되어 오늘의 전례로 고정되었다. 전례 개혁 전에는 집전 사제만 성체를 모셨는데, 1955년 전례 개혁 이후 모든 교우들에게 영성체가 허용되었다.

요한 18,1-19,42 :

이제 우리는 장엄한 수난 복음을 읽습니다. 무죄한 분께서 억울한 십자가를 지고 죽음의 길을 가시는 장면을 읽고 또 읽습니다. 그분께서 맞이하는 죽음의 의미를 우리는 알고 있습니다. 인류의 죄 때문에 그 길을 가시며 인류의 구원을 위해 죽음을 택하셨다는 사실을 잘 알고 있습니다.

그러나 우리는 어떠합니까? 마음의 문을 닫고 있는 것은 아닌지요? 혹시라도 예수님의 죽음을 당연한 것으로 받아들이고 있지는 않은지요? 한번 보았던 영화를 되풀이해서 보는 기분으로 수난 복음을 듣고 있는 것은 아닌지요?

예수님께서는 인류를 위해 죽음을 택하셨습니다. 그렇다면 우리 역시 인류를 위해 죽는 삶을 생각해야 합니다. 너무 거창하다면, 나와 가까운 사람을 위해 희생할 것을 생각해 봐야 합니다.

십자가의 길을 걷던 예수님께서는 키레네 사람 시몬을 만나십니다. 성녀 베로니카와 예루살렘 부인들도 만나십니다. 자신을 비웃던 청중과 죽음의 길을 재촉하던 병사들도 만나십니다. 그분만이 그들을 만나는 것은 아닙니다. 신앙의 길을 가다 보면 우리 역시 비슷한 부류의 사람들을 만납니다. 그리고 마지막에는 주님을 만납니다.

22 March

부활 성야

성토요일 전례의 핵심은 부활을 기다리는 데 있다. 이스라엘이 해방을 기다리는 것과 같다. 그들은 이집트의 종살이에서 벗어날 마지막 밤을 기다렸다. 그 밤에 주님께서는 파스카 사건을 일으키셨다. 그리스도께서도 죽음의 사슬을 끊고 승리자로 오실 것이다. 모든 예절은 부활의 기다림을 대변하고 상징한다. 빛의 예식과 부활 찬송, 그리고 말씀 전례와 세례 예식이다.

마태 28,1-10 :

마리아 막달레나는 이른 새벽에 예수님을 만나러 갑니다. 스승님의 죽음을 믿을 수 없었던 겁니다. 어떻게 만날 수 있을지는 생각하지 않습니다. 그런 것은 문제가 되지 않습니다. 스승님에 대한 애정과 슬픔이 그녀를 무덤으로 인도했을 뿐입니다.

막달레나는 죽음을 받아들일 수 없었습니다. 사랑이 진했기에 죽음을 받아들이는 데 힘이 들었습니다. 그런 애정을 지녔기에 주님의 부활을 처음으로 맞이하게 됩니다.

그녀는 천사를 만납니다. 경비병들은 천사를 보고 까무러쳤지만 그녀는 두려움 속에서 반가움을 느낍니다. 스승님의 소식을 고대했기 때문입니다. 막달레나는 추호의 의심도 없이 천사의 말을 믿었습니다.

주님을 사랑하는 이에게 부활은 어려운 가르침이 아닙니다. 사랑 없이 머리로만 받아들이려 하기에 부활은 난해한 이론이 됩니다. 사랑하는 마음을 간직한 이에게는 천사가 나타납니다. 천사가 나타나 부활을 알려 줍니다. 막달레나는 이 사실을 보여 준 증인입니다.

그녀는 제자들에게 달려갑니다. 슬픔이 기쁨으로 바뀌었기 때문입니다. 그녀의 모습을 우리는 상상할 수 있습니다. 환희로 밝아진 아름다운 모습을 우리는 기억해 낼 수 있습니다.

23 March

예수 부활 대축일

부활은 우리 신앙의 핵심이다. 주님을 믿고 사는 이에겐 이제 죽음도 힘을 드러낼 수 없게 되었다. 예수님께서는 부활하시어 이 사실을 증명하셨다. 죄의 두려움과 삶의 불안이 떠나지 않는다면 부활의 은총을 청해야 한다. 죽음의 시대는 사라졌고 생명의 시대가 왔기 때문이다. 오늘은 우리에게 주어진 자유를 경축하는 날이다.

요한 20,1-9 :

막달레나는 놀랍니다. 무덤을 막고 있던 돌이 치워졌기 때문입니다. 한 순간에 그녀는 베드로에게 달려갔습니다. "누군가 무덤에 손을 댔습니다. 주님을 꺼내 갔는지도 모를 일입니다." 놀란 베드로와 요한은 달음박질합니다. 그리고 스승님의 수의만을 발견합니다. '이럴 수가. 시신이 없어지다니!' 그들은 아직도 예수님의 부활을 깨닫지 못하고 있었습니다.

사도단의 대표인 베드로입니다. 그런데도 스승님의 부활을 몰랐습니다. 그도 처음에는 이랬는데 어찌 우리가 부활을 한순간에 알 수 있겠습니까? 모르는 것이 정상입니다. 별다른 느낌 없이 부활 대축일을 맞는 것은 어쩌면 당연한 일입니다.

부활은 신비입니다. 이론과 지식으로는 한계가 있습니다. 부활은 교과서의 내용이 아닌 것입니다. 은총 없이는 깨달음에 닿을 수가 없습니다. 어떻게 해야 부활의 깨달음에 닿을 수 있겠습니까? 막달레나의 행동 속에 가르침이 숨어 있습니다.

그녀는 이른 새벽에 예수님을 만나러 갔습니다. 돌아가셨다고 믿어지지 않는 스승님이었습니다. 마음속에는 여전히 살아 계신 예수님이었습니다. 그러기에 무덤으로 가는 길에는 걱정이 없었습니다. 스승님에 대한 지극한 애정이 그녀를 움직였고 마침내 부활 사건과 부딪치게 한 것입니다.

24 March

마태 28,8-15 :

원로들과 수석 사제들은 경비병들을 매수합니다. 그리고 빈 무덤의 원인을 제자들의 절도로 돌립니다. 시신을 훔쳐 갔다고 소문을 퍼뜨리라는 것이었습니다. 가장 위대한 사건이 가장 치사한 방법으로 왜곡되고 있습니다.

수석 사제들은 당시의 종교 지도자들입니다. 그런 사람들이 무슨 연유로 비겁한 행동을 지시하고 있는 걸까요? 그들은 예수님의 부활이 귀찮았습니다. 죽음으로 끝나 버린 사건에 다시 연루되는 것이 너무나 피곤했던 것입니다.

그들은 부활 자체를 믿지 않았습니다. 빈 무덤 사건 역시 제자들의 절도로 짐작하고 있었습니다. 물증이 없었기에 경비병을 매수해 증인으로 만들었을 뿐입니다. 인류의 운명을 바꾼 사건을 이렇듯 당시 지도자들은 각색하고 있었습니다.

부활은 속임수가 아닙니다. 논쟁의 대상도 아닙니다. 학문과 이론의 대상은 더욱 아닙니다. 부활은 믿음과 깨달음의 차원입니다. 단순하게 받아들이면 누구라도 새로움의 은총을 발견하게 됩니다. 짧은 지식으로 부활의 은총을 멀리 하고 있는 것은 아닌지 돌아봐야 합니다

25 March

요한 20,11-18 :

　마리아 막달레나는 예수님을 사랑했습니다. 온몸으로 사랑했습니다. 그러기에 부활하신 주님께서 이름을 부르시자 곧바로 알아봅니다. 돌아가셨다고 생각했지만, 자신을 부르는 목소리를 듣자 즉시 살아 계심을 알아챈 것입니다. 온몸으로 사랑하지 않으면 이것은 불가능한 일입니다.

　사랑의 적敵은 의심입니다. 의심하는 사람은 목소리가 갈라집니다. 본인은 구슬 같은 목소리로 얘기해도 듣는 이에게는 갈라진 목소리로 들립니다. 그런 목소리로는 아무리 불러도 돌아선 마음을 붙잡을 수 없습니다. 이렇듯 온몸으로 사랑하는 첫걸음은 의심의 그림자를 지우는 일입니다.

　예수님께서는 마리아뿐 아니라 제자들에게도 나타나셨습니다. 그분의 발현을 부활의 증거로만 해석하면 곤란합니다. 그분의 발현은 사랑의 표현이었습니다. 당신을 믿었던 이들에게 드러내신 애정의 보답이었습니다. 그러기에 온몸으로 사랑했던 이들은 그만큼의 감동을 받았습니다. 우리 역시 마찬가지입니다. 의심을 풀면 진심으로 사랑할 수 있습니다. 마리아 막달레나는 사랑의 길을 보여 준 분입니다.

루카 24,13-35 :

　　엠마오는 어디에 있으며 무엇으로 유명한 곳인지 모릅니다. 다만 성경의 이야기 때문에 따뜻한 동네로 인식되어 있을 뿐입니다. 두 제자가 예루살렘을 떠나 시골로 내려갑니다. 스승님은 사형수로 몰려 비참한 죽음을 맞이했습니다. 한마디 항변도 못해 본 서글픔에 그들은 살던 곳을 떠나가고 있습니다. 인생무상이랄까, 삶의 서글픔이랄까, 그런 것을 느끼며 가고 있었습니다.

　그들은 열두 제자와는 다르게 예수님을 따르던 이들입니다. 드러나지 않게 예수님을 추종했던 지식인이었을 겁니다. 아니면 몰래 예수님을 도왔던 상인들이었는지도 모를 일입니다. 아무튼 그들은 실망을 나누고 있었습니다. 그들에게 예수님의 죽음은 이해할 수 없는 사건이었습니다. 그렇지만 그들의 실망과 몰이해는 사랑에 뿌리를 두고 있었습니다.

　그러기에 길에서 만난 분이 부활하신 스승님임을 자연스럽게 느낍니다. 예수님은 그들의 눈을 열어 주셨던 겁니다. 주님을 만난 뒤 그들은 예루살렘으로 되돌아와 제자단에 합류합니다. 더 이상 숨어 있을 이유가 없었던 것입니다. 부활하신 예수님을 만났기에 그들의 앞날은 당당함으로 바뀔 수 있었습니다.

27 March

루카 24,35-48 :

제자들은 부활하신 스승님을 보자 유령으로 착각합니다. 아무리 그렇더라도 좀 심한 일입니다. 어쩌다 주님의 제자들이 이렇게 되었는지요? 두려움 때문입니다. 스승님이 떠나시자 희망도 자신감도 함께 떠나 버렸습니다. 어떻게 살아야 할지 막막하던 그들 앞에 스승님이 나타나신 겁니다. 예수님께서는 그들과 함께 음식을 드십니다. 그들의 굳은 마음을 누그러뜨리려는 배려였습니다.

생선을 잡수시는 예수님과 그분을 지켜보는 제자들을 상상해 봅니다. 놀람과 환희와 부끄러움이 교차되는 얼굴입니다. 예수님께서는 그 자리에서 생선 한 토막만 드신 것이 아닙니다. 함께 식사를 하셨습니다. 평소의 모습을 보여 주심으로써 부활하신 당신을 알아보게 하셨던 겁니다. 제자들은 스승님의 의도를 알게 됩니다. 그러기에 스승님은 부활의 증인으로 그들을 선포하십니다.

부활 사건은 지식으로 습득되는 이론이 아닙니다. 주님을 사랑하는 마음이 있으면 언제든지 내려 주시는 은총입니다. 그러므로 마음 자세가 중요한 것이지, 지식이 중요한 것은 아닙니다. 교리 해석만으로 이 위대한 진리에 접근하려는 것은 올바른 태도가 아닙니다.

28 March

요한 21,1-14 :

요한 복음서에는 예수님의 발현 사건이 유독 많습니다. 늦게 만들어진 복음서이기에 누락되었거나 새로 발견된 이야기를 많이 넣었기 때문입니다. 요한 복음서를 통해 부활의 예수님께서 얼마나 제자들에게 관심이 많으셨는지 널리 알려지게 되었습니다.

베드로는 어부 출신입니다. 스승님이 떠나시자 그는 잠시 옛날 직업으로 돌아갑니다. 무엇을 해야 할지 막막했던 겁니다. 마음을 달래려고 동료들을 부추겨 고기잡이를 나갔습니다. 그렇지만 밤새 노력해도 한 마리를 잡지 못합니다.

새벽녘에 그들은 낯선 사람을 만납니다. 그분의 말씀대로 그물을 던지자 엄청나게 많은 고기가 잡혔습니다. 기적 앞에서 그들은 스승님의 모습을 깨닫게 됩니다. 그런 일을 할 수 있으신 분은 스승님밖에 없음을 알고 있었기 때문입니다. 놀란 베드로는 배에서 뛰어내려 예수님께 달려갑니다.

스승님은 기적의 고기를 구워 주십니다. 제자들은 아무 말도 못합니다. 그분의 애정에 감격한 것입니다. 하느님께서 주시는 애정을 느낀 것이지요. 한 번 제자는 영원한 제자입니다. 한 번 주님의 자녀가 되었다면 영원한 자녀입니다. 예수님과의 인연은 끊어지는 것이 아닙니다.

29 March

마르 16,9-15 :

부활의 정신은 새로운 출발에 있습니다. 언제라도 다시 시작하는 자세입니다. 일이 잘 풀릴 때는 쉽습니다. 매일이 새롭습니다. 하지만 귀찮은 일이 생기고 계획대로 풀리지 않으면 짜증과 분노가 찾아듭니다. 새 출발은 어디에서 먼저 시작해야 되는지요?

주어진 모든 것을 다시 돌아보는 일부터 시작해야 합니다. 필요했기에 주셨습니다. 장점도 약점도, 시련도 고통도 그리고 질병까지도 필요했기에 주셨습니다. 모든 인간관계 역시 나에게 꼭 필요했기에 맺어 주셨습니다. 그러니 주신 분의 뜻을 묵상해야 합니다. 그래야 나를 지탱하고 있는 힘의 원천을 깨달을 수 있습니다. 이것이 새 출발을 시작하는 행위입니다.

예수님께서는 반복해서 제자들에게 나타나십니다. 부활을 확인시키기 위해 그러시는 것은 아닙니다. 제자들도 부활의 삶을 살아야 한다는 뜻에서 그렇게 하신 겁니다. 그러니 변화의 은총을 받아야 합니다. 주님께서 모든 것을 주셨다고 받아들이면, 그 순간 변화는 시작됩니다. 스승님의 발현으로 제자들은 '모든 것'의 원인이 주님이심을 깨닫게 됩니다. 은총 없이는 새로운 출발이 불가능합니다. 아무리 애써도 한계에 부딪치게 됩니다.

30 March

하느님의 자비 주일

교황 요한 바오로 2세는 대희년인 2000년 부활 제2주일에 폴란드 출신의 파우스티나 수녀의 시성식을 거행했다. 그리고 그 자리에서 하느님의 자비를 기릴 것을 당부했다. 교황청은 5월 5일 교령을 통해 2001년부터 부활 제2주일을 '하느님의 자비 주일'로 지내도록 했다. 이후 교회는 당일 미사의 입당송, 본기도, 예물기도, 영성체송, 영성체 후 기도를 하느님의 자비를 기리는 고유 기도로 바치고 있다.

요한 20,19-31 :

예수님께서 첫 번째로 제자들에게 나타나셨을 때 토마스는 그 자리에 없었습니다. 다른 제자들은 두려워 숨어 있었건만 그는 나돌아 다녔던 겁니다. 그만큼 당당한 토마스였습니다. 그런 그가 스승님의 부활을 못 믿겠다고 합니다. 기적의 순간에 함께 있었고 눈으로 확인하며 감격했던 토마스였습니다. 그런데 확인하지 않고서는 믿지 않겠다고 합니다.

그는 스승님의 죽음을 받아들일 수 없었던 겁니다. 그러니 부활 역시 현실로 다가오지 않았습니다. 그러나 토마스는 예수님을 만나자 돌변합니다. 그분의 손과 옆구리를 만져 봐야 믿겠다던 말이 어색해지는 대목입니다. 눈으로 확인해서 그렇게 변한 것일까요? 아닙니다. 기적을 본다고 새삼 마음이 바뀔 토마스가 아니기 때문입니다. 주님과 함께 있으면서 숱한 기적을 보아 왔던 토마스가 아닌지요?

그의 변신은 예수님의 애정 때문입니다. 의심 많은 자기를 위해 두 번씩이나 발현하신 스승님의 인내와 사랑에 감동했기 때문입니다. 확실한 물증과 빈틈없는 이론은 사람을 꼼짝 못하게 할 수 있습니다. 그러나 감동을 주지는 못합니다. 그 뒤 토마스가 어떻게 주님의 사도로 살았는지 우리는 알고 있습니다. 죽음의 위협인들 그를 막을 수 있었겠습니까?

31 March — 주님 탄생 예고 대축일

'주님 탄생 예고 대축일'을 예전에는 '성모 영보 대축일'이라 했다. 영보(領報)란 천사가 예수님의 잉태를 알렸다는 의미로 사용한 교회의 특수 용어다. 원래 날짜는 예수 성탄 대축일(12월 25일)에서 아홉 달을 역산한 3월 25일이었다. 예수님도 여느 인간처럼 어머니 태중에서 아홉 달을 계셨다고 믿었기 때문이다. 축일이 널리 확산된 것은 8세기부터다.

루카 1,26-38 :

사람에게는 그릇이 있습니다. 기쁨을 담는 그릇도 있지만 아픔을 담는 그릇도 있습니다. 그릇이 큰 사람에게는 담을 것이 많은 법입니다. 어느 날 천사는 마리아에게 나타납니다. 그리고 아들을 낳을 것이라고 예언합니다. 처녀가 아기를 가지다니, 마리아는 난감해합니다. "저는 남자를 알지 못하는데 어떻게 그런 일이 있을 수 있겠습니까?" 당연한 항변입니다. 천사는 주님께서 하시는 일이라고만 응답합니다.

그러자 마리아는 받아들입니다. 그 과정은 천사와의 대화로 금방 이루어진 것처럼 보입니다. 그러나 그럴 수는 없습니다. 예수님의 잉태가 어떤 사건인데 고뇌 없이 받아들일 수 있었겠습니까? 마리아는 고뇌하고 번민했습니다. 더구나 그분은 요셉과 약혼한 사이였습니다.

마침내 마리아는 주님의 뜻을 받아들입니다. "저는 주님의 종입니다. 말씀하신 대로 저에게 이루어지기를 바랍니다." 고뇌 없이 이런 고백은 나올 수 없습니다. 드디어 천사는 떠나고 마리아에게는 성모님의 모습이 나타납니다.

주님께서는 당신이 선택하신 사람을 언제나 시련으로 먼저 다루십니다. 마리아께서도 그 과정을 거치셨습니다. 그러기에 성가정을 만들고 예수님을 모실 수 있었습니다. 오늘은 성모님의 고뇌를 묵상하는 날입니다.

365일 복음 묵상 가해

4월

01 April

요한 3,7-15 :

　이집트를 벗어난 모세는 이스라엘 백성과 함께 광야를 헤맵니다. 약속의 땅을 향해 떠나는 길입니다. 머무를 집도 땅도 없습니다. 가축을 먹일 초원도 물도 부족했습니다. 탈출의 흥분이 가라앉자 백성은 현실적 문제에 부닥칩니다. 그러자 두려움이 찾아듭니다. 앞날의 불안에 눌린 그들은 모세에게 항거합니다. "어쩌자고 우리를 이 광야에서 죽게 하는가!"

　이스라엘은 기적을 바탕으로 형성된 민족입니다. 그리고 광야에서의 생활 자체도 기적의 연속이었습니다. 그런데 그것을 뒤집는 말과 행동을 하고 있는 것입니다. 믿음이 없으면 더 이상 기적은 일어나지 않습니다.

　당연히 하느님의 보속이 내립니다. '사막의 뱀'들이 나타나 불신에 빠진 백성을 물어 죽였습니다. 오갈 데 없던 백성은 모세에게 살려 달라고 애걸합니다. 그리하여 구리로 만든 뱀의 조형물이 광야에 걸렸습니다. 그것을 쳐다보는 사람에게는 뱀이 공격하지 않았던 것이지요. 민수기 21장에 나오는 이야기입니다.

　예수님께서는 당신을 그 '구리 뱀'에 비유하십니다. 기적의 능력이 당신 안에 있음을 가리키는 말씀입니다. 우리 곁에도 '사막의 뱀'은 많습니다. 삶이 두렵고 불안하다면 예수님께 시선을 돌려야 합니다. 그분은 우리를 보호해 주실 것입니다.

02 April

요한 3,16-21 :

누구나 살면서 불안을 느낍니다. 불투명한 앞날 때문입니다. 그러기에 빛의 생활이 없으면 삶은 금방 어두워집니다. 기쁘고 환한 삶이 어느 날 어둡게 느껴지는 것은 빛의 생활을 멀리했거나 하지 않았기 때문입니다.

일상을 밝게 하는 것은 무엇이든 빛의 생활입니다. 기도와 성사생활 그리고 자선입니다. 특별히 자선은 남몰래 하는 착한 행동입니다. 쉽게 접할 수 있는데도 사람들은 힘들게 생각합니다. 가진 것을 베풀어야 된다는 생각 때문입니다.

베푸는 것에 물질만 있는 것은 아닙니다. 따뜻한 말, 다정한 눈길, 부드러운 표정 등은 우리가 무한정 지니고 있는 자선의 요소들입니다. 그렇건만 우리는 인색합니다. 힘든 일이 아닌데도 어려워합니다. 몸에 배지 않았기 때문일 테지요. 실천의 은총을 청해야겠습니다. 다정하고 부드러운 사람으로 살아가는 것도 분명 큰 은총입니다.

요한 복음서는 예수님을 빛으로 표현합니다. 세상의 어둠을 없애시는 분으로 선언합니다. 하지만 세상의 어둠보다 '내 삶의 어둠'이 더 급합니다. 오셔서 빛을 주시길 청해야겠습니다. 다른 이에게 빛으로 다가가면 어느새 주님께서는 더 강한 빛으로 다가와 계십니다.

03 April

요한 3,31-36 :

    요한 복음서 3장은 니코데모와의 대화입니다. 그는 예수님을 좋아합니다. 하지만 제자들처럼 빠져들지는 못합니다. 그의 지식 때문입니다. 뛰어난 분이라고 생각하지만 하느님의 아들로 받아들이지는 못합니다. 생각을 바꾸지 않기에 변화도 없습니다. 마음을 열지 않으면 은총도 지나가 버립니다.

    신심 깊은 교우들이 가끔씩 편협한 생각에 휩싸이는 것을 봅니다. '우리의 믿음은 괜찮지만 너희의 믿음은 안 된다'는 생각입니다. 그러기에 '우리의 종교는 옳지만 너희의 종교는 잘못되었다'고 말합니다. 그것도 예수님의 이름으로 말합니다.

    믿음의 깊이는 인정하고 받아들일 때 생겨납니다. 이것은 되고 저것은 안 된다는 판단을 뛰어넘을 때 가능해집니다. 믿음에 깊이가 없기에 자신만 옳다고 생각합니다. 나만 옳다고 생각하면 나만 고통 받는다고 판단하게 됩니다. 그러면 남을 생각할 여력이 없어집니다.

    어려운 상대는 피하려 들고 쉬운 상대만 찾게 됩니다. 어린이의 신앙을 벗지 못하는 것이지요. "위에서 오시는 분은 모든 것 위에 계신다."고 했습니다. 그분은 포용하시는 분이지 거절하시는 분이 아니라는 말씀입니다. 우리가 받아들이지 못하며 살고 있을 뿐입니다.

04 April

요한 6,1-15 :

보리빵 다섯 개와 물고기 두 마리로 수천 명이 먹었습니다. 그것도 어떤 어린이가 들고 있던 간식이었습니다. 보리빵이라 해서 오늘날의 빵처럼 생각해서는 안 됩니다. 모양도 맛도 요즘과는 다릅니다. 개떡에 가까웠을 겁니다. 그런 보잘것없는 음식으로 오천 명 이상이 먹은 것입니다.

그곳에 예수님께서 계셨기 때문입니다. 그분의 손을 거치자 기적의 음식으로 바뀐 것이지요. 주님의 제자들 역시 마찬가지입니다. 별 볼일 없는 이들이었지만 예수님의 능력을 받았기에 세상을 바꿀 수 있는 사람이 되었습니다.

자신의 힘만 믿으면 교만으로 흐릅니다. 예수님의 힘을 지녀야 하늘의 기운이 감쌉니다. 한 사람의 입교로 가문 전체가 믿음의 길로 들어선 예를 우리는 많이 보아 왔습니다. 그런데도 돈이라는 힘, 세력이라는 힘, 신분이라는 힘만 지니면 잘살 수 있을 것으로 착각합니다.

아무것도 없다고 말해서는 안 됩니다. 돈도 희망도 없다고 해서는 안 됩니다. 우리는 가난하지 않습니다. 우리에게는 예수님께서 계십니다. 내 안에 있는 보리빵 다섯 개와 물고기 두 마리를 먼저 찾아보십시오. 주님께서는 엄청난 힘으로 바꿔 주실 것입니다.

05 April

요한 6,16-21 :

아무도 물 위를 걸을 수 없습니다. 불가능한 일입니다. 그런데 예수님은 물 위를 걸어가십니다. 당연히 제자들은 놀랍니다. 물 위를 걷는 분이 스승님인 것을 알자 더욱 놀랍니다. 그들은 초자연적인 두려움에 휩싸입니다.

제자들을 놀라게 하려고 그러신 것은 아닙니다. 당신께 불가능한 일이 없음을 보여 주기 위해 물 위를 걸으신 것입니다. 그러므로 예수님의 힘을 지니면 누구든지 물 위를 걸을 수 있습니다. 물 위를 걷는 것처럼 불가능한 일을 할 수 있습니다. 할 수 없다고 포기하고 밀쳐 둔 일이 가능해집니다.

그러니 예수님의 능력을 모셔 오는 일이 중요합니다. 그것이 무엇이겠습니까? 그분께 가까이 가는 일입니다. 매일 기도와 선행을 빠뜨리지 않는 일입니다. 성사생활에 참여함으로써 은총을 받는 일입니다. 교회 활동 역시 그분의 힘을 받는 것이 첫 번째 목적입니다.

예수님의 힘을 지니면 물 위를 걸을 수 있습니다. 물 위를 걷는 것처럼 위험하고 아찔한 현실에서 기쁨을 지니며 살 수 있습니다. 갈수록 사람들은 확실하고 보이는 것만 믿으려고 합니다. 물 위를 걷는 사람이 아쉬운 세상이 되었습니다.

06 April

루카 24,13-35 :

　　엠마오로 가던 제자들은 드러내지 않고 예수님을 따르던 이들입니다. 스승님의 죽음은 그들에게 충격이었습니다. 마음을 달래려고 그들은 시골로 가고 있었습니다. 그런데 부활하신 주님께서 나타나신 겁니다.

　　그러나 못 알아봅니다. 이야기를 나누면서도 전혀 모릅니다. 왜 몰라봤을까요? 복음의 가르침은 이 점을 묵상하는 데 있습니다. 그들의 선입관 때문입니다. 스승님은 이미 돌아가셨다는 선입관입니다. 그러기에 부활의 주님께서 곁에 오셨지만 못 알아본 것입니다. 그만큼 선입관은 무섭습니다. '스승님께서는 돌아가셨다. 이제 모든 것은 끝났다.' 그들은 이 생각만 하고 있었던 것입니다.

　　그들의 모습은 우리에게도 있습니다. 오랫동안 신앙생활을 했지만 아직도 부활 대축일이 덤덤하다면 그들과 무엇이 다를는지요? 부활의 기쁨을 위해서는 그들처럼 주님을 만나야 합니다. 그리하여 선입관이 빠져나가게 해야 합니다. 그렇게 하라고 부활 시기가 있는 것이지요.

　　엠마오의 제자들은 말했습니다. "그분께서 말씀하실 때 우리의 마음이 얼마나 뜨겁게 타올랐던가!" 그들은 뜨거움을 체험했습니다. 기쁨이라는 뜨거움입니다. 그러므로 기쁨은 은총입니다. 부활의 기쁨을 체험하는 부활 시기가 되어야겠습니다.

07 April

성 요한 밥티스타 드 라 살 사제기념일

요한 밥티스타 성인은 1651년 프랑스에서 귀족의 아들로 태어났다. 신심 깊은 부모의 영향으로 어린 나이에 사제 수업을 시작했고 27세 때 사제품을 받았다. 이후 청소년 교육과 가난한 이들을 위한 학교 설립에 일생을 바쳤다. 또한 동료들과 함께 수도 공동체를 시작하여 많은 곤경을 겪기도 했다. 1719년 선종했으며 1900년 성인의 반열에 올랐다. 1950년 교황 비오 12세는 요한 밥티스타 성인을 교사들의 수호성인으로 공포했다.

요한 6,22-29 :

힌두교에서는 고통을 운명으로 돌립니다. 체념으로 여깁니다. 불교에서도 피해야 할 대상입니다. 그러기에 모든 번뇌와 사욕에서 물러날 것을 이야기합니다. 그리스도교는 고통을 받아들이라고 합니다. 체념하거나 피할 것이 아니라 정면으로 안아야 한다고 가르칩니다.

예수님께서는 십자가를 지라고 하셨습니다. 고통이 은총임을 알려 주기 위해 그런 말씀을 하신 겁니다. 그러니 시련을 통해 인간은 자신의 본모습을 보게 됩니다. 아무것도 아닌 모습을 인정하게 되는 것이지요. 그러면서 하느님께 눈뜨게 됩니다.

이렇듯 십자가는 영혼의 양식입니다. 생명의 빵입니다. 육체만이 사람의 몸은 아닙니다. 정신을 '있게 하는' 영혼 역시 또 다른 몸입니다. 예수님께서는 영과 육이 함께 건강할 것을 말씀하신 것입니다.

하느님께서 인간에게 선물을 주실 때는 '고통이라는 보자기에 싸서 주신다.'는 말이 있습니다. 많은 사람들이 보자기를 열다가 그만둡니다. 안을 들여다보기 두렵기 때문이지요. 끝까지 열어 보면 필요한 선물이 있는데 그걸 모릅니다. 자신의 몫으로 주어진 십자가는 없어지지 않습니다. 내 것이라 여기며 받아들여야 십자가는 은총으로 바뀝니다.

08 April

요한 6,30-35 :

    인간은 영혼과 육체로 되어 있습니다. 육체가 성하면 영혼도 성해야 합니다. 그런데 많은 이들은 육체만 건강하면 영혼은 자동적으로 건강해질 거라고 생각합니다. '건전한 육체에 건전한 영혼'이란 슬로건을 너무 많이 들어 온 탓입니다. 이 외침의 원래 의미는 육체와 함께 영혼도 건전해지자는 것이었습니다.

    영혼과 육체는 전연 별개의 것입니다. 육체에 쏟는 정성의 절반만 영혼에 쏟더라도 얼마나 강인한 영혼이 되는지요? 육체는 건강미가 넘치는데 영혼이 병들어 있다면 문제입니다. 당연히 반응이 나타납니다. 삶이 허무하고 까닭 없는 불안이 떠나지 않는 것이지요. 그렇지만 원인을 모릅니다. 영적 갈증을 눈치 채지 못하는 것이지요.

    어디로 가겠습니까? 본능의 충족이 탈출구가 되기 쉽습니다. 얼마나 많은 사람들이 성욕과 식욕과 소유욕을 쫓아 부나비가 되어 가고 있습니까? "내가 생명의 빵이다. 나에게 오는 사람은 결코 목마르지 않을 것이다." 갈증을 없앨 오아시스는 당신께 있다는 말씀입니다. 인생은 사막을 걷는 것과 같습니다. 그분께서 주시는 에너지를 받아야 건강한 영혼이 될 수 있습니다. 본능을 조절하는 절제를 지닐 수 있습니다.

09 April

요한 6,35-40 :

 예수님께서는 철저하게 아버지의 뜻을 찾으셨습니다. 그분의 뜻을 당신 삶의 중심으로 삼았습니다. 신앙인 역시 순명합니다. 자신의 뜻과 다르더라도 순명하려고 애씁니다. 이러한 자세는 예수님의 정신을 본받으려는 노력입니다. 성직자와 수도자들이 순명 서원을 발하는 것도 그 근원은 여기에 있습니다.

 내 맘에 맞는 사람에게 순명하는 것은 쉽습니다. 즐겁기까지 합니다. 그러나 반대의 경우는 어렵습니다. 핑계와 불만을 쉽게 만들어 냅니다. 그러기에 올바른 신앙인이 되려면 순명을 몸에 익혀야 합니다. 예수님을 닮기 위한 필수 조건인 까닭입니다. 언제나 명령보다는 순명이 어려운 법입니다.

 예수님께서는 당신께 맡겨진 사람을 잃지 않겠다고 하십니다. 모든 사람이 구원되기를 바라신다는 말씀입니다. 그것이 아버지의 뜻이라고까지 하십니다. 우리에게도 맡겨진 사람이 있습니다. 운명적으로 맺어진 사람들입니다. 부모와 자식, 부부로서의 관계입니다. 얼마만큼 순명의 정신을 실천하며 살고 있는지 돌아봐야겠습니다.

10 April

요한 6,44-51 :

'살아 있는 빵'은 요한 복음서 6장의 주제입니다. 우리는 그 빵을 성체성사 안에서 체험합니다. 진정 우리는 얼마만큼 경건하게 성체를 모시고 있는지요? 성체에 대한 일차적 신심은 정성입니다. 교회가 공심재를 규정한 것도 정성을 드리라는 의도였습니다. 지금은 공심재가 많이 완화되었습니다. 성체 모시기 한 시간 전까지만 규정하고 있습니다.

그러나 불과 70년 전만 해도 성체를 모시려면 전날 밤부터 아무것도 먹지 못하게 했습니다. 물도 못 마시게 했고 입안에 침이 생기면 뱉어 내도록 했습니다. 서양 신부님들의 오버액션이 아니라 그만큼 정성 들여 성체를 모시라는 것이었습니다. 우리네 할머니들은 그 규정을 끔찍이도 지키셨습니다.

정성으로 성체를 모시면 삶이 달라집니다. 주님께서 함께하심을 느끼게 됩니다. 어떤 형태로든 그분의 힘을 체험하게 됩니다. 성체성사의 은총인 것입니다. 습관적으로 모시면 아무리 자주 모셔도 그 자리일 수밖에 없습니다. 생명의 빵을 먹고도 생명이 자라지 않는 이유입니다. 정성으로 성체를 모셔야 신앙생활에 변화가 옵니다. 인생 역시 새로운 변화를 맞게 됩니다.

11 April

성 스타니슬라오 주교 순교자 기념일

1036년 폴란드에서 출생한 성 스타니슬라오는 사제가 되어 뛰어난 설교와 영적 지도로 많은 이들을 하느님께 인도하였다. 주교가 된 뒤 당시 폴란드 왕의 잔학성을 꾸짖고 고발하다 적대 관계가 되었다. 왕을 파문하며 강경 대치하던 그는 결국 미사 도중에 살해된다. 당시 43세였다. 1253년 교황 인노켄티우스 4세에 의해 시성되었고 폴란드의 수호성인으로 공경받고 있다.

요한 6,52-59 :

목숨은 '목으로 쉬는 숨'을 뜻합니다. 숨을 멈추면 죽습니다. 살아 있다는 것은 숨 쉰다는 말과 같습니다. 그만큼 호흡은 중요합니다. 그러기에 사람들은 맑은 공기를 원합니다. '공기 청정기'를 비치하기도 합니다. 얼마만큼 공기를 맑게 하는지 몰라도 비싸게 팔리고 있습니다.

주님께서는 당신의 기운을 호흡하라고 하십니다. '내 살을 먹고 내 피를 마시라'는 말씀은 그런 의미입니다. 예수님의 시각으로 세상을 보고 사람을 대하라는 말씀입니다. 그래야 주님의 기운을 유지할 수 있다는 가르침입니다. 우리는 어떤 시각으로 세상과 부딪치며 살고 있는지요?

분노의 눈길은 아닌지요? 돈과 물질이라는 겉모습만 추구하고 있는 것은 아닌지요? 그러면 맑은 눈빛이 될 수 없습니다. 겉이 아니라 내면을 볼 수 있어야 주님을 호흡하는 눈빛이 됩니다. "나도 그런 사람 안에 머무른다."고 하셨기 때문입니다.

오랫동안 성체를 모셨지만 아직도 주님의 기운을 못 느꼈다면 바꾸어야 할 부분이 많다는 암시입니다. 천국을 원하기에 앞서 현실을 보는 건강한 시각을 갖도록 해야 합니다. 시각이 바르면 믿음은 자연스레 깊어집니다. 시각은 운명까지 바꿉니다.

12 April

요한 6,60-69 :

    사람들은 예수님을 떠나갑니다. 스승님께서는 제자들에게 질문합니다. "너희도 떠나가겠느냐?" 베드로가 대표로 답합니다. "주님께 영원한 생명의 말씀이 있는데 누구에게 가겠습니까?" 영생은 영원한 생명을 줄인 말입니다. 죽지 않고 영원히 사는 것은 인류의 숙원이었습니다. 그러기에 영생을 외친 종교는 역사 안에 많았습니다. 최근에도 '죽지 않고 영원히 살 것'을 장담하는 종교가 있었습니다. 하지만 결과는 사이비似而非였습니다. 비슷했지만 가짜였습니다.

    영생은 시간적 개념이 아닙니다. 육체를 지닌 인간이 끝없이 산다는 것은 축복이 아니라 고문입니다. 죽음을 거쳐 새로운 모습으로 다시 태어나야 진정한 축복이 됩니다. 그러므로 영생은 '하느님 속에 들어감'을 뜻합니다. 그분의 삶에 동참하게 되는 것이지요. 교리적으로 말하면 인간이 감히 하느님의 모습을 취하는 것이 됩니다. 얼마나 놀라운 변신입니까?

    예수님의 말씀을 못 알아들었기에 사람들은 떠나갑니다. 그들은 비판의 눈길로 듣고 있었습니다. 하지만 베드로는 알아듣습니다. 애정으로 들었기 때문입니다. 사랑으로 다가가면 말씀이 들리지만 비판으로 다가가면 좀처럼 들리지 않습니다.

13 April

요한 10,1-10 :

　복음의 목자는 착한 분입니다. 당당한 분입니다. 그러기에 정문으로 들어갑니다. 그런 목자는 문제가 생기면 바로 부딪쳐 해결합니다. 잔머리를 쓰거나 계책을 꾸미지 않습니다. '다른 데로 넘어 들어가지' 않는 것이지요. 평범한 말이지만 마음에 닿습니다. 그만큼 착하고 당당한 목자가 드문 까닭입니다. 성직자만이 목자는 아닙니다. 부모와 선생님과 모든 장상(長上)이 다 목자입니다.

　그러기에 목자는 많습니다. 그러나 착한 목자는 드뭅니다. 정확한 목자는 많아도 정에 끌리는 목자는 적습니다. 양들은 목자의 음성을 듣고 따라간다 했습니다. 꾸짖는 목소리는 아닐 겁니다. 따지는 목소리도 아닐 겁니다. 애정이 담긴 따뜻한 목소리였을 겁니다.

　믿음 역시 위에서 내려옵니다. 물이 흘러내리듯 아랫사람에게 전달됩니다. 목자가 양들을 믿으면 양들은 즐겁게 따라갑니다. 그렇지만 목자가 의심하면 양들은 불안한 눈길로 바라볼 수밖에 없습니다.

　신앙인 역시 누구나 목자입니다. 맡겨진 사람이 있기 때문입니다. 운명적으로 맺어진 자신의 사람들입니다. 그들과 어떤 관계를 맺고 있는지요? 착하고 당당한 관계인지요? 따뜻하고 믿음을 나누는 관계인지요? 아니라면 다시 시작해야 합니다. 복음의 교훈입니다.

14 April

요한 10,11-18 :

착한 목자는 양들을 위해 목숨을 내놓는다고 했습니다. 실제로 부모는 자식을 위해 그런 삶을 살고 있습니다. 눈으로 확인되는 현실의 목자들입니다. 그러니 착한 목자의 근본은 사랑입니다. 아무리 해박한 지식과 명쾌한 이론을 지녔더라도 사랑이 없으면 착한 목자는 아닙니다. 똑똑한 목자는 될지언정 착한 목자는 아닙니다.

삯꾼은 보수를 받고 일하는 사람입니다. 그에게는 양떼를 돌보는 일이 돈벌이에 불과합니다. 그러기에 이리가 오면 도망친다고 했습니다. 몸으로 막을 각오도 이유도 없는 것이지요. 오히려 자신의 몸이 다칠까 봐 두려워합니다. 착한 목자와는 반대 개념입니다.

그러니 온몸으로 다가가며 사랑해야 합니다. 온몸을 부딪치며 만나야 합니다. 그것이 목숨을 걸고 사랑하는 길입니다. 희생 없이 이것이 가능할는지요? 똑똑한 목자는 많지만 착한 목자는 드문 이유입니다.

이리는 시련입니다. 관계를 힘들게 하는 고통입니다. 그런 상황이 올 때 목자인지 삯꾼인지 판명 난다고 했습니다. 예수님께서는 모범을 보이셨습니다. 스승님을 본받아 맡겨진 사람들과 착한 관계를 지속시켜야겠습니다. 그러기 위해 매일 예수님의 힘을 청해야 합니다.

15 April

요한 10,22-30 :

　예수님께서는 많은 병자들을 낫게 하십니다. 불치병도 말씀 한마디로 치유하십니다. 이유는 간단합니다. 하느님의 권능을 드러내기 위해서입니다. 병을 고칠수록 사람들은 놀랍니다. 그분의 권위에 압도됩니다. 그러나 냉담한 사람들도 있습니다. 기적 앞에서도 마음을 열지 않는 유다인들입니다.

　그들은 오늘도 예수님과 언쟁을 벌입니다. 그분과 부딪치고 있습니다. 왜 그럴까요? 한쪽만 보기 때문입니다. 예수님의 인간적 면모만 보기 때문입니다. 그분 안에 계시는 하느님의 모습은 인정하지 않으려 하기 때문입니다. 지독한 고집입니다.

　인정하고 받아들이는 고집은 아름답습니다. 신념으로 비춰집니다. 부정하고 배척만 일삼는 고집은 추한 모습입니다. 반대와 트집이 사람을 그렇게 만드는 것이지요. 기적까지 비난하게 만드니 무서운 일입니다. 우리는 어느 쪽에 속하고 있는지요?

　주변에는 유다인의 모습이 많습니다. 우리의 내면에도 있습니다. 단순한 믿음은 결코 쉬운 일이 아닙니다. 노력하지 않으면 얻어지지 않습니다. 그러니 인정하는 것은 언제나 용기 있는 일입니다. 반대만 하는 유다인의 모습이 되어서는 안 될 일입니다.

16 April

요한 12,44-50 :

어느 날 신심 깊은 부인이 걱정스런 얼굴로 물었습니다. "신부님, 제게도 구원의 은총이 내리겠지요?" 뜬금없는 질문이라 웃으며 답했습니다. "그야 죽어 봐야 알지요. 잘 살면 당연히 구원되니까 걱정하지 마십시오." 안심하는 얼굴로 부인은 이야기를 끄집어냈습니다.

자기 집 아래채에 세 들어 사는 새댁이 있는데 개신교에 열심히 다닌다고 했습니다. 오늘 아침에 성당에 오려는데 새댁이 느닷없이 나타나 말했다는 겁니다. "사모님, 어젯밤에 제가 구원의 확신을 받았습니다. 너무 기뻐 어쩔 줄 모르겠습니다." 그러면서 부인도 구원의 확신을 받은 적이 있느냐고 물었다는 겁니다.

구원은 삶의 결과입니다. 그러니 어떻게 사느냐가 중요한 것이지 어떤 느낌이 중요한 것은 아닙니다. 더구나 살면서 '감정적으로' 받아들일 일도 아닙니다. 구원의 결정은 주님께서 하실 일입니다.

살아가면서 우리는 많은 은총을 받습니다. 정작 중요한 것은 이 은총에 합당하게 사는 일입니다. 그리고 그렇게 살면 결과는 구원입니다. 그러니 '구원받았다. 구원받지 않았다.' 이런 일에 매달리는 자세는 건전한 모습이 아닙니다.

17 April

요한 13,16-20 :

예수님께서는 당신과 아버지가 하나임을 강조하셨습니다. 그 표현의 교리적 해석이 삼위일체입니다. 아버지와 아들과 성령께서 한 분으로 계신다는 이론입니다. 완벽한 일치입니다. 그러므로 예수님 안에서 아버지와 성령의 모습도 볼 수 있어야 합니다.

온전한 일치는 사랑 안에서 가능합니다. 부부 안에서, 부모와 자식 사이에서 볼 수 있습니다. 아름다움이 배어 나오는 모습입니다. 예수님께서는 제자들을 파견하며 당부하십니다. 이 사랑을 지니라는 당부입니다. 그래야 스승님의 힘이 함께한다고 하셨습니다. 그분의 힘이 함께하면 아버지와 성령의 힘도 함께하는 것이 됩니다. 놀라운 섭리입니다.

예수님의 제자 사랑은 배반까지 승화시켰습니다. 유다는 떠났지만 스승님은 막지 않으셨습니다. 오히려 아버지의 뜻으로 받아들이셨습니다. 훗날 제자들도 배신을 체험하지만 모두 받아들입니다. 고뇌하면서 받아들입니다. 스승님의 사랑을 기억했던 것이지요.

사랑하고 용서해야 주님의 제자로 남을 수 있습니다. 일치는 한 번으로 끝나는 행동이 아닙니다. 끝없는 용서가 만들어 내는 결과일 뿐입니다. 가슴에 사랑을 담아야 용서가 가능해집니다. 예수님의 힘이 함께하기 때문입니다.

18 April

요한 14,1-6 :

인간은 하느님을 알 수 없습니다. 과학에서는 모르는 존재로 규정합니다. 인간의 분석으로는 그럴 수밖에 없습니다. 사람이 안다고 할 때 '앎의 수단'은 감각입니다. 그런데 하느님께서는 감각이 아닌 분이십니다. 감각을 초월해 계시는 분이십니다. 모르는 것은 당연한 일입니다.

알 수 없는 하느님을 예수님께서는 알려 주셨습니다. 당신을 통해 느끼게 하셨습니다. 그러기에 그분의 출현을 강생降生이라고 합니다. 성경을 중히 여기는 이유가 여기에 있습니다. 성경 안에서 그분의 말씀과 행동을 만날 수 있기 때문입니다. 분명 예수님께서는 '길이요 진리요 생명'이십니다.

전남 구례 '화엄사'에는 칡넝쿨로 만든 기둥이 있습니다. 칡은 덩굴나무입니다. 멋대로 자라기에 기둥이 될 수 없습니다. 그런데도 반듯한 재목이 된 것은 커다란 전나무 옆에서 자랐기 때문입니다. 꼿꼿한 전나무를 닮으려다 칡은 기둥이 될 수 있었던 것이지요.

칡넝쿨처럼 얽혀 살아야 하는 세상입니다. 허물 많은 우리가 곧게 살기에는 힘이 듭니다. "나는 길이요 진리요 생명이다." 스승님의 말씀은 전나무와 같습니다. 그러니 말씀 곁에 머물러야 곧게 살아갈 수 있습니다. 삼밭의 쑥대처럼 곧게 자랄 수 있습니다.

19 April

요한 14,7-14 :

"내 이름으로 청하는 것은 무엇이든지 이루어 주겠다." 눈이 반짝 뜨이는 말씀입니다. 얼마나 자주 그분의 이름을 부르며 살아왔습니까? 얼마나 많이 그분의 이름을 기억하며 지내 왔습니까? 그런데도 별다른 느낌이 없다면 이유를 찾아봐야겠습니다.

기도 끝에 우리는 예수님을 찾았습니다. '우리 주 예수 그리스도의 이름으로' 수도 없이 그렇게 기도를 마감했습니다. 그뿐만이 아닙니다. '성부와 성자와 성령의 이름으로' 성호경을 그을 때마다 그렇게 또 찾았습니다. 의식적이든 무의식적이든 예수님을 부르며 살았던 것이 사실입니다.

그러기에 예수님께서도 늘 답을 주셨습니다. 우리가 겪는 수많은 사건과 만남을 통해 '당신의 메시지'를 주고 계셨습니다. 다만 우리가 몰랐을 뿐입니다. 그러니 이제부터라도 기도를 새로이 시작해야 합니다.

좋은 일에는 감사를 드리고 시련에는 의미를 묻는 기도입니다. 그러면 예수님의 말씀을 들을 수 있습니다. 우리가 겪는 사건과 만남을 통해 '그분의 메시지'를 읽을 수 있습니다. 기도하지 않으면 깨달음은 지나가고 맙니다. 하나의 사건으로 끝나 버리고 맙니다.

요한 14,1-12 :

　올바르게 살고 싶은 것은 인류의 염원입니다. 그러기에 수많은 사람들이 나타나 진리를 외쳤습니다. 하지만 엉뚱한 길이 더 많았습니다. 역사에는 가짜들의 이야기가 수두룩합니다. "나는 길이요 진리요 생명이다." 예수님의 말씀은 이런 상황에 종지부를 찍습니다.

　그러니 머뭇거릴 이유가 없습니다. 진리와 생명이 예수님 안에 있으니 그분의 가르침을 따르기만 하면 됩니다. 어린이가 부모님과 함께 가듯 믿음의 길을 당당히 걸으면 됩니다. 단순한 이 행위를 너무 어렵게 생각하고 있는 것은 아닌지요?

　필립보는 하느님을 보여 달라고 청합니다. 그러자 예수님께서는 '당신과 하느님은 하나'라고 하십니다. 당신 안에서 하느님의 모습을 보고 깨달으라는 말씀입니다. 그러니 그분은 세상의 중심입니다. 삶이 허전하고 무의미해진다면 그분께 시선을 돌려야 합니다. 깨달음의 은총을 달라고 청해야 합니다. '길이요 진리요 생명'이신 예수님이십니다. 그분께서 주시지 않을 리가 없습니다.

21 April

요한 14,21-26 :

　예수님은 '말씀을 지키라'고 하십니다. 말씀은 곧 가르침입니다. 그러니 지켜야 할 것은 예수님의 가르침입니다. '하느님을 섬기고 이웃을 사랑하는 일'입니다. 그런 삶이 될 때 주님과 함께 사는 것이 됩니다.
　꿩을 사육하는 곳을 가 봤습니다. 모든 꿩에게 테가 굵은 플라스틱 안경을 씌워 놨습니다. 앞만 보도록 하기 위해서입니다. 가둬 놨기에 울타리를 보면 본능적으로 뛰어넘는다는 겁니다. 그걸 막기 위해 앞만 보는 특수 안경을 씌운 거라고 했습니다.
　본능의 조절을 위해서는 이러한 특수 안경이 필요합니다. '가르침의 안경'입니다. 유다인은 '그 안경'을 율법에서 찾았습니다. 율법을 철저히 지킬수록 그만큼 가르침에 충실한 것이라고 생각했습니다. 그들이 그토록 율법에 매달렸던 이유입니다. 나중에는 본래의 취지보다 형식에 더 많이 빠져들었지만 정신은 위대한 것이었습니다.
　예수님께서는 '새로운 가르침'으로 이웃 사랑을 말씀하셨습니다. 그러므로 이웃을 사랑해야 하느님을 깨닫게 됩니다. 먼저 사랑해야 할 이웃은 누구겠습니까? 그를 소홀히 한다면 믿음의 방향은 흐려집니다. 사람을 사랑하는 것과 하느님을 사랑하는 것은 같은 행위입니다.

요한 14,27-31 :

평화는 무엇입니까? 사전적인 해석을 하자면 '전쟁이 없는 것'입니다. '전쟁 없는 상태로 질서를 유지하는 것'을 뜻합니다. 유럽을 재패한 로마는 군사력을 내세워 처음으로 전쟁 없는 사회를 만들었습니다. 역사에서는 이를 팍스 로마나 Pax Romana 라고 합니다.

예수님께 이런 평화를 청해야 할는지요? 하지만 그분께서는 "내가 주는 평화는 세상이 주는 평화와 같지 않다."고 말씀하셨습니다. 세상의 평화는 억압을 전제하기 때문입니다. 가진 자가 없는 자를 누르는 평화입니다. 가진 자끼리 대립하며 공존하는 평화입니다. 이런 평화는 기쁨이 될 수 없습니다. 기쁨 없는 평화를 그분께서 주실 리 없습니다.

우리의 가정은 어떠합니까? 평화의 가정입니까? 대립의 가정입니까? 어느 쪽이든 주님께서 주시는 평화를 청해야 합니다. 그분의 평화가 스며들면 우리도 모르는 사이에 '기쁨의 가정'으로 바뀌기 때문입니다. 예수님의 평화 속에는 그런 능력이 숨어 있습니다.

따뜻한 눈빛이, 부드러운 미소가, 다정스런 말 한마디가 그분의 평화에 동참하는 몸짓들입니다. 평화는 언제나 가까운 곳에서 시작됩니다. 결코 먼 곳에서 오는 것이 아닙니다. 주님께서 함께하시면 어디서든 평화는 가능해집니다.

23 April

요한 15,1-8 :

포도나무 비유는 많이 들어 왔습니다. 줄기를 떠난 잎과 가지는 말라 버린다는 내용입니다. 뿌리에서 올라오는 수분과 영양을 공급받지 못하니 당연한 일입니다. 마찬가지로 예수님에게서 멀어지면 영적 생명은 힘을 잃습니다. 기도하지 않을 때입니다. 선행을 베풀지 않을 때입니다. 성사 생활을 하지 않을 때 그분과의 만남은 고갈되고 약해집니다.

그러면 신앙생활은 공허해집니다. 인생 역시 무의미해집니다. 인간은 영과 육으로 된 존재이기에 한쪽이 멍들면 다른 쪽도 비슷한 결과를 만납니다. 그러기에 영적 생활이 뒷받침되지 않으면 육적인 삶도 허무를 느끼게 되어 있습니다. 삶의 갈증이 찾아오는 것이지요.

'왜 살고 있는가?' 당연한 이 질문에도 답하기를 싫어합니다. 그런 질문 자체를 꺼립니다. 귀찮게 생각하는 것이지요. 자연스레 감각적이고 물질적인 것에 기대게 됩니다. 그런 것을 삶의 전부라고 느끼기 시작합니다.

그러나 인생은 꽃밭이 아닙니다. 가시밭과 절벽이 공존하는 사막입니다. 실패와 좌절을 만나면서 '삶과 운명'을 다시 생각하도록 되어 있습니다. 삶의 뿌리는 하느님입니다. 그분께 닿아 있어야 행복해집니다. 그분은 포도나무며 우리는 가지입니다. 아무리 똑똑해도 나무에 붙은 가지에 지나지 않습니다.

24 April

요한 15,9-11 :

예수님께서는 '당신의 사랑' 안에 머물라고 하십니다. 어떤 삶이 그것일는지요? 사랑의 출발은 '생각'입니다. 생각이 많기에 사랑하게 된다는 것이지요. 예전에는 사랑이 아니라 '사량'이었다고 합니다. '생각 사思'와 '헤아릴 량量'이 사랑의 원래 글자라고 합니다. 생각이 적으면 사랑 역시 식어 갑니다. 그건 우리의 체험입니다.

그렇다고 예수님만 생각하며 살 수는 없습니다. 그러기에 답을 주셨습니다. "너희가 내 계명을 지키면 내 안에 머무는 것이 된다." 그분의 계명은 사랑입니다. 그리고 실천은 용서였습니다. 용서하며 살아야 그분의 사랑 안에 머무는 것이 됩니다.

용서는 어렵습니다. 단순히 잊는 행위가 아닙니다. 한순간 용서하려 들기에 늘 실패합니다. 용서에도 시간이 필요합니다. 미워한 세월만큼은 아니더라도 시간을 갖고 노력해야 합니다. 용서는 끊임없이 닦아야 하는 덕德이기 때문입니다.

세월은 약이 아니라 마취제일 뿐입니다. 기억이 살아나면 미움도 살아나게 되어 있습니다. 사랑으로 덮으며 살아야 합니다. 그러면 어느 날 용서하고 있는 자신을 발견하게 됩니다. 그런 용서를 체험하면 주님의 사랑도 깨닫게 됩니다.

25 April   성 마르코 복음사가 축일

성 마르코는 베드로의 제자며 통역관이었다. 그의 원래 이름은 '요한 마르코'였고 바오로와 바르나바와 함께 안티오키아와 키프로스에서 선교했다. 훗날 바오로가 투옥될 때 로마에 함께 있었다. 60-70년 사이에 복음서를 기술했는데 이방인 그리스도인을 위한 것으로 전해지고 있다. 성 마르코는 이탈리아의 항구 도시 베네치아의 수호성인이며 그의 유해는 그곳의 마르코 대성당에 안장되어 있다.

마르 16,15-20 :

마르코는 베드로의 제자입니다. 전승에 의하면 그는 베드로의 비서이자 통역관이었습니다. 자연스레 베드로가 가는 곳이면 함께했고 그의 가르침과 사상을 물려받았습니다. 그러면서 베드로의 추억을 자신의 것으로 만들었습니다. 이렇게 해서 그는 예수님에 대한 베드로의 기억을 기록하기 시작합니다. 이것이 훗날의 마르코 복음서입니다. 그러니 마르코 복음서에는 베드로의 체취가 강하게 숨어 있습니다.

사도 베드로는 자신의 사명을 복음 전파에 두었습니다. 예수님의 가르침대로 살아야 한다는 것이 설교의 요지였습니다. 그의 가르침은 간단합니다. 복잡한 이론보다 단순한 행동을 선호합니다. 마르코 복음서가 짧은 것과 무관하지 않습니다. 스승님의 말씀을 알리는 것이 목적이지, 다른 의도는 없었습니다.

복음을 믿는 이에게는 기적이 따릅니다. 예수님의 능력을 믿기 때문입니다. 어쩌다 악의 세력에 휩쓸려도 결국 빛의 세계로 돌아옵니다. 예수님의 힘과 사랑이 그를 떠나지 않기 때문입니다. 그분께서 사랑하시는 사람은 서서히 영적 사람으로 바뀌어 갑니다. 이것이 오늘 복음의 결론입니다. 그러므로 신앙인은 기적을 안고 사는 사람입니다.

26 April

요한 15,18-21 :

스피드의 세상이 되었습니다. 빠를수록 박수 받는 세상입니다. 어느새 '빠른 것은 좋고 느린 것은 나쁘다.'는 등식이 생겼습니다. 그러나 빠른 것은 '그저 빠른 것일 뿐', 좋은 것도 나쁜 것도 아닙니다. 느린 것 역시 '그저 느린 것일 뿐'이지 윤리적으로 평가받을 일은 아닙니다.

그런데도 일등은 영웅이고 이등과 삼등은 시큰둥한 대접을 받습니다. 금메달에는 국가가 연주되지만 은메달과 동메달에는 노래가 없습니다. 인생은 올림픽이 아닌데도 사람들은 열심히 뜁니다. 아이들도 뛰고 어른들도 뜁니다. 유치원에 들어가기 전부터 뜁니다. 유명한 유치원에는 밤샘하며 줄을 서야 입학이 가능합니다.

대학을 마쳐도 뛰지 않으면 취직이 되지 않습니다. 고시가 아니더라도 취직 시험은 어렵습니다. 회사원이 되어도 여전히 뛰어야 합니다. 가만히 있는 자에게 승진은 없습니다. 글자 그대로 '죽기 아니면 살기로' 뛰어야 인정받습니다. 이것이 인생입니다. 이렇게 살아도 되는 것인지요? 빨리 뛰면 빨리 망가집니다. 삶에도 '제동 장치'가 있어야 합니다. 한 번쯤 멈춰 서서 지난날을 돌아보는 여유를 찾아야 합니다. 스승님께서는 오늘도 말씀하십니다. "너희는 세상에 속한 사람들이 아니다. 너희는 나에게 속한 사람들이다."

27 April

요한 14,15-21 :

　스승님께서는 성령을 약속하십니다. 두려워하는 제자들이 마음에 걸리셨던 겁니다. 스승님의 애정 덕분에 성령께서 더 빨리 오시게 됐습니다. 그러니 누구라도 예수님의 사랑을 받으면 성령께서 오십니다. 그분께서는 당신의 계명을 지키는 이를 사랑한다고 말씀하셨습니다. 용서와 자비의 생활이 성령 체험의 전제 조건인 셈입니다.

　스승님은 율법보다 사랑을 더 중히 여기셨습니다. 지키는 신앙에서 베푸는 신앙으로의 변화입니다. 그러므로 사랑의 실천이 중요합니다. 용서 역시 사랑의 결과입니다. 미운 마음을 버렸기에 용서가 채워진 것이지요. 내 것만 잡고 있으면 '하느님의 것'은 쉽게 자리하지 않습니다.

　우리는 얼마나 많이 기도했습니까? '오소서, 성령님. 오시어 우리를 채워 주십시오.' 그러면서도 비우는 데 인색했다면 마음을 바꾸어야 합니다. 언젠가 끊어야겠다고 생각하는 것이 있다면 지금 끊어야 합니다. 때가 되면 포기하겠다고 생각하는 것이 있다면 지금 시도해야 합니다. 그것이 비우는 행위의 출발입니다. 성령께서 오시면 소리 없는 변화가 시작됩니다. 그리고 그 끝은 기쁨입니다. 망설임이 길어지지 않게 해야 합니다.

28 April

요한 15,26-16,4 :

주님의 제자 가운데 요한을 제외하고는 모두 순교했습니다. 요한 사도는 목숨이 다할 때까지 이방인 교회를 돌보며 살았습니다. 박해를 피해 도망 다닌 것이 아니고 아시아 쪽에 살다 보니 로마의 박해를 피할 수 있었던 것으로 여겨집니다.

동료들의 순교 소식을 들을 때 그의 마음은 어떠했겠습니까? 그 역시 순교 못지않은 삶을 살았을 것입니다. 교우들의 순교 소식도 들었을 겁니다. 어떻게 잡히고, 어떻게 재산을 빼앗겼으며, 어떻게 회당에서 쫓겨나 죽었는지 속속들이 들었을 것입니다.

그러면서 밀고자들도 알게 되었을 겁니다. 교우끼리 고발하고 재산 때문에 배교하는 이야기도 들었을 것입니다. 이 모든 일이 스승님께서 예언하셨던 것임을 그는 비로소 깨닫게 됩니다. 노년의 그는 결코 마음 편히 지내지 못했음을 알 수 있습니다.

순교는 아름다운 행위지만 현실에서는 고통스런 사건입니다. 끝없는 투쟁이며 자신과의 싸움입니다. 신념이 강하다고 순교하는 것도 아닙니다. 은총의 힘이 붙잡아 주지 않으면 끝까지 갈 수 없습니다. 사도 요한은 목숨을 바치지는 못했지만 순교의 삶을 사신 분입니다.

29 April

시에나의 성녀 가타리나 동정 학자 기념일

가타리나 성녀는 이탈리아 토스카나 지방의 '시에나'에서 태어났다. 부친은 염색업자였고 성녀는 25명의 자녀 가운데 막내였다. 어린 나이에 신비스런 체험을 했고 16세 때 도미니코 제3회원이 되었다. 성녀는 프랑스 아비뇽에 있던 교황좌가 로마로 돌아오게 하는 데 결정적인 역할을 했다. 이후 자신의 신비 체험을 저서로 남겼다. 1461년 시성되었고 1939년 이탈리아의 수호성인으로 선포되었다.

요한 16,5-11 :

성경은 하느님과 인간의 관계를 기록한 책입니다. 성경을 통해 비로소 하느님의 뜻을 공적으로 접하게 됩니다. 특별히 구약 성경은 야훼 하느님과 이스라엘의 만남이 기록된 책입니다. 하느님께서는 그들에게 당신에 대한 의무를 명확히 하셨습니다.

이스라엘의 등장은 주님의 선택이었습니다. 그들이 잘났거나 그럴 만한 이유가 있었던 것은 아닙니다. 오히려 수없이 하느님에게서 벗어나려 했으나 번번이 실패했던 민족입니다. 그렇지만 주님께서는 언제나 용서하셨습니다. 점차 그들은 야훼 하느님을 떠나서는 존재할 수 없는 민족임을 깨닫게 됩니다.

그러기에 예수님께서 오셨지만 받아들이지 못합니다. 그분의 기적을 하느님의 능력으로 보지 못했기 때문입니다. 그들은 예수님을 전하는 제자들까지 박해합니다. 그만큼 그들의 신앙은 경직되어 있었습니다. 주님께서 오실 이유가 없다고 판단하는 경직성입니다.

믿음의 한쪽 면만을 고집하면 이런 결과가 나타납니다. 타인의 믿음을 인정할 줄 모르면 이런 오류에 쉽게 넘어갑니다. 그러므로 성령께서 오셔야 했습니다. 오셔서 잘못을 바로잡아 주셔야 했습니다. 관용은 언제나 고집보다 바른 자세입니다.

30 April

요한 16,12-15 :

 깨달음 역시 은총이며 하늘의 이끄심입니다. 준비되어 있으면 누구에게나 깨달음은 주어집니다. 아니, 준비하는 과정을 통해 이미 시작됩니다. 그러기에 은총은 갑자기 옵니다. 성령께서는 예고 없이 오는 분이십니다.

 깨달음을 위한 첫 준비는 바른 시각입니다. 올바르게 보려는 노력입니다. 불교에서는 정견正見이라고 했습니다. '더하지도 말고 덜하지도 말고' 있는 그대로 보자는 것입니다. 성철 스님은 "산은 산이요, 물은 물이다."라는 명언을 남겼습니다. 정견의 중요성을 강조한 말입니다. 득도하여 돌아왔지만 여전히 산은 그대로 산이고, 물은 그대로 물이었다는 말입니다. 바뀐 것은 산천이 아니라 자기 자신이었다는 이야기입니다. '네가 바뀌어야 내가 바뀐다.'는 마음에는 깨달음이 오지 않습니다.

 진리는 단순합니다. 성령께서 주시는 진리가 복잡할 리 없습니다. 사람인 우리가 계산하고 조건을 달고 순서를 따집니다. 복잡하게 만드는 것이지요. 모든 지식을 단순하게 받아들이면 산천초목부터 달리 보입니다. 모든 관계를 단순하게 인정하면 사람이 달리 보입니다. 바른 시각은 단순한 시각의 또 다른 표현입니다.

365일 복음 묵상 가해

5월

성모 성월은 5월 한 달 동안 성모님의 삶을 묵상하도록 정해진 달이다. 교회는 다양한 행사를 통해 성모님의 정신과 모범을 묵상하도록 인도한다. 성모 성월은 중세 때부터 시작되었다. 로마의 사제 성 필립보 네리는 젊은이들에게 5월 내내 성모님께 꽃을 바치며 찬미의 노래를 부르도록 했다는 기록이 있다. 이탈리아에서 시작된 이러한 신심은 19세기 중엽에는 유럽 전역으로 확산되었다.

역대 교황들은 성모 성월 신심을 권장하였다. 특히 1854년 교황 비오 9세가 '복되신 동정 마리아의 원죄 없으신 잉태'를 선포한 이후 성모 성월은 공적으로 거행되기 시작했다. 교황 바오로 6세와 요한 바오로 2세는 마리아 신심이 기적이나 발현에 치우치지 말고 공적인 가르침 안에서 올바르게 이루어져야 함을 여러 번 강조하였다.

성모 성월을 위해 교회가 공적으로 정한 예식은 없다. 본당에서는 매일 성모상 앞에서 묵주 기도를 함께 바치거나 가정에서 성월 기도를 봉헌하도록 권장하고 있다. 그리고 하루를 택해 성모상을 꾸미고 '말씀 전례'를 중심으로 '성모의 밤' 행사를 하는 것이 보통이다. 성모 신심의 대가인 루도비코 마리아 그리뇽 드 몽포르(1673-1716)는 성모님 공경이 그리스도께 대한 공경을 감소시킨다고 생각해서는 안 된다고 지적했다. 성모 신심의 대표적인 조직은 '레지오 마리애'다. 1953년 한국에 도입되어 수많은 교우들에게 성모님의 겸손과 순명과 기도의 삶을 본받도록 이끌었고 봉사와 선교의 길에 헌신하도록 지도했다.

01 May

노동자 성 요셉 기념일

1841년 교황 그레고리오 16세는 '성 요셉과 원죄 없이 잉태되신 성모 마리아'를 조선 교회의 수호성인으로 선언했다. 2대 교구장인 앵베르 주교의 청원을 받아들인 것이다. 이후 성 요셉은 '모든 교회의 수호성인'으로 선포되었고 (1870) 교황 베네딕토 15세는 '노동자의 수호성인'으로 선언했다. 1955년 비오 12세 교황은 공산주의자들의 노동절에 대응하여 5월 1일을 '노동자 성 요셉 기념일'로 선포했다.

마태 13,54-58 :

예수님께서는 고향을 찾아가십니다. 소년 시절의 추억이 깃든 나자렛입니다. 그분께서는 회당에 들어가시어 말씀으로 사람들을 압도하십니다. 그 자리에는 고향 친지들과 아는 이들이 많았습니다. 그들은 놀란 눈으로 바라봅니다. 하지만 마음을 열지는 못합니다. 선입관이 방해를 한 것입니다.

'저이는 그 목수의 아들이 아닌가? 그런데 어디서 저런 언변과 기적의 힘을 얻었단 말인가?' 그들의 놀람은 감동이 아니었습니다. 출신이 낮은 사람이 출세한 것으로 여기는 것과 같았습니다. 그러니 은총이 함께할 수 없는 일이었습니다.

선입관을 깨지 못하면 변화는 없습니다. 변화가 없는 곳에는 기적 역시 일어나지 않습니다. 그러기에 예수님께서는 조용히 물러나셨습니다. 기적을 베풀어 사람들을 놀라게 할 수 있었지만 그렇게 하지 않으셨습니다. 기적은 믿는 이에게만 주어지는 은총인 까닭입니다.

목수는 요셉 성인을 지칭하는 말입니다. 당시 목수는 가재 및 목축과 농사에 쓰이는 도구를 만들고 고치는 사람이었습니다. 신분으로 치면 천한 부류에 속했습니다. 이 때문에 고향 사람들은 편견을 가졌던 것입니다. 성 요셉은 노동자의 수호성인입니다. 목수였기에 이런 칭호가 주어진 것은 아닙니다. 당당하게 '자신의 일'을 하며 사셨기에 기억하는 것입니다. 그 일로 성가정을 보호하며 사셨기에 전구를 청하는 것입니다.

02 May

성 아타나시오 주교 학자 기념일

아타나시오 성인은 이집트의 항구도시 알렉산드리아에서 태어났다. 부모의 영향으로 일찍부터 사제의 꿈을 키웠고 사제품을 받은 뒤 주교의 비서가 되었다. 325년 아리우스 이단을 단죄했던 '니케아 공의회'에 참석했고 몇 년 뒤 알렉산드리아의 주교가 되었다. 하지만 아리우스파의 반발로 여러 번 유배되기도 했다. 그는 성서 주해를 포함해 많은 저서를 남겼다. 평생을 아리우스 이단과의 투쟁에 헌신했고 정통 교리를 따르도록 교우들을 가르쳤다. '아타나시오 신경'은 이런 배경에서 탄생한 기도문이다.

요한 16,20-23 :

해산의 고통만큼 큰 고통은 없다고 합니다. 아이를 낳아 본 사람은 그때의 아픔을 생생하게 기억할 것입니다. 그러기에 어머니는 남다른 애정으로 자식을 대합니다. 아픔이 컸던 만큼 애정도 큰 까닭입니다. 요즘은 무통 분만도 있다고 합니다. 마취제를 이용해 아기를 낳는 것이지요. 아픔 없이 낳은 아기와의 대면은 어떠할까요? 눈물을 흘리며 아기를 바라볼 수 있을는지요?

예수님께서는 제자들이 바뀌기를 바라십니다. 해산하는 여인의 심정으로 그들의 변신을 기다리고 계십니다. 당신은 떠나갈 것이고 성령께서는 오실 것입니다. 시간은 많지 않습니다. 그분께서는 조용히 제자들을 준비시키십니다. 그 내용이 요한 복음서 15장과 17장 사이의 말씀입니다.

예수님은 성령을 모시기 위해 먼저 두려움을 극복하라고 하십니다. 제자들은 막연히 두려워하고 있습니다. '스승님께서는 떠나실 것이다. 그러면 어떻게 살 것인가?' 이 생각에 대한 두려움입니다. 그런데 극복하라고 하십니다. 인간적인 계산으로 성령께서 오심을 기대해서는 안 된다는 가르침입니다. 두려움은 인간의 본질입니다. '내 몫이다.' 하고 받아들여야 극복이 가능해집니다.

03 May

성 필립보와 성 야고보 사도 축일

필립보 사도는 갈릴래아 출신으로 베드로 사도와 고향이 같다. 예수님의 열두 제자 중 하나로 선택된 그는 나타나엘을 예수님께 인도한 분이다. 전승에 따르면 그리스를 무대로 활동했고 도미티아누스 황제 때 소아시아(터키)에서 순교했다. 알패오의 아들 야고보는 '주님의 형제' 야고보와 같은 인물로 여겨지고 있다. 제베대오의 아들 야고보와 구별해 '소小 야고보'로 표기하기도 한다. 예루살렘 교회의 초대 주교로 알려져 있다.

요한 14,6-14 :

필립보는 아버지를 뵙게 해 달라고 청합니다. 아버지는 하느님입니다. 그는 감히 하느님을 보여 달라고 청한 것입니다. 놀라운 발언입니다. 몰라서 그랬을까요? 아니면 그만큼 예수님을 가깝고 정이 많은 분으로 느낀 것일까요?. 스승님은 따뜻한 대답을 들려주십니다.

"필립보야, 이토록 오랫동안 함께 지냈건만 아직도 나를 모른단 말이냐? 나를 본 사람은 아버지를 뵌 것이다. 내가 아버지 안에 있고 아버지께서 내 안에 계신단다."

세월이 흐르면서 필립보는 스승님을 하느님으로 깨닫고 모시게 됩니다. 함께 있었기에 가능한 일입니다. 주님께 관한 일은 예수님과 함께해야 깨달음이 옵니다. 성경을 중시하는 이유가 여기에 있는 것이지요. 아무리 공부해도 성경을 멀리하면 그분을 깨닫는 데 한계가 있습니다. 지식이 신앙으로 바뀌는 것은 아니기 때문입니다. 예수님을 떠난 지식은 오히려 방해가 될 수도 있습니다.

우리는 필립보처럼 예수님과 함께 살 수는 없습니다. 하지만 성경 읽기와 영성체를 통해 언제든지 만날 수는 있습니다. 성체를 모실 때마다 아버지를 깨닫게 해 달라고 청해야겠습니다. 필립보의 마음이 되어 청해야겠습니다.

04 May

주님 승천 대축일

사도행전(1,3)에 따르면 예수님께서는 부활 뒤 40일째 되는 날에 승천하셨다. 장소는 교회 전승에 따라 '올리브 산'으로 여겨지고 있다. 주님 승천 대축일은 4세기 후반부터 널리 보급되었고 부활 뒤 40일째 되는 부활 제6주간 목요일에 지냈지만, 우리나라에서는 부활 제7주일로 옮겨 지낸다. 제2차 바티칸 공의회는 대중 매체를 통한 교회의 다양한 사도직 수행을 더욱 강화하고자 나라마다 '홍보의 날'을 제정하기를 바랐다. 이에 따라 1967년에 홍보의 날이 제정되었고, 우리나라에서는 1980년부터 기존의 '출판물 보급 주일'과 통합하여 해마다 주님 승천 대축일을 '홍보 주일'로 지내고 있다.

마태 28,16-20 :

예수님의 승천을 어떻게 이야기해야 할는지요? 예전에는 주님께서 구름을 타고 하늘로 올라가셨다고 했습니다. '대기권을 뚫고 하늘 저쪽으로 가셨다'고 생각했던 것입니다. 동화 같은 표현입니다. 2천 년 전에 기록된 성경으로서는 당연한 표현입니다. 그러니 표현을 내용으로 착각해서는 안 됩니다.

아무튼 부활하시어 지상에 있을 수 없게 되신 예수님께서는 하늘로 가셨습니다. 이것이 승천입니다. 교리적인 해석을 하자면 본래의 모습으로 되돌아간 것이 됩니다. 하느님께서 사람으로 오셨다가 다시 본모습으로 되돌아가신 것이지요. 성경에서는 이를 '하느님 오른쪽에 앉으셨다'고 표현했습니다.

예수님께서 승천하셨기에 그분을 믿는 우리도 언젠가 하늘나라로 갑니다. 그리고 새로운 모습으로 삶을 시작하게 됩니다. 이것이 승천의 숨은 교훈입니다. 그러니 지상의 것에 너무 연연해서는 안 됩니다. 지나친 욕망에 정신을 빼앗겨서도 안 될 일입니다. 세상은 영원히 살 곳이 아닌 탓입니다. 승천하신 예수님처럼 새로운 시각으로 세상을 보아야겠습니다.

05 May

요한 16,29-33 :

    요한 복음서의 주제는 '빛이신 그리스도'입니다. 그분이 오셨기에 '어둠의 세상'은 '빛의 세상'으로 바뀔 수 있었다고 선언합니다. 예수님께서도 분명하게 "나는 세상의 빛이다." 하고 말씀하셨습니다. 실제로 어둠을 몰아낼 수 있는 것은 빛뿐입니다. 아무리 칠흑 같은 어둠이라도 새벽이 오면 사라지고 맙니다.
  어둠은 악의 요소입니다. 그리고 빛은 선의 요소입니다. 누구라도 세상을 살다 보면 악의 요소를 체험합니다. 그리고 그 체험은 인생에 어두움을 남깁니다. 무엇으로 몰아낼 수 있을는지요? 빛의 생활밖에 없습니다. 선한 일을 하는 것이지요. 우리가 선행善行이라고 표현하는 것들입니다.
  어떤 사람에게는 직업이 어두움일 수 있습니다. 자라 온 환경이 어두움일 수도 있습니다. 맺고 있는 관계가 어두움이 되기도 합니다. 그렇다고 직업이나 관계를 단박 끊을 수는 없는 일입니다. 어떻게 해야 할는지요? 복음 말씀에서 답을 찾습니다. 예수님께서는 당신이 '세상을 이겼다'고 하셨습니다. 빛이신 그분께 다가가면 그만큼 어두움은 사라집니다. 그분의 힘이 내 안에 머물면 그만큼 나는 밝은 삶을 살 수 있습니다.

06 May

요한 17,1-11 :

    요한 복음서 17장은 예수님의 유언입니다. 십자가의 죽음을 앞둔 그분께서는 제자들에게 서로 일치할 것을 간곡히 부탁하십니다. '아버지와 당신이 하나인 것처럼' 그들도 하나가 되어 살 것을 기도하십니다. 그만큼 일치는 주님께서 바라시는 것이었습니다.

    우리는 일치의 하느님을 삼위일체 안에서 묵상합니다. 그리고 일치의 에너지를 은총으로 달라고 청합니다. 신앙생활 역시 마지막 목표는 주님과의 일치에 있습니다. 이렇듯 신앙인은 예수님의 유언을 실천하는 사람들입니다.

    사도행전에 의하면 주님의 제자들도 격렬하게 논쟁했습니다. 그렇지만 늘 스승님의 유언으로 합일점을 찾았습니다. 박해가 끝나고 수많은 이단들이 교회를 혼란시켰지만 제자들은 극복합니다. 일치를 위한 숨은 노력이 있었기에 가능한 일이었습니다.

    훗날 그리스도교는 로마의 국교로 선언됩니다. 그러자 출세를 노리는 어중이떠중이들이 교회에 들어와 분열을 야기했습니다. 하지만 예수님의 유언을 따르는 이들이 훨씬 많았기에 교회는 건강한 모습을 잃지 않았습니다. 일치를 위해 노력하는 사람이 진정 건강한 신앙인입니다.

07 May

요한 17,11-19 :

　어떻게 살아야 '진리로 거룩해지는 삶'이 되는지요? 바른 정신과 자세로 최선을 다하는 삶이라고 생각해 봅니다. 부모는 부모답게, 교사는 교사답게, 젊은이는 젊은이답게 사는 것입니다. 온몸으로 그렇게 사는 것이라고 생각해 봅니다.

　진리는 먼 곳에 있지 않습니다. 결코 높은 곳에 있지 않습니다. 사람 곁에 있지 않으면 진리가 아닌 것이지요. 사람을 떠나 홀로 있는 것을 어찌 진리라 할 수 있겠습니까? 예수님께서는 '아버지의 말씀이 진리'라고 하셨습니다. 자녀에게 매일 아침 다정한 눈빛으로 얘기해 주는 그 말씀을 진리라고 하신 겁니다. '잘 살아라. 기쁘게 살아라.' 그런 말들이 아버지의 말씀이 아닐는지요?

　부모는 자녀들이 잘 살기를 바랍니다. 똑똑한 자식이든 못난 자식이든 다 같이 잘 살기를 바랍니다. 몸이 성치 못한 자녀가 있다면 애정을 더하기 마련입니다. 주님께서도 마찬가지입니다. 영적으로 뛰어난 이에게만 은총을 주시는 것은 아닙니다. 어둠 속에 있는 이에게도 똑같이 은총을 주십니다. 그러니 자녀답게 신뢰를 갖고 살아야 합니다. 그것이 '진리로 거룩해지는 삶'입니다.

08 May

요한 17,20-26 :

'신은 일치를 원하시고 인간은 분열을 원한다.' 서양 속담이라고 합니다. 그만큼 일치는 귀하고 분열은 다반사란 말이 됩니다. 역사 안에도 갈라서는 인간들의 이야기는 수두룩합니다. 일치는 언제나 희망일 뿐, 틈만 나면 대립했습니다. 그러기에 인류 역사는 전쟁의 역사와 동일합니다. 지금도 모든 국가는 어떤 형태로든 서로 대립하고 있습니다.

그러므로 일치를 위한 노력은 하느님의 행위입니다. 갈라진 이를 화해시키고 보복에 눈먼 이를 인도한다는 것은 은총 없이는 불가능한 일입니다. 아무도 그렇게 할 수 없습니다. 하느님의 힘을 지닌 자만이 가능합니다. 신심 깊은 사람들이 하찮은 일로 갈라져 나가는 것을 봅니다. 하지만 많은 경우 실패합니다. 주님의 힘이 함께하지 않았기 때문입니다.

그분의 뜻은 언제나 일치에 있습니다. 어디서나 일치해 살기를 원하십니다. 그러기에 하나가 되려는 노력에는 늘 당신의 힘을 보내 주십니다. 일치는 내 쪽에서 시작됩니다. '당신이 바뀌면 나도 바뀌겠다.' 이것은 아닙니다. '내가 바뀌어 당신에게 가겠다.' 이것이 되어야 합니다. 그러면 주님의 힘이 함께합니다.

09 May

요한 21,15-19 :

　　베드로는 열두 사도의 으뜸이었습니다. 그 전통을 이어받아 교회는 그분을 첫 번째 교황으로 모시고 있습니다. 초대 교회에서도 베드로의 위치는 확고부동했습니다. 그렇게 된 까닭은 주님께서 베드로를 인정하셨고 베드로 역시 스승님의 말씀으로 살려고 했기 때문입니다.

　　그러므로 교회 내의 지도자는 '주님의 말씀'으로 살아야 합니다. 아무리 작은 단체의 장長이라도 "이들이 나를 사랑하는 것보다 더 나를 사랑하느냐?"는 주님의 말씀을 염두에 두고 살아야 합니다. 착하고 편안한 사람은 사랑하기 쉽습니다. 즐거운 일에 사랑을 쏟는 것은 누구나 할 수 있습니다. 그렇지만 까다롭고 귀찮은 사람에게 애정을 기울이는 것은 아무나 할 수 없습니다. 지도자의 참모습은 그때 드러납니다.

　　날카로운 비판과 확실한 분석은 사람을 꼼짝 못하게 할 수 있습니다. 그러나 사람을 감동시키는 것은 그런 행위가 아닙니다. 사랑과 애정만이 사람을 감동시킬 수 있습니다. 주위에는 정확하고 예리한 지도자가 많아지고 있습니다. 그러나 정작 우리가 기다리는 지도자는 그런 사람이 아닙니다. 따뜻한 가슴을 지닌 사람입니다. '모든 것을 알고 있으면서도 아무것도 모르는 듯이' 대해 주는 지도자입니다.

10 May

요한 21,20-25 :

요한 복음서에는 사도 요한을 지칭하는 독특한 표현이 있습니다. '예수님께서 사랑하시는 제자'라는 표현입니다. 열두 제자치고 예수님께서 사랑하시지 않은 제자가 있었을까요? 그럼에도 불구하고 요한은 주님께서 더욱 사랑하셨던 제자로 등장합니다. 아마도 요한 복음서의 작가였기 때문일 겁니다.

요한은 형 야고보와 함께 예수님의 제자가 됩니다. 갈릴래아의 호반 도시 '벳사이다'에서 일어난 일입니다. 그에 앞서 예수님께서는 베드로와 안드레아 형제도 부르셨습니다. 네 사람은 동향 출신으로 예수님께서 처음 선택한 제자들이었습니다. 이후 이들은 기적의 장소에 언제나 스승님과 함께합니다. 그만큼 사랑과 신뢰를 받았던 제자들입니다.

공관 복음서에는 이들이 부르심을 받는 장면을 이렇게 묘사하고 있습니다. "나를 따라오너라. 너희를 사람 낚는 어부가 되게 하겠다. 그러자 그들은 즉시 그물을 버리고 예수님을 따라갔다." 지극히 단순한 결정입니다.

주님을 따르는 사람은 단순해야 합니다. 그분께서 부르시면 어떤 경우에도 "예." 하고 즉시 나서야 합니다. 그것이 주님의 사랑을 받는 일입니다. 사도 요한은 위대한 모범을 남긴 분입니다.

11 May

성령 강림 대축일

요한 20,19-23 :

    오늘은 성령 강림 대축일입니다. 오늘로서 부활 시기는 끝납니다. 부활 성야에 '빛의 예식'으로 제대 옆을 밝히던 부활초도 이젠 거두어들입니다. 부활초는 세례대 옆에 보관해 두었다가 세례식 때 영세자들의 촛불을 거기서 붙여 주게 됩니다. 세례성사는 다시 태어남이고 또 다른 부활이기에 그것을 상징하는 것이지요.

  성령께서는 제자들에게 오시어 그들의 새 출발을 도와줍니다. 제자들이 자신들의 소명을 깨닫도록 합니다. 부르심에 충실할 수 있는 힘을 주십니다. 이렇듯 변화의 방향은 언제나 예수님의 가르침이었습니다. 그러므로 '예수님 없는 성령'이나 '예수님을 제외시킨 성령의 활동'은 성경의 내용이 아닙니다.

  어느 날 제자들은 돌변합니다. 내적인 힘을 지닌 사람으로 바뀝니다. 죽음도 겁내지 않는 사람이 된 것입니다. 하느님을 만나지 않았다면 있을 수 없는 일입니다. 생명의 근원이신 성령께서 제자들을 바꾸어 주셨던 것이지요. 그러니 우리에게도 삶의 변화를 달라고 청해야 합니다. 그래야 험난한 현실에서 기쁨을 갖고 살 수 있습니다. 오늘은 그런 기도를 바치는 날입니다.

12 May

마르 8,11-13 :

어떤 부인이 꿈을 꾸었습니다. 마을에 새로운 가게가 생겨 호기심에 들어갔습니다. 아! 그런데 계산대에 하느님께서 계셨습니다. 놀란 부인이 묻습니다. "여기서 무엇을 팔고 계시나요?" 주님께서는 웃으며 답하십니다. "네가 원하는 것은 무엇이든 살 수 있단다." 부인은 입을 다물지 못합니다. 그리고 잠시 후 말을 쏟아 냅니다.

"행복을 사고 싶습니다. 사랑과 평화도요. 두려움에서 해방되는 자유도 주세요." 일사천리로 말을 꺼냅니다. 그러더니 또 덧붙입니다. "저만을 위해서가 아니고 제 이웃을 위해서도 사고 싶답니다." 그러자 하느님께서는 미소를 지으셨습니다. "내 말을 오해한 것 같구나. 여기서는 열매를 팔지 않는다. 씨앗만 팔고 있단다." 어느 책에선가 읽은 예화입니다.

복음에서 바리사이들은 표징을 요구합니다. 결과를 원하는 것이지요. 그들이 원하는 결과는 기적입니다. 그러나 믿음이 없는 곳에 기적이 올 리 없습니다. 기적은 믿음이라는 나무의 열매인 까닭입니다. 모든 나무는 햇볕과 바람과 뿌리에서 올라오는 물이 있어야 열매를 맺습니다. 그런 것은 도외시하고 불쑥 열매만을 요구했기에 예수님께서는 거절하셨습니다. 우리는 바리사이가 되어서는 안 됩니다.

13 May

마르 8,14-21 :

예수님께서는 바리사이와 헤로데의 누룩을 조심하라고 하십니다. 그들은 지도자들입니다. 바리사이는 종교계를 이끌었고 헤로데는 왕이었습니다. 그들의 누룩이라면 그들의 말과 행동을 의미합니다. 누룩은 술의 재료입니다. 누룩이 시원찮으면 좋은 술을 기대할 수 없습니다.

당시 바리사이는 형식에 젖어 있었습니다. 율법에 얽매여 앞을 못 보고 있었습니다. 정치도 마찬가지였습니다. 헤로데 정권은 로마에 기댈 수밖에 없었습니다. 자연히 사회는 부패되어 갔습니다. 형식주의와 부패 정치는 민중을 힘들게 합니다. 역사 안에서 되풀이되는 악순환입니다.

그러나 제자들은 못 알아듣습니다. 그들은 당장의 빵을 걱정하고 있습니다. 스승님께서 이끌어 주시지 않으면 멀리 볼 수 없는 처지입니다. 그러기에 스승님은 질문하십니다. 물고기 두 마리와 빵 다섯 개의 기적을 환기시켜 주십니다.

우리도 마찬가지입니다. 주님께서 열어 주지 않으시면 볼 수 없습니다. 기적을 환기시켜 주지 않으시면 걱정을 넘을 수 없습니다. 우리에게도 빵의 기적은 있었습니다. 불가능하다고 포기했던 일들을 그분께서는 해 주셨습니다. 그것을 기억하고 전해야 합니다. 주변 사람들에게 누룩이 되는 일입니다. 좋은 누룩이 되는 일입니다.

14 May

성 마티아 사도 축일

성 마티아는 초대 교회에서 사도로 선출된 분이다(사도 1,15-26). 유다 이스카리옷의 죽음으로 열두 제자의 자리에 공백이 생겼던 것이다. 마티아는 '마티티아(야훼의 선물)'의 약칭으로 그리스계 이름이다. 전승에 의하면 그는 예수님께서 파견하셨던 72명의 제자들 가운데 한 분이었고 예루살렘에서 순교했다. 사도행전 말고는 성경의 다른 어떤 곳에도 그에 관한 기록이 없다.

요한 15,9-17 :

사랑은 무엇입니까? 질문은 분명해도 대답은 모호합니다. 사랑은 이론이 아닌 탓입니다. 체험만이 사랑을 느끼게 합니다. 자녀에 대한 부모의 관심을 보노라면 '이게 사랑이구나.' 하고 느낄 때가 많습니다. 부부간의 애정이나 형제간의 우애 역시 사랑을 짐작하게 합니다. 관심이 없는 곳에는 사랑도 없는 것이지요. 사랑하고 있는데 어떻게 관심이 없을 수 있겠습니까?

예수님께서는 말씀하십니다. "내가 너희를 사랑한 것처럼 너희도 서로 사랑하여라." 말을 바꾼다면 '내가 너희에게 관심을 갖듯이 너희도 서로에게 관심을 가지라'는 말씀입니다. 관심은 돌보는 행위입니다. 꽃나무에 물을 주며 가꾸듯 서로에게 생명력을 주며 사는 것을 뜻합니다. 하느님의 관심이 있기에 세상 만물 역시 살아 있는 것이 아닐는지요?

"내가 너희를 사랑한 것처럼 너희도 서로 사랑하여라." 내가 너희를 감동시켰듯이 '너희도 서로에게 감동을 주라'는 말씀입니다. 그러므로 사랑은 감동입니다. 감동을 주고받는 행동입니다. 감동을 주어야 진정으로 사랑하는 것이 됩니다. 예수님께서는 그런 사랑을 제자들에게 보여 주셨습니다. 그리고 우리에게 명하고 계십니다. 하지만 은총 없이는 불가능한 일입니다. 감동을 베풀 수 있는 힘을 청해야겠습니다.

15 May

마르 8,27-33 :

"사람들이 나를 누구라고 하느냐?" "예언자라고 합니다." 제자들의 답변에 스승님께서는 반응이 없습니다. 세상의 판단보다 제자들의 생각이 더 궁금하셨던 것입니다. 베드로가 나서서 대답합니다. "스승님은 그리스도이십니다."

그리스도는 '세상을 구원하는 주인(구세주)'이란 뜻입니다. 핵심은 세상이라는 말에 있습니다. 어떤 세상일는지요? 우리가 몸담고 있는 지구입니까? 아니면 우주입니까? 너무 거창하게 생각해서는 안 됩니다. 먼저 나와 연관된 세상을 기억해야 합니다. 내가 살고 있고 책임질 사람이 있고 나의 소유와 미래가 있는 세상입니다.

바로 그 세상을 예수님께서 구원하신다는 것입니다. 그러므로 구세주라는 고백은 당당한 신앙 행위입니다. 누구나 할 수 있는 신앙 행위입니다. 하지만 '마음의 승복'이 문제입니다. 그것은 주님의 힘을 체험하지 않고서는 불가능한 일입니다. 어떤 형태로든 하느님을 만나야 승복이 가능해집니다.

'너에게 있어 나는 누구인가?' '제가 속한 세상을 구원해 줄 분이십니다.' 베드로의 고백은 순간적 재치가 아니었습니다. 평생을 섬기겠다는 맹세였습니다. 우리의 고백 역시 그러한 고백이 되어야 합니다.

16 May

마르 8,34-9,1 :

예수님께서는 '자신의 십자가를 지고 따라오라'고 하십니다. 누구에게나 십자가가 있다는 말씀입니다. 그것이 무엇일는지요? 삶에 아픔을 남기는 고통이라고 생각해 봅니다. 어떤 사람에게는 성격일 수 있습니다. 급하거나 화를 잘 내는 성격입니다. 환경이나 직업이 십자가일 수 있습니다. 건강이 약한 것도, 가족 관계가 원만치 못한 것도 인생의 십자가가 됩니다.

예수님께서는 그것을 지고 가라고 하십니다. 인정하며 받아들이라는 말씀입니다. 그러니 십자가를 없애 달라고 해서는 안 됩니다. 십자가를 질 수 있는 힘을 달라고 기도해야 합니다. 예수님께서도 십자가의 길을 가셨습니다. 그리고 넘어지셨습니다. 시몬의 도움도 받으셨습니다. 베로니카와 예루살렘 부인들의 위로도 거절하지 않으셨습니다.

십자가의 길이 험난한 길임을 보여 주신 것입니다. 그러니 십자가를 진다는 것이 얼마나 큰 희생과 기도 끝에 이루어지는 것인지 생각해 봐야 합니다. 우리는 일상에서 수없이 성호경을 바칩니다. 십자가를 그으며 행동합니다. 주님의 이름으로 하겠다는 고백입니다. 그렇다면 결과가 어떻게 나오듯 우리는 받아들여야 합니다. 십자가를 지신 예수님께서도 아버지의 뜻이었기에 기꺼이 받아들이셨습니다.

17 May

마르 9,2-13 :

　　예수님의 변모 사건은 충격 요법입니다. 놀란 베드로는 무슨 말을 했는지 기억하지 못합니다. 잠시 혼이 나갔던 것이지요. 그렇게까지 해야 할 이유가 무엇인지요? 스승님께서는 알고 계셨습니다. 당신께서는 십자가의 길을 가야 하고 제자들은 방황할 것을 알고 계셨습니다. 그러니 그대로 둘 수는 없는 일입니다. 그러기에 핵심 제자 세 명을 데리고 산으로 가신 겁니다. 그들에게 평생 잊지 못할 충격을 주기 위해서였습니다. 그리하여 어떤 일이 벌어지더라도 오늘을 기억하며 용기를 잃지 말라는 의도였습니다.

　　우리에게는 그런 체험이 없는지요? 인생에서 낙심하지 말라고 그분께서 개입하신 사건은 없는지요? 그것을 찾아내어 묵상하라는 것이 복음의 교훈입니다. 지난 세월, 얼마나 아슬아슬한 순간들이 많았습니까? 지금 생각해도 아찔한 사건은 있었습니다. 어떻게 마무리되었는지요? 우연이었습니까? 그보다는 은총의 개입이 아니었는지요? 그렇다면 이것 역시 신앙인 각자에게 보여 주신 예수님의 변모 사건이라 할 수 있습니다.

　　은총은 예고 없이 옵니다. 생각지도 않은 때에 옵니다. 하느님께서는 아버지시므로 필요하다 여기면 어느 때든 내려 주시기 때문입니다. 평소의 작은 기도가, 평소의 작은 선행이 결정적 순간에 은총을 모셔 오는 것입니다.

18 May

삼위일체 대축일

삼위일체 대축일은 14세기에 로마 전례력에 들어왔고 성령 강림 대축일 다음 주일에 지내도록 했다. 구약 성경에는 삼위일체에 대한 명확한 표현이 없다. 이스라엘의 유일신 사상 때문이다. 신약 성경은 예수님을 하느님으로 고백하면서 삼위일체 이론을 드러냈다. 이후 교회는 모든 세례를 '성부와 성자와 성령의 이름으로' 받게 했고 삼위일체를 신앙 교리로 선언했다.

요한 3,16-18 :

오늘은 삼위일체 대축일입니다. 믿지 않는 친구가 하느님을 알고 싶어 한다면 얼마만큼 설명할 수 있을는지요? 사랑하는 자녀가 하느님에 대해 질문한다면 어떻게 대답할 수 있을는지요? 복음은 그분에 대한 정의를 이렇게 내리고 있습니다.

"하느님께서는 세상을 사랑하신 나머지 외아들을 내주시어 그를 믿는 사람은 누구나 멸망하지 않고 영원한 생명을 얻게 하셨다." 지극히 간단한 설명입니다. 하지만 사랑으로 오신 하느님을 정확하게 표현하고 있습니다.

지금은 예전보다 종교에 대한 관심이 적어졌습니다. 하지만 '종교적 반응'에 대해서는 적극적입니다. 신앙생활은 거부하면서 집을 짓거나 차를 사면 고사를 지냅니다. 좋지 않은 일이 없기를 비는 것이지요. 재앙이 두렵다는 증거입니다. 하느님은 모른다고 하면서 그분의 힘과 권능에 대해서는 두려워하고 있는 것입니다.

진정 하느님께서 좋지 않은 일을 하시고 재앙을 내리시는 것일까요? 그건 아닙니다. 그분께서는 인간에 대한 사랑으로 외아들을 보내 준 분이십니다. 세상이 불안한 것은 사람들의 탓이지 하느님의 간섭 때문이 아닙니다. 성경 말씀처럼 하느님께서는 아버지십니다. 세상의 어떤 아버지가 자식이 잘되기를 바라지, 잘못되기를 바라겠습니까?

19 May

마르 9,14-29 :

아이는 또다시 땅에 쓰러져 거품을 흘리며 뒹굽니다. 늘 보는 일이지만 앞이 막막합니다. '이젠 마지막이 되어야 할 터인데. 왠지 저분은 고쳐 주실 것만 같아!' 그 순간 그분께서 말씀을 걸어옵니다. "아이가 이렇게 된 지 얼마나 되었느냐?" "어릴 적부터입니다. 하실 수 있다면 저희들을 도와주십시오." 남자는 애절한 마음으로 두 손을 모읍니다.

"'할 수 있다면'이 무슨 말이냐? 믿는 이에게는 모든 것이 가능하다." 그러자 남자는 황급히 외칩니다. "저는 믿습니다. 믿음 없는 저를 도와주십시오." 아이 아버지의 순수한 다급함이 눈에 선합니다. 어쩔 줄 몰라 하는 그의 모습이 안쓰러워지는 대목입니다.

기적은 믿음의 결과입니다. 믿는 이에게 주어지는 하느님의 선물입니다. 기적을 동반하는 믿음 뒤에는 이렇듯 애틋함이 있습니다. 자신을 희생하는 아픔이 있습니다. 병든 아이를 보는 아버지의 심정은 어떠했을까요? '저 아이를 고칠 수 있다면 무엇이든 못하랴!' 아버지는 몇 번이고 이런 심정이 되었을 것입니다.

강한 믿음도 사랑이 없으면 힘을 쓰지 못합니다. 사랑과 함께하는 믿음이라야 기적을 모셔 옵니다. 아이 아버지의 애정이 기적의 출발점이었습니다.

20 May

마르 9,30-37 :

맹사성은 조선의 대학자입니다. 열아홉에 장원 급제해 스무 살에 군수가 되었습니다. 그러자 그는 나이 많은 선비를 찾아가 물었습니다. "어른께서 생각하는 군수로서의 좌우명은 무엇인지요?" "그건 어렵지 않소이다. 나쁜 일을 하지 않고 착한 일을 많이 베푸는 일입니다." "그거라면 삼척동자도 아는 이치 아니오? 먼 길을 온 제게 고작 그 말이란 말입니까?" 맹사성은 거만하게 일어서려 합니다. 그러자 선비는 차 한 잔을 빌미로 붙잡습니다. 그는 못 이기는 척 자리에 앉습니다. 차를 따르면서 두 사람은 말이 없습니다. 그런데 선비는 찻물이 넘치는데도 자꾸만 찻잔에 차를 따릅니다.

"어르신, 찻물이 넘쳐 방바닥을 망칩니다." 맹사성이 소리쳤지만 선비는 계속 넘치도록 따릅니다. 그리고 화가 나 있는 맹사성을 쳐다보며 말합니다. "찻물이 넘쳐 방바닥을 적시는 것은 알면서 지식이 넘쳐 인품을 망치는 것은 어찌 모르십니까?"

지식이 삶을 풍요롭게 하는 것은 아닙니다. 삶의 풍성함은 하늘이 내리는 것이기 때문입니다. 사람들이 싫어하면 하늘도 싫어합니다. 사람들이 인정하면 하늘 역시 인정합니다. 세상은 겸손하고 섬기는 사람을 좋아합니다. 조금 안다고, 조금 자리가 높아졌다고 우월감에 젖는 것은 어리석은 일입니다. 그런데도 사람들은 그런 실수를 계속합니다.

21 May

마르 9,38-40 :

    누군가 예수님의 이름으로 마귀를 쫓아내고 있었습니다. 모르는 사람입니다. 제자들은 그를 막으려 합니다. 스승님의 이름을 몰래 사용한다고 생각했기 때문입니다. 스승님을 따르지도 않는 사람으로서 지나친 행동이라고 판단했던 것입니다. 그런데 스승님의 태도는 의외입니다. "막지 마라. 내 이름으로 기적을 일으킨 사람이 나를 나쁘게 말하지는 않을 것이다. 우리를 반대하지 않는 이는 우리를 지지하는 사람이다." 스승님의 넓은 마음을 제자들은 쉽게 납득하지 못합니다.

    세상에는 우리와 다른 신앙을 가진 이들이 많습니다. 종교는 다르지만 믿음의 생활을 굳건히 하는 이들도 많습니다. 예전에는 모른 척했어도 이제는 함께 해야 합니다. 스승님은 멀리하지 말라고 하십니다. 진리 안에서 뜻을 같이하는 동지로 여기라는 말씀입니다.

    제자들이 막으려 했던 사람이 가짜 복음을 사용한 것은 아닙니다. 그랬더라면 기적은 없었을 것입니다. 같은 예수님을 믿으면서 서로 '모르는 척하는 것'은 복음적인 행동이 아닙니다. 함께하지 않는다고 무시하며 사는 것은 은총을 막는 행동일 뿐입니다. 자신을 기준으로 남을 판단하면 시야는 좁아질 수밖에 없습니다.

22 May

마르 9,41-50 :

연자매는 연자 맷돌의 준말입니다. 여인들이 손으로 돌리는 맷돌보다 훨씬 크고 무겁습니다. 소나 나귀를 이용해 방앗간에서 돌렸습니다. 고대 로마에서는 연자매를 목에 걸어 바다에 빠뜨리는 형벌이 실제로 있었다고 합니다. 예수님께서는 그 형벌을 떠올리게 하신 겁니다. 왜 그랬을까요? 그만큼 남을 죄짓게 해서는 안 된다는 가르침입니다.

손이 죄짓게 하거든 손을 자르라고 하십니다. 발이 죄짓게 하거든 발도 잘라 버리라고 하십니다. 무서운 말씀입니다. 그렇다고 손과 발을 정말 잘라야 하는지요? 그건 아닙니다. 그렇게 해서는 안 됩니다. 그건 광신입니다. 스승님의 말씀은 '손에 해당되고 발에 해당될 만큼' 귀하고 절실한 것일지라도 남을 죄짓게 하는 일이라면 피하라는 말씀입니다. 상대가 아무리 하찮게 보이더라도 과감히 돌아서라는 말씀입니다.

우리는 본질적으로 완벽한 사람이 아니라 부족한 사람입니다. 그런 우리가 죄를 짓지 않고 산다는 것은 참으로 어려운 일입니다. 죄는 우리의 일상사입니다. 그러기에 성령님의 이끄심을 믿으며 살아갑니다. 보속과 속죄의 정신으로 인내하며 기도합니다. 선행과 성사생활에 충실하려고 애씁니다. 은총만이 죄를 피하게 해 줍니다.

23 May

마르 10,1-12 :

"그것도 못 들어? 한물갔구먼." 아내는 무심코 말했지만 기분이 틀어집니다. 김칫독을 들려는데 움직이지 않는 겁니다. 벌써 늙었나! 헛웃음을 참고 있는 내게 아내는 그렇게 말한 것입니다. 내가 한물가면 누구 손해인데! 투덜거리며 혼자 기분을 삭입니다. 그런데 아내는 저녁 안 먹느냐고 추달합니다 속이 좋지 않다며 방에서 나오지 않았습니다. 우린 그냥 어색했습니다.

"당신은 좀 빠져." 시누이 생일날 놀러 온 아가씨 틈에 낀 내게 남편은 핀잔을 줍니다. 농담인 줄 알지만 얼굴이 굳어집니다. 억지웃음으로 자리를 떴지만 가슴에는 구멍이 뚫립니다. 매양 그렇게밖에 말할 수 없나! 한마디 쏘아 주고 싶었지만 그러면 더 비참해질 것 같아 입을 다뭅니다. 이렇게 살아도 되는 것인지요?

권태기의 부부를 묘사해 본 글입니다. 성격 차이로 이혼한다는 말을 듣습니다. 그러나 이혼과 성격 차이는 무관합니다. 헤어짐의 진짜 이유는 사랑의 감정이 고갈되었기 때문입니다. 부부의 사랑은 상대방을 헤아리는 능력입니다. 남편은 아내를, 아내는 남편을 성장시키며 살아가야 합니다. 그래야 애정이 식지 않습니다. 복음 말씀은 그런 삶을 살라는 주님의 당부입니다.

24 May

마르 10,13-16 :

예수님께서는 어린이와 같이 되라고 하십니다. 어른인 우리가 어떻게 어린이가 될 수 있을는지요? 불가능한 일입니다. 그렇지만 '어린이와 같이'는 될 수 있습니다. 어린이는 도움 없이는 못 삽니다. 어릴수록 더합니다. 갓난아이에게 엄마가 없다는 것은 치명적입니다. 육체뿐만 아니라 정신적 성장에도 영향을 끼칩니다.

이런 어린이처럼 하느님 없이는 살 수 없는 존재가 되라는 말씀입니다. 엄마와 함께 있는 어린이가 편하듯 주님과 함께 있으면서 행복해지라는 말씀입니다. 그런 느낌과 감정을 체험하라는 것입니다. 어린이처럼 되라고 해서 '툭하면 토라지고 응석 부리라'는 것이 아님을 우리는 알고 있습니다.

어린이처럼 살기 위해서는 단순해야 합니다. 현실의 삶은 너무 바쁘고 복잡합니다. 예전에는 단순했던 것조차 그렇게 바뀌고 있습니다. 잘 사는 것과 바쁘게 사는 것은 전혀 다른 문제입니다. 그런데도 그렇게 살아야 잘 사는 것인 줄 착각합니다. 노력 없이는 단순한 삶이 불가능합니다. 핵심을 보는 훈련과 절제를 갖추어야 가능해집니다. 어린이가 엄마를 의지하듯 하느님을 의지하며 살아가면 그런 은총이 주어집니다.

25 May — 그리스도의 성체 성혈 대축일

'그리스도의 성체 성혈 대축일'은 중세부터 시작된 신심 운동의 결과다. 1849년 교황 비오 9세에 의해 공적 축일이 되었고 7월 첫 주일에 지내도록 했다. 제2차 바티칸 공의회에서 삼위일체 대축일 다음 목요일이나 일요일에 지내게 했고 우리나라는 일요일로 정했다. 1985년 교황 요한 바오로 2세는 주님 수난 성지 주일을 '세계 젊은이의 날'로 제정했다. 우리나라는 1989년부터 5월 마지막 주일을 이날로 지내고 있으며, 1993년부터는 '청소년 주일'로 이름을 바꾸었다. 1995년부터는 이날을 '생명의 날'로 함께 지내고 있다.

요한 6,51-58 :

먹지 못하면 힘을 못 씁니다. 육체뿐만 아니라 영혼도 마찬가지입니다. 영적 에너지가 결핍되면 누구나 공허해집니다. 어린이에게는 그것이 애정입니다. 사랑을 못 받으면 바른 성장이 힘들어집니다. 어른인 우리에게는 주님의 은총입니다. 그분의 이끄심이 있어야 삶이 평온해집니다.

성체성사 안에 주님의 이끄심이 있습니다. 합당한 준비로 성체를 모시면 어떤 형태로든 이 은총을 만납니다. 그러므로 영성체는 힘입니다. 영혼에 생기를 주는 '살아 있는 에너지'입니다. 성체를 자주 모시면 그만큼 하느님의 힘을 가까이하는 것이 됩니다. 어떤 두려움과 불안 앞에서도 떳떳해질 수 있습니다.

박해 시대에는 성체를 모시기 전날부터 아무것도 먹지 않았다고 합니다. 그만큼 엄하게 성체 모실 준비를 했던 것입니다. 지금은 '한 시간 전'으로 완화되었습니다. 음식을 먹느냐 안 먹느냐가 중요한 것은 아닙니다. 그런 행위를 통한 마음의 준비가 본질입니다.

우리는 역사 안에 오셨던 예수님을 만날 수는 없습니다. 그러나 성체성사를 통해 그분의 힘을 만날 수는 있습니다. 신앙생활을 통해 그분의 기적과 사랑을 깨달을 수 있습니다. 이것을 묵상하라는 것이 '그리스도의 성체 성혈 대축일'에 담긴 교훈입니다.

26 May

성 필립보 네리 사제 기념일

성 필립보 네리 사제는 이탈리아 중부 도시 피렌체에서 태어났다. 한때 사업가가 되려 했지만 수도 생활로 마음을 굳히며 로마로 갔다. 그곳에서 젊은이와 가난한 이들을 위해 헌신하다 36세의 늦은 나이에 사제가 되었다. 이후 유명한 고해 신부가 되었고 1564년 '오라토리오 수도회'를 세웠다. 뛰어난 영적 지도로 많은 이들의 추앙을 받았다. 1622년 시성되었다.

마르 10,17-27 :

　복음 말씀은 재물에 대한 가르침입니다. 하루라도 생각에서 떠나지 않는 것이 재물입니다. 어떤 이에게는 삶의 목적이고 생명만큼 소중한 것이기도 합니다. 그런 재물을 많이 가진 청년이 주님을 만났습니다. 스승님은 그를 제자로 부르십니다. 하지만 청년은 망설입니다. 재물이 많았던 것입니다.

　예수님께서는 그에게 재물을 나누어 준 뒤에 오라고 하십니다. 그 말씀이 그를 절망하게 만듭니다. 재물을 나누는 것이 억울해서 그랬을까요? 그건 아닙니다. 재물에 대한 애착이 청년을 붙잡은 것은 아닙니다. 젊은이를 붙잡은 것은 재물에 대한 생각이었습니다. 그는 재물의 위력을 알고 있었습니다. 재물의 힘이 예수님의 힘보다 강하다고 생각했습니다.

　그러기에 주님께서는 재산을 나누어 준 뒤에 오라고 하신 겁니다. 재물에 대한 생각을 바꾸라는 말씀이었습니다. 그러나 그는 바꿀 수가 없었습니다. 예수님과 함께 재물의 위력도 소유하고 싶었던 것입니다. 재물의 힘이 하느님의 힘보다 강하다고 믿는 한, 구원은 어렵습니다. 그러기에 예수님께서는 낙타가 바늘구멍을 통과하는 것이 더 쉬울 거라고 하신 겁니다. 그만큼 어렵다는 표현입니다.

27 May

마르 10,28-31 :

안토니오 형제는 젊은 공소 회장입니다. 면 소재지에서 사진관을 운영합니다. 아무리 바빠도 주일이면 예절을 인도합니다. 한 달에 한 번 미사를 집전하시는 신부님을 안내하고 식사도 함께 합니다. 가끔은 그가 밥값을 냅니다. 노인들이 많은 공소에서 그는 40대의 젊은이입니다. 어느 날 부인과 싸웠다며 도움을 청했습니다. 냉전 중에 있는 아내를 다독거려 달라는 것이었습니다. 싸움의 원인은 친구였습니다.

어느 날 친구가 찾아와 동생이 사업에 실패해 돈이 필요하다며 과수원을 사 달라고 했습니다. 복덕방에 알렸더니 너무 싼값을 요구해 억울하다는 것이었습니다. 안토니오는 점포를 담보로 돈을 빌려 과수원을 샀습니다. 아내가 알면 복잡해지니까 몰래 했다는 겁니다. 하지만 곧 아내가 알게 되었고 안토니오 형제는 낭패를 당했습니다.

정확하게 5년 뒤 저는 그 본당을 떠나 다른 본당에 있었습니다. 그런데 어느 날 안토니오 형제 부부가 찾아왔습니다. 과수원 인근에 공단이 조성되어 땅의 일부가 편입되면서 보상금을 받았다는 겁니다. 너무 많은 금액이라 두렵다고 했습니다. 축복 앞에서 경외심을 지니면 겸손을 잃지 않습니다. 겸손한 사람은 계속해서 하늘이 지켜 줄 것입니다. '복음 정신으로 살면 박해도 있지만 그만큼의 보상도 있다.' 안토니오 형제 부부는 성경 말씀을 체험한 사람들입니다.

28 May

마르 10,32-45 :

예수님은 섬기는 사람이 되라고 하십니다. 그러나 우리는 섬길 줄 모르기에 섭섭한 감정을 지닙니다. 섬기려고만 하면 손해 본다는 생각이 앞섭니다. 그런 삶이 기쁠 리 없습니다. 남을 섬기면 하늘이 도와줍니다. 하늘의 섬김을 받습니다. 체험해 본 사람은 압니다. 하늘이 돌봐 주면 두려울 것이 없습니다. 그런데도 사람들은 외면합니다. 운명을 바꿀 수 있는 일이건만 깊이 생각하지 않습니다. 섬기는 문제에 있어 우리는 분명 소경입니다.

섬겨야 할 사람이 많은 것도 아닙니다. 가까운 가족부터 섬기면 됩니다. 도움을 준 사람들을 섬기면 됩니다. 출세를 위한 억지 섬김이 아니라 사랑으로 하는 섬김입니다. 그런 섬김이어야 축복이 옵니다.

제베대오의 두 아들은 훗날 요한과 야고보 사도가 됩니다. 그들은 스승님의 죽음을 종말로 받아들입니다. 예수님께서 왕이 되는 새로운 나라가 곧 오는 것으로 착각합니다. 그래서 스승님의 오른쪽과 왼쪽에 앉게 해 달라고 청합니다. 어이없는 청원이건만 스승님께서는 조용히 설득하십니다. 아직은 믿음의 사람이 아님을 아셨기 때문입니다. 섬김을 받고 싶은 것은 인간의 본능입니다. 그러므로 내가 먼저 다가가 섬겨야 합니다. 가족 안에서 먼저 실천해야 합니다.

29 May

마르 10,46-52 :

"다윗의 자손 예수님, 저에게 자비를 베풀어 주십시오." 소경 바르티매오는 외칩니다. 자비를 청하는 그의 외침이 얼마나 애절한 것인지 우리는 모릅니다. 눈으로 볼 수 없는 세상, 아무것도 보이지 않는 장님의 심정을 어떻게 상상할 수 있을는지요? 보이지 않는 순간은 답답합니다. 그것을 영원히 지속해야 하는 그의 운명은 분명 십자가입니다. 우리가 생각하는 것 이상으로 아프고 무거운 십자가입니다.

바로 그러한 십자가를 지고 있는 바르티매오가 예수님의 소문을 듣고 희망을 가집니다. '혹시 그분이라면 눈을 뜨게 해 주실지 몰라.' 그는 희망을 믿음으로 바꾸며 애절하게 매달렸습니다. 그리고 마침내 그분의 음성을 들었습니다. "가거라. 네 믿음이 너를 구원하였다." 얼마나 놀라운 말씀인지요? 지난 세월, 한 남자를 가두었던 어둠이 이 한 말씀으로 사라지다니!

눈을 뜬 그는 평생 말씀을 가슴에 새기며 살았을 것입니다. 그리고 만나는 사람 모두에게 이렇게 말했을 것입니다. "예수님을 믿고 그분께 바라면 무엇이든 이루어질 수 있습니다." 바르티매오의 이 감동에 우리도 동참해야 합니다. 그의 놀라움을 이해하고 공감할 수 있어야 합니다. 그래야 그에게 내려졌던 은총이 얼마나 위대하고 따뜻한 것인지 깨달을 수 있습니다.

30 May

예수 성심 대축일

예수 성심 대축일은 성체성사와 연관되어 있기에 '그리스도의 성체 성혈 대축일' 다음 금요일에 지낸다. 예수 성심에 대한 공경은 중세 때부터 일반화되었고 1856년 정식 축일이 되었다. 이후 서방 교회 전례력에 도입되었고 제2차 바티칸 공의회를 통해 의무 축일이 되었다. 1995년 한국 천주교 주교회의는 예수 성심 대축일을 '사제 성화의 날'로 정하였다.

마태 11,25-30 :

어느 집에 딸이 태어났습니다. 아버지는 마당에서 잘 보이는 동편에 오동나무를 심었습니다. 딸이 걷기 시작하자 아버지는 싹이 터 어느 정도 자란 오동나무를 잘라 버립니다. 아내는 그런 남편이 이상했습니다. '그럴 바에야 심지를 말지!'

그러나 오동나무는 다시 자랐습니다. 잘려 나간 자리에 싹이 돋고 하늘을 향해 손을 벌렸습니다. 딸이 초등학교에 입학했을 때 아버지는 오동나무를 또 잘랐습니다. 아내는 그런 남편이 이상했지만 너무 진지한 모습에 입을 닫았습니다. 그런데 이번에도 오동나무는 아무렇지 않다는 듯 하늘을 향해 자라기 시작했습니다.

23살에 딸은 시집을 가게 되었습니다. 그때 아버지는 딸의 나이와 똑같은 그 오동나무를 완전히 잘랐습니다. 그리고 시집갈 딸의 장롱을 만들어 주며 말했습니다. "애야, 두 번씩 잘라 준 다음 자란 오동나무야말로 진정 단단한 재목이란다. 이러한 고통의 과정을 거치지 않고 자란 나무는 속이 비어 좋은 재목이 될 수 없단다."

자식은 부모의 고통을 먹을 때 성숙해집니다. 부모의 아픔을 먹고 자란 자식은 빗나가지 않습니다. 나이가 든다고 저절로 성숙해지는 것은 절대로 아닙니다. 신앙생활 역시 마찬가지입니다. 십자가를 지지 않으면 예수님의 마음을 알 수 없습니다.

31 May — 복되신 동정 마리아의 방문 축일

복되신 동정 마리아의 방문 축일은 루카 복음서(1,39-56)의 기록에 의해 생겨났다. 13세기 중엽 프란치스코 수도회에서 기념하기 시작했고 14세기 말부터 로마 전례력에 들어와 의무 축일이 되었다. 5월 31일을 축일로 정한 것은 주님 탄생 예고 대축일(3월 25일)과 성 요한 세례자 탄생 대축일(6월 24일) 사이에 기념하기 위해서였다. 그런 이유로 성모 성월(5월) 마지막 날이 선택된 것이다.

루카 1,39-56 :

마리아께서는 친척 엘리사벳을 방문하십니다. 석 달가량 함께 머물며 말씀을 나누십니다. 엘리사벳 역시 기적의 아이를 가졌기 때문입니다. 마리아께서는 예수님의 잉태를 알게 된 순간부터 엘리사벳을 떠올렸을 것입니다. 그와 함께 벅찬 마음을 나누고 싶었을 것입니다.

두 사람의 대화는 감사와 찬양입니다. 루카 복음서가 전해 주는 '마리아의 노래'가 그것입니다. 특별히 비천한 이를 높이시는 하느님을 찬양하고 있습니다. 사실 두 분은 무명의 시골 여인입니다. 궁중의 여인도 아니고 부잣집 따님도 아닙니다. 신분과 지위에서 보통 사람들이었습니다. 그렇지만 위대한 성경의 여인이 되셨습니다. 기적으로 어머니가 되었기 때문입니다.

누구에게든 어머니가 된다는 사실은 위대한 일입니다. 고귀한 신분으로 바뀌는 일입니다. 주님께서 하시는 일입니다. 그러므로 남겨진 일은 신분에 어울리게 사는 일입니다. 그것은 성모님처럼 주님의 위대하심을 알리고 노래하는 일입니다. 오늘날 사회는 갈수록 '능력 있는 어머니'를 원하고 있습니다. 그러나 정작 필요한 사람은 '거룩한 어머니'입니다. 똑똑하고 재주 많은 어머니보다 열심하고 신심 깊은 어머니들이 필요한 시대입니다.

365일 복음 묵상 **가해**

6월

6월은 예수 성심 성월이다. 예수님의 마음을 묵상하는 달이다. 그분의 어떤 마음을 묵상할 것인가? 사람을 사랑하는 마음이다. 잘난 사람이든 못난 사람이든 애정으로 받아 주시는 주님의 마음을 묵상하는 달이다. 살다 보면 좋은 사람은 가까이하고 싫은 사람은 멀리하게 된다. 좋은 사람의 기준도 자신이 정한다. 마음에 들면 좋은 사람이고 마음에 들지 않으면 싫은 사람이 된다. 그러나 예수님께서는 그렇게 하지 않으셨다. 모두를 받아 주셨고 누구나 가까이 오기를 바라셨다.

예수 성심에 대한 신심은 중세 때 수도자들을 통해 시작되었다. 이후 16세기가 되면서 대중성을 띠었고 교회 전반으로 퍼져 나갔다. 1674년에는 프랑스 수녀였던 '마르가리타 마리아 알라코크'에게 예수님께서 나타나시어 메시지를 남기신다. 이 발현 사건은 예수 성심 공경의 공적 계기가 되었다.

1765년 교황 클레멘스 13세는 예수 성심의 공적 공경을 허락했고 1856년 비오 9세는 예수 성심 축일을 '전 세계 축일'로 확대하였다. 1899년 레오 13세는 인류를 예수 성심께 봉헌하였고, 축일이 정해진 지 100주년이 되는 1956년에는 비오 12세 교황이 예수 성심 공경의 신학적 근거를 제시한 회칙을 반포하며 예수 성심 공경을 더욱 권장하였다.

1969년 전례 개혁에서는 예수 성심 축일을 '대축일'로 정했고 '그리스도의 성체 성혈 대축일'이 지난 뒤의 금요일에 지내게 했다.

01 June

마태 7,21-27 :

"주님, 주님!" 한다고 하늘나라에 가는 것은 아니라고 합니다. 주님을 위한 일도 '그분의 뜻'을 우선으로 여기라는 말씀입니다. 내 취향이 아니라 그분 취향에 코드를 맞추라는 말씀입니다. 사람들은 자기 생각대로 삽니다. 교회에서도 자기 판단대로 봉사합니다.

마지막 날에 그런 이들은 이렇게 항의할 것입니다. "주님, 저희가 주님의 이름으로 예언하고, 주님의 이름으로 마귀를 쫓아내고, 주님의 이름으로 기적을 베풀지 않았습니까?" 놀랍게도 그분의 답변은 차갑습니다. "나는 너희를 알지 못한다. 내게서 물러가라." 당신 뜻과 일치하지 않았기에 모른다고 하신 것입니다.

그분의 뜻은 애매하지 않습니다. 추상적이지도 않습니다. 예수님의 마음이 아버지의 마음이기 때문입니다. 예수님께서는 업적을 보지 않으셨습니다. 사랑을 보셨습니다. 결과보다는 과정을 보셨습니다. 열정을 가진 마음을 보셨지 돌진하는 추진력을 보신 것이 아니었습니다.

주님의 일에는 '과정이 따뜻해야' 합니다. 애정으로 해야 합니다. 그러면 그분께서 함께하십니다. 그러므로 '사랑의 삶'이 반석 위에 집을 짓는 행위입니다. 영적 생활도 성장하기 마련입니다. 예수님을 닮으려고 할 때 성장이 가능해집니다.

02 June

마르 12,1-12 :

소작인들은 겁이 없습니다. 소작료를 내기는커녕 받으러 온 주인 쪽 사람들을 해칩니다. 나중에는 주인의 아들이 왔지만 그마저 살해하고 시신을 아무렇게나 버립니다. 있을 수 없는 일입니다. 그런 일에 분노하지 않을 사람이 어디 있겠습니까?

그런데도 주인은 인내합니다. 소작인들의 무분별을 참아 줍니다. 주님의 모습입니다. 유다인과 이방인을 구별한 주체는 이스라엘이었지 주님이 아니었습니다. 신앙인과 비신앙인의 구별도 교회의 법 개념입니다. 하느님께는 그런 구분이 소용없습니다. 모든 인간은 그분 앞에서 사랑받는 자녀일 뿐입니다.

사랑 앞에서 하느님은 일면성을 지니셨습니다. 베풀기만 하는 분이십니다. 하지만 인간은 이중적입니다. 두 얼굴로 사랑을 대합니다. 좋으면 달려가고 싫으면 돌아섭니다. 그러기에 사랑과 미움, 배신과 뉘우침을 반복하며 살아갑니다. 한결같이 믿고 사랑하려는 자세야말로 하느님을 닮는 행위입니다.

주님께서는 계산하지 않으셨습니다. 그토록 배은하는 소작인이었지만 사랑으로 기다려 주셨습니다. 우리가 정직한 마음으로 그분 앞에 선다면 '사랑하는 마음'을 다시 주실 것입니다. 계산하지 않고 순수하게 사는 방법을 알려 주실 것입니다.

03 June

성 가롤로 르왕가와 동료 순교자 기념일

성 가롤로 르왕가와 동료들은 아프리카 우간다의 순교 성인들이다. 이곳에는 19세기 말에 그리스도교가 전파되었다. 왕궁에서 일하던 르왕가는 그리스도교를 박해하는 왕조가 들어서자 체포되어 배교를 강요당했다. 끝까지 굴하지 않던 그는 1886년 6월 3일 동료 18명과 함께 순교하였다. 이미 처형되었던 3명의 순교자와 함께 1964년 10월 18일 교황 바오로 6세에 의해 시성되었다.

마르 12,13-17 :

카이사르는 기원전 100년경에 등장했던 로마의 군인입니다. 유럽 전역을 정복한 그는 최고 실력자가 되어 모든 문물과 제도를 정비합니다. 그가 죽자 로마인들은 그를 신격화합니다. 이후 황제들은 카이사르처럼 살려고 했고 신(神)으로 대접받고 싶어 했습니다.

바리사이들은 예수님께 황제의 얼굴이 새겨진 동전을 보이며 세금을 바치는 것이 옳은 일인지 질문합니다. '황제의 얼굴이 새겨진 동전'에서 그들은 우상 숭배의 흔적을 보았던 것입니다. 더구나 그 돈으로 적대 관계인 로마에 세금을 내야 했기에 질문 속에는 칼날이 숨겨져 있었습니다.

하지만 예수님의 답변은 단순합니다. "돈의 주인이 황제라면 돈은 황제에게 돌려주어라. 그러나 마음까지 주어서는 안 된다." 마음의 주인은 하느님이니, 마음은 하느님께 돌려야 한다는 가르침입니다.

오늘날 우리 주위에는 돈과 물질에 몸과 마음을 빼앗긴 채 살아가는 사람들이 너무 많습니다. 그런 삶이 길어지면 영혼은 마비됩니다. 나중에는 돈이 없으면 죽는다고 생각합니다. 멀쩡히 살아 있는데도 죽었다는 생각에 사로잡힙니다. 돈과 물질도 주님께서 주시는 선물이라고 생각해야 합니다.

04 June

마르 12,18-27 :

아들 없이 죽은 형에게 동생이 대를 이어 주는 풍습은 동서양에 걸쳐 발견됩니다. 그만큼 고대 사회는 남성 중심이었습니다. 더구나 이스라엘이 속한 지역은 유목민 사회였습니다. 그들은 초원을 따라 끊임없이 이동했고 물과 풀밭이 부족하면 남의 영역을 침범해야 했습니다. 싸움은 일상사가 되었습니다. 자연히 남자가 필요했고 그 영향은 점점 커져 갔습니다.

사두가이들은 유다인의 지식층에 속합니다. 그들은 예수님의 가르침에 지적 우월감으로 접근합니다. 자식 없이 죽은 형을 위해 여섯 동생이 형수와 관계를 가졌다면 부활 후 어떻게 되겠냐고 질문한 것입니다. 질문 자체가 비논리적이며 유치합니다. 그렇지만 예수님께서는 그들의 불손함을 받아 주며 부활에 대한 가르침을 남기셨습니다.

몸의 부활은 '전혀 다른 모습'으로 이루어진다는 교훈입니다. 그러기에 장가드는 일도 시집가는 일도 없다는 표현을 쓰셨습니다. 저세상에는 인간의 상상을 뛰어넘는 계획이 있다는 암시입니다. 부활은 인간의 지식에 속하지 않습니다. 부활은 깨달음이며 은총입니다. 순수함으로 다가갈 때만 주어지는 은총입니다. 어설픈 지식은 오히려 방해가 됩니다.

05 June

성 보니파시오 주교 순교자 기념일

보니파시오 성인은 7세기 영국 귀족 가문에서 태어나 수도원에서 교육받았다. 30세에 사제가 되어 교육자와 설교가로 살았다. 43세에 선교사가 된 그는 독일 라인강 동쪽에 사는 이교도들에게 갔다. 그곳에서 최초로 수도원을 설립하며 많은 이들에게 세례를 베풀었다. 이후 주교가 되었고 독일 전역에 수도원을 세워 선교 활동의 모체가 되게 했다. 79세 때 이교도들의 급습을 받아 살해되었다. 1874년 비오 9세 교황에 의해 시성되었다.

마르 12,28-34 :

'야훼 하느님을 사랑하는 것'은 이스라엘 사람들의 운명이었습니다. 그렇지만 어떤 행동이 사랑의 실천인지는 늘 아리송했습니다. 답을 제시했던 사람들이 율법 학자들입니다. 그들은 계명을 지키는 것과 하느님을 사랑하는 것을 동일 선상에 두었습니다.

마음과 목숨과 힘을 다해 율법을 지키면 그만큼 하느님을 사랑하는 것이라고 가르쳤습니다. 완벽하게 율법을 지킬수록 완벽하게 주님을 사랑하는 것이 된다는 주장입니다. 이런 이유 때문에 유다인들은 철저하게 율법에 매달리며 살았습니다.

예수님께서 이 주장을 반대하신 것은 아닙니다. 오히려 부족한 부분을 보완하셨습니다. 하느님을 사랑하듯 사람도 사랑해야 된다는 가르침입니다. 정성으로 율법을 지키듯 온몸으로 사랑하라는 당부입니다. 그러기에 복음의 율법학자는 '이웃을 자신처럼 사랑하는 것'이 모든 번제물과 희생 제물보다 낫다고 고백합니다.

사랑의 계명은 이렇듯 위대합니다. 하지만 힘이 듭니다. 모든 사람을 다 사랑할 수도 없는 일입니다. 은혜를 베풀어 준 사람부터 먼저 기억하며 다가가야 합니다. 그것이 '사랑하는 일'의 순서입니다. 사랑은 본질적으로 어려운 일입니다. 쉽다고 여겼다면 안이한 자세입니다. 그러기에 '마음과 목숨과 정신과 힘'을 다하라고 하신 것입니다.

06 June

마르 12,35-37 :

    다윗은 이스라엘의 전설적인 인물입니다. 그의 통치 때는 인근 민족이 감히 넘보지 못했습니다. 그만큼 막강한 군사력이 있었습니다. 다윗 치세의 이스라엘은 언제나 강대국과 어깨를 나란히 했습니다. 늘 식민지의 백성으로 살던 이스라엘에게 다윗은 정신적 구심점이며 희망이었습니다. 자연 그의 업적은 화려하게 후손들에게 전해졌습니다.

  율법 학자들은 장차 올 메시아까지도 다윗 가문임을 내세워 다윗 숭배에 빠져 있었습니다. 하지만 예수님께서는 시편을 근거로 다윗도 평범한 이스라엘의 한 사람임을 지적하십니다. 다윗을 깎아내리려는 것이 아니었습니다. 인간적 지식에 매달려 있던 유다인들의 어리석음을 지적하려는 것이었습니다.

  어떤 사람도 주님 앞에서는 위대하지 않습니다. 어느 누구도 주님 앞에서는 위대할 수 없습니다. 더구나 '자리나 업적' 때문에 위대하다고 판단해서는 안 됩니다. 그것은 우리의 생각일 뿐입니다. 주님 앞에서 인간의 '지위나 행적'은 보잘것없는 것에 불과합니다. 그러니 '지적 교만'만큼 어리석은 것은 없습니다. 진정 위대한 사람은 주님께서 인정하시는 사람입니다. 그분의 가르침을 겸손하게 받아들이고 실천하는 사람입니다.

07 June

마르 12,38-44 :

누구에게나 돈은 귀중한 것입니다. 그 귀중한 돈을 교회에 바치는 것이 헌금입니다. 신앙 없이 가능할는지요? 믿음이 없으면 헌금이 되지 않습니다. 어쩔 수 없이 바치는 공납금이지 헌금은 아닙니다. 교회를 사랑하고 하느님을 사랑하기에 헌금하는 것이지요. 그래서 정성을 담습니다. 정성과 함께하기에 올바른 헌금이 되고 있습니다. 복음의 예수님께서도 과부의 정성을 보셨던 것입니다.

하지만 여인의 헌금은 무모합니다. 생활비를 바치면 어떻게 살아갈 수 있겠습니까? 그런데도 여인은 바쳤습니다. 그만큼 하느님을 믿고 신뢰한다는 자세입니다. 자신이 바칠 수 있는 것이라면 무엇이든 드리겠다는 각오입니다. 여인의 정성이 행동으로 나타난 셈입니다.

단순하게 생활비를 바쳤다는 사실에만 집착해서는 안 됩니다. 왜 바쳤는지 그 동기를 생각해야 합니다. 그녀의 헌금은 믿음과 신뢰의 표현이었습니다. 그러기에 주님은 눈여겨보셨습니다. 이렇듯 헌금의 정성은 마음 자세입니다. 얼마나 많이 바치는가가 아닙니다. 어떤 돈을 바치는가도 아닙니다. '얼마만큼 정성을 담아 바치는가?' 이것이 중요합니다. 오늘 복음의 숨은 교훈입니다.

08 June

마태 9,9-13 :

예수님께서는 세리를 부르십니다. 사람들이 죄인이라 생각하고 있던 세리를 부르십니다. 그가 마태오입니다. 그의 집에서 식사하는 모습을 보고 사람들은 수군거립니다. "로마에 빌붙어 동족을 괴롭히는 사람과 식사를 하다니!" 신심 깊은 바리사이들은 개탄하며 항의합니다.

'세리가 어찌하여 죄인이란 말인가?' 예수님의 행위에는 무언의 항변이 있습니다. 사람들의 판단에 개의치 않으시는 모습입니다. 실제로 어떤 사람이 죄인이겠습니까? 하느님만이 아실 수 있는 일입니다. 그러니 '죄와 연관된 신앙'은 올바른 모습이 아닙니다. '은총과 연관되어야 올바른 신앙'이 됩니다. 얼마나 죄 짓지 않고 사는가! 이것은 중요하지 않습니다. 얼마나 은총을 소중히 여기며 살고 있는가! 이것이 중요합니다.

누구나 죄를 경험합니다. 누구나 은총을 체험합니다. 죄라는 것을 알면서도 피하지 못했고 은총인 줄 알면서도 당연한 것으로 여겼습니다. 그러면서 기도하고 신앙생활을 해 왔습니다. 도움을 청하고 축복을 빌어 왔습니다. 죄인이란 생각에서 떠나 본 날이 몇 번이나 되는지요? 언젠가는 죄의 그늘을 벗어나야 하지 않겠습니까? '은총 중심의 신앙'으로 빨리 전환하라는 것이 복음의 가르침입니다.

09 June

마태 5,1-12 :

참된 행복의 첫 번째 조건은 '마음의 가난'이었습니다. 어떤 마음이 그런 마음이겠습니까? 욕심 없는 마음일는지요? 그럴지도 모릅니다. 하지만 마음에 욕심이 없다고 해서 모두가 행복해지는 것은 아닙니다. 행복에도 어느 정도의 욕심은 필요합니다.

그러므로 가난한 마음은 '자유로운 마음'입니다. 돈과 물질에 매이지 않는 마음입니다. 사상이나 이념에서도 자유로워야 합니다. 명예와 권력에도 붙잡히지 말아야 합니다. 지난날의 실수와 잘못에서도 홀가분해야 합니다. 한순간이라도 이런 마음이 되면 '가난한 마음'은 깨달아집니다.

그리스도교의 가난은 무소유가 아닙니다. 가난을 위해 '아무것도 가지지 말라'는 것이 아닙니다. 오히려 '많은 것을 소유'하게 합니다. 하지만 집착하지 말 것을 당부합니다. 재산과 물질을 소유하되 그것의 노예가 되지 말라는 가르침입니다. 사람과의 관계 속에 살지만 누구에게도 매이지 말라는 당부입니다. 그런 사람이 '가난한 마음'의 소유자입니다.

하느님께서는 가난한 마음이기에 채워 주십니다. 자유로운 마음이기에 주님께서 함께하십니다. 그분께서 채워 주시고 그분의 힘이 떠나지 않는데 어찌 행복하지 않을 수 있겠습니까? '가난한 마음' 자체가 행복의 조건은 아닙니다. 그 마음에 주님께서 함께하시기에 행복한 것입니다.

마태 5,13-16 :

"너희는 세상의 소금이다. 소금이 제맛을 잃으면 무엇으로 다시 짜게 할 수 있겠느냐?" 명언 중의 명언입니다. 무슨 설명을 더할 수 있을는지요? 모든 것은 사족蛇足일 뿐입니다. 그러니 중요한 것은 소금으로 남는 일입니다. 썩지 않는 사람으로 사는 것이 소금으로 남는 일입니다.

어느 시대건 부패는 있었습니다. 교회 안에도 있었습니다. 초대 교회가 끝나고 로마의 박해가 종식되자 출세를 노린 '어중이떠중이'들이 교회 안으로 대거 들어옵니다. 그리스도교가 로마 제국의 국교로 선언되었으니 신자가 되어야 출세할 수 있었기 때문입니다. 그 속에는 성직자를 지향하는 이들도 많았습니다. 결과는 어둠과 혼란일 수밖에 없습니다. 이렇게 해서 중세 교회의 부패가 시작되었던 것입니다.

예수님께서는 지도자들의 어리석음을 보시고 이 말씀을 남기신 겁니다. '앞서 가는 자들이 올바르게 걷지 않으면' 더 이상 앞선 사람이 아니라는 말씀입니다. 우리는 어떠합니까? 오랫동안 신앙생활을 해 왔지만 아직도 흔들리고 있는 것은 아닌지요? 삼밭에 쑥대라고 했습니다. 우리가 바르게 걸어야 자녀들도 그렇게 걸어갑니다.

11 June

성 바르나바 사도 기념일

성 바르나바는 열두 제자가 아닌데도 사도로서 인정받은 분이다. 그는 키프로스 태생으로 유다교에서 개종했다. 자신의 전 재산을 초대 교회에 봉헌했고 예루살렘 공동체에서 살았다. 그는 안티오키아 교회에 파견되어 그곳 공동체를 돌보았고 사도 바오로가 초대 교회에 정착하는 데 결정적인 역할을 했다. 전승에 의하면 키프로스 교회를 세웠고 살라미스에서 돌에 맞아 순교하였다.

마태 10,7-13 :

예수님께서는 제자들을 파견하시며 아무것도 지니지 못하게 하십니다. 왜 그랬을까요? 돈을 지니면 돈의 힘을 믿기 때문입니다. 물질을 가지면 물질에 기대기 때문입니다. 그것을 차단하신 것이지요. 누구나 역경을 만나면 아는 사람을 먼저 찾습니다. 자신이 가진 것을 먼저 활용합니다. 자연스러운 일입니다. 그런데 제자들에게는 이런 행위가 허용되지 않고 있습니다.

가진 것이 없으면 기댈 곳이 없습니다. 의지할 곳은 하느님뿐입니다. 예수님께서는 '이 생각을 염두에 두신 것이지요. 제자들은 생존 자체가 위태로워졌습니다. 기도와 처신이 애절하지 않을 리 없습니다. 그런 상황에서는 하느님의 현존도 쉽게 느껴집니다. 주님의 힘을 깨닫기에 두렵지도 않습니다. 그렇게 해서 하느님의 사람이 되어 갑니다.

삶이 풍족하면 쉽게 자만해집니다. 신앙생활이 느슨해지고 기도는 게을러집니다. 그러다가도 하는 일에 브레이크가 걸리면 기도 생활이 달라집니다. 이것이 인간입니다. 구약 성경 안에서 수없이 만나는 이스라엘의 태도입니다. 그러기에 주님께서는 끝없는 시련으로 그들을 정화시키셨습니다. 하느님의 개입이 없었더라면 이스라엘은 역사에서 사라졌을 것입니다. 제자들에게 엄격한 통제를 가하신 것도 같은 맥락입니다.

12 June

마태 5,20-26 :

"너희의 의로움이 율법 학자들과 바리사이들의 의로움을 능가하지 않으면 하늘나라에 들어가지 못할 것이다." 예수님의 말씀입니다. 그렇다고 율법 학자들과 바리사이들이 의롭지 못한 것은 아닙니다. 그들 역시 의롭게 살았습니다. 하지만 예수님의 의로움과는 달랐습니다.

그들은 늘 반대하며 등장합니다. 긍정보다는 부정에 익숙해져 있습니다. 약자들의 입장은 별로 고려하지 않습니다. 자신들은 정의를 주장하지만 공감을 얻지 못합니다. 오히려 율법에 매달린 사람으로 비춰집니다. 우리에게까지 답답함이 느껴집니다. 그러기에 예수님은 그들의 의로움을 능가하라고 하셨을 것입니다.

사람에게 육체적 나이만 있는 것은 아닙니다. '영적 나이'도 있습니다. 육체는 한 해가 지날 때마다 자동으로 한 살씩 먹지만 영적 나이는 자연의 법칙을 따르지 않습니다. 그래서 몸은 어른인데 정신은 어린이인 사람들이 많습니다.

바리사이들도 그랬습니다. 지위와 신분은 높았지만 약자를 배려할 줄 몰랐습니다. 율법에는 정통했지만 율법의 정신에는 약했습니다. 주님 보시기에는 아직도 어린이였던 셈입니다. 우리 곁에도 그런 이들이 많습니다. 신앙생활을 오래 했고 높은 지위에 있지만 영적으로는 아직도 철없이 말하고 생각하는 사람들입니다. 역사는 늘 되풀이되는 법입니다.

13 June

파도바의 성 안토니오 사제 학자 기념일

안토니오 성인은 포르투갈의 리스본에서 귀족의 아들로 태어났다. 신심 깊은 부모의 영향으로 젊은 나이에 수도자가 되었고 24세 때 사제품을 받았다. 이후 이탈리아의 파도바에 살면서 고해성사와 설교로 많은 이들을 영적 세계로 인도하였다. 평소 병약했던 그는 36세의 젊은 나이로 선종했고 이듬해 바로 시성되었다.

마태 5,27-32 :

많은 사람들은 이 '말씀의 덫'에 걸려 애를 태웁니다. 음욕을 품고 여인을 바라보는 것을 죄라고 생각하는 덫입니다. 그것이 정말 죄일까요? 그렇지 않습니다. 성적 충동은 죄가 아닙니다. 그 충동을 행동으로 옮겼을 때만 죄가 성립됩니다. 성性과 성적性的인 것은 전혀 다르지요.

그럼 예수님께서는 왜 이 말씀을 하셨을까요? 그것은 시각視覺의 점검에 있습니다. 여인을 바라보는 자신의 눈길을 돌아보라는 말씀입니다. 여인을 성적 대상으로 보지 말고 '삶의 동반자'로 보라는 말씀입니다. 아니, 생활의 반려자로 여인들을 대하라는 말씀입니다. 얼마나 많은 사람들이 이 평범한 진리와 동떨어진 생활을 하고 있는지요? 주님께서 목석과 같은 눈길을 원하시는 것은 결단코 아닙니다.

주님의 말씀은 남자에게만 해당되는 것도 아닙니다. 여성에게도 바꾸어야 할 시각은 얼마든지 있습니다. 인간은 누구나 욕망의 시각을 갖고 있습니다. 욕망과의 끊임없는 대치가 인류의 역사를 만들어 왔습니다. 그러므로 언제나 염두에 둘 것은 욕망의 시각을 '승화시키는 일'입니다. 욕심의 눈을 '사랑의 눈길'로 바꾸는 일입니다. 말씀의 깊은 뜻은 여기에 있습니다.

14 June

마태 5,33-37 :

말이 난무하는 세상은 불안한 세상입니다. 앞날이 불확실해지면 헛소문이 많습니다. 사람들이 없는 말을 만들어 내기 때문입니다. 자연스레 온갖 유언비어가 떠돌고 사회는 방향 감각을 잃어 갑니다. 독재자가 등장했을 때 우리는 이것을 체험했습니다.

그러니 정확하게 말한다는 것은 쉬운 일이 아닙니다. 정확하게 살지 않으면 불가능한 일입니다. 그러므로 정확한 삶이란 '자신의 말에 책임지는 것'을 뜻합니다. 주님께서도 "예." 할 것은 "예." 하고, "아니요." 할 것은 "아니요."라고 말하라는 명언을 남기셨습니다.

그러므로 단순하게 살아야 합니다. 단순한 삶이 되어야 가르침을 실천할 수 있습니다. 주님 역시 단순한 분이셨습니다. 사는 것이 복잡하기에 주님을 어렵게 생각하지만 그분의 가르침은 늘 쉽고 간단했습니다.

사랑하는 사람은 큰 감정으로 싸우지 않습니다. 작은 감정으로 싸웁니다. 하찮은 감정이 싸움을 일으키는 것이지요. 내 기분에 휩싸여 무심코 던지는 말이 상대를 아프게 합니다. 사랑의 표현에 무슨 맹세가 필요할는지요? 따뜻한 미소, 다정한 눈길 하나가 무엇보다도 확실한 맹세의 표현이 아닐는지요?

15 June

마태 9,36-10,8 :

 복음에 나오는 열두 사도는 초대 교회의 지도자로서 영적 능력이 뛰어난 분들이었습니다. 하지만 처음부터 그랬던 것은 아닙니다. 예수님을 만난 뒤에 그렇게 되었습니다. 그분의 제자로 살면서 변화된 것이지요. 부활의 주님을 전하면서 더욱 영적인 사람으로 바뀌어 갔던 것입니다.
 제자들이 전한 것은 하느님 나라의 선포입니다. '하느님 나라'는 "하느님의 다스림"을 뜻하는 특수 용어입니다. 세상을 지배하는 것이 돈과 권력이 아니라 하느님의 힘이라는 것입니다. 그분의 능력이 모든 것 위에 있다는 가르침입니다. 제자들은 이것을 믿었고 전했습니다. 예수님의 힘과 기적을 실제로 보았기 때문입니다.
 우리는 어떠합니까? 예수님의 힘을 보았습니까? 하느님의 다스림을 믿습니까? 질문에 대한 묵상이 복음의 가르침입니다. 예수님의 힘은 숨어 있습니다. 믿음의 눈이 아니면 볼 수 없는 모습으로 숨어 있습니다. 그러기에 사람들은 잘 모릅니다. 잘되면 자신의 능력이라고 생각하지 주님의 도우심으로 여기지 않습니다. 여간해서는 그런 생각을 하지 않습니다. 전교는 하느님의 힘을 전하는 일입니다. 그분께서 내 인생에 어떤 일을 하셨으며 어떤 영향을 주었는지를 드러내는 일입니다. 말없이 드러내는 일입니다.

16 June

마태 5,38-42 :

'십자가의 길' 14처 가운데 가장 감동적인 장면은 어디입니까? 한때는 12처인 '십자가에서 돌아가시는 예수님'이었습니다. 어떤 때는 '키레네 사람 시몬'이 예수님을 도와 십자가를 지는 장면과 '용감한 여인 베로니카'가 예수님의 얼굴을 닦는 장면이기도 했습니다.

그러데 언제부터인가 '제1처'가 감동으로 다가왔습니다. 무죄한 분께서 죄인으로 선언되는 장면입니다. 의롭고 선량한 분께서 사형 선고를 받는 모습이 마음에 남았습니다. 그분께서는 변명도 항변도 하지 않으십니다. 오히려 담담히 판결을 받아들이십니다. '삶의 억울함'을 인정하는 모습입니다. '인생의 불공평함'을 받아들이는 모습입니다.

그렇습니다. 제1처의 예수님께서는 억울함과 불공평이 어디에나 있다고 하십니다. 그러기에 우리 역시 살면서 억울함을 당했습니다. 모함도 받았고 이용도 당했습니다. 오해 때문에 멍들었던 일도 한두 번이 아닙니다. 우리는 어떻게 처신했습니까? 어쩔 수 없다며 받아들였습니까? 아니면 악쓰고 반항했는지요? 결과야 어떻든 남은 것은 상처입니다.

이제는 받아들여야 합니다. '억울함의 상처'가 십자가라는 것을 인정해야 합니다. 생각하면 가슴 떨리고 증오가 솟더라도 끌어안아야 합니다. 그러면 은총이 함께합니다. 누군가 '오른뺨을 치더라도' 눈은 흘길지언정 결국은 참아 내게 하는 주님의 은총입니다.

마태 5,43-48 :

'원수를 사랑하라'는 말씀을 어떻게 받아들여야 하는지요? 마뜩잖은 사람을 밉게 보지 말라는 말입니까? 미움은 살아가면서 누구나 경험합니다. 남이 볼 때는 별것 아닌 것 같아도 본인에게는 '마음의 문을 닫을 만큼' 큰 상처일 수 있습니다. 그런데도 무조건 용서해야 하는 것인지요?

미움은 한순간에 형성된 것이 아닙니다. 어떤 미움이라도 그렇게 되기까지는 원인과 시간이 있습니다. 세월 속에서 미움이 만들어진 것이지요. 그러니 용서도 그만큼의 시간이 필요합니다. 그만큼이 아니라면 '그 반만이라도' 있어야 합니다. 그런데 대개는 한순간에 용서하려 듭니다. 마음먹으면 용서할 수 있다고 착각하는 것이지요. 용서에 대한 무지입니다.

하느님께서는 언제라도 우리를 받아 주십니다. 우리의 잘못을 따지지 않고 받아 주십니다. 그러니 용서가 힘들 때 주님의 선하심을 기억하며 은총을 청해야 합니다. 주님께서는 착한 사람만 사랑하지 않으십니다. 모두를 자녀로 생각하십니다. 그러니 용서하는 사람은 하느님을 닮은 사람입니다. 용서하는 이에게는 '특별한 아름다움'이 주어지기에 더욱 그렇습니다.

18 June

마태 6,1-6.16-18 :

'적선하는 사람은 귀신도 두려워한다.'는 옛말이 있습니다. 그만큼 적선에는 하늘의 힘이 담겨 있다는 뜻입니다. 그런데도 옛 사람들은 불안하면 점쟁이를 먼저 찾았고 부적을 원했으며 액을 쫓는 데만 열중했습니다. 적선은 생각하지 못했던 것이지요. 이렇듯 말은 쉬워도 행동은 어려운 것이 적선입니다.

남을 돕는다고 모두 적선이 되는 것도 아닙니다. 참된 적선은 아무도 모르게 해야 합니다. 복음 말씀처럼 '오른손이 하는 일을 왼손이 모르게' 해야 합니다. 사람들은 너무 쉽게 적선을 금전과 연관 짓습니다. 돈으로 도와야 적선이 된다고 생각합니다. 하지만 아닙니다. 남을 돕는 일이 어찌 금전뿐이겠습니까?

불교의 보시布施에는 세 등급이 있다고 합니다. 첫째가 무외시無畏施입니다. 삶의 두려움을 없애 주는 것을 최고의 적선으로 봤습니다. 두 번째는 가르침을 베푸는 법시法施입니다. 제일 낮은 것이 재시財施입니다. 재물로 도우는 것을 적선의 기본으로 본 것이지요. 그러니 진정 요구되는 것은 돈과 재물이 아니라 애정입니다. 때로는 '따뜻한 말 한마디'가 강렬한 적선이 됩니다. '다정한 눈빛'이 어떤 행위보다 힘 있는 자선이 됩니다. 베풀면 반드시 은총이 옵니다. 하늘의 힘이 그와 그의 주변을 지켜 줍니다.

마태 6,7-15 :

'주님의 기도'는 언제 바쳐도 좋습니다. 어느 구절도 마음에 들지 않는 부분이 없습니다. 어린 시절에는 '우리 아버지란' 표현이 좋았습니다. 청년 시절에는 '유혹에 빠지지 않게 하시고'를 가슴에 담았습니다. 어른인 지금은 '일용할 양식을 주시고' 란 구절을 되새겨 봅니다. 옛날에는 '개인적인 양식'을 먼저 생각했지만 이제는 어려움에 처한 이웃도 떠올려 봅니다.

하느님에 관한 이론은 많습니다. 교리적인 해석 또한 다양합니다. 시대에 따라 숱한 가르침이 있어 왔습니다. 지금도 신학자들은 새로운 발표를 내놓고 있습니다. 그러나 어떤 이론도 '예수님의 표현'만큼 단순하고 정확하지 않습니다. 하느님을 아버지라고 가르치셨으니 얼마나 명쾌한 해석입니까? 아버지란 말 이상으로 하느님을 표현할 수 있는 단어가 어디에 또 있을는지요?

남은 일은 '아버지의 뜻'이 이루어지기를 바라고 노력하는 일입니다. 그것도 이 땅에서 이루어지기를 바라는 일입니다. 이 땅은 어디입니까? 내가 살고 있는 '나의 현실'입니다. 내가 책임져야 할 가족이고 나 자신이 가꾸어 가야 할 미래입니다. 그곳에 '아버지의 뜻'이 머물러 있길 늘 기도해야겠습니다.

마태 6,19-23 :

　'하늘에 쌓는 보화'는 무엇입니까? 공로입니다. 주님을 위해 애쓴 일들입니다. 사람들은 못 봐도 주님께서는 보셨던 일입니다. 참고 인내하며 절제했던 것들이지요. 사람을 의식하고 일하면 피곤합니다. 사람을 의식해 교회 일을 하면 더욱 피곤합니다. 그러나 주님을 위해 일하면 피곤하지 않습니다. 주님을 위해 교회 일을 하면 기쁨이 생깁니다. 하느님께서 주시기 때문입니다. 이것이 '하늘에 쌓는 보화'입니다.

　눈은 몸의 등불이라고 했습니다. 맑은 눈은 마음속에 빛이 있기 때문입니다. 그 빛은 하늘이 주는 기쁨입니다. 하늘의 보화가 땅의 기쁨으로 바뀐 것이지요. 어린이 역시 눈이 맑습니다. 부모의 사랑 속에 있는 탓입니다. 어른인 우리도 어린이처럼 살면 맑은 눈이 됩니다. 그러기에 주님께서도 '어린이의 마음'을 간직하라고 하셨습니다.

　주님의 눈은 맑습니다. 그러기에 사람들은 보지 못해도 그분께서는 보십니다. 화려한 겉모습을 뚫고 속내를 보십니다. 세상의 편견을 넘어 참모습을 보십니다. 그분의 눈빛을 닮아야겠습니다. 그분처럼 보기 시작하면 그런 눈빛이 됩니다. 사람을 편안하게 하는 눈빛이 됩니다. 두려움을 주는 눈은 주님을 닮은 눈이 아닙니다.

21 June

성 알로이시오 곤자가 수도자 기념일

알로이시오 곤자가 성인은 1568년 이탈리아 귀족의 아들로 태어났다. 부친은 군인이 되기를 원했지만 그는 선교사를 열망했다. 일찍부터 학문에 힘썼던 성인은 17세 때 부친의 반대를 물리치고 예수회에 입회했다. 1590년 흑사병이 유럽에 퍼지자 성인은 몸을 아끼지 않고 병자를 돌보았다. 그러나 이듬해 감염되어 6월 21일 선종하였다. 당시 23살이었다. 1726년 교황 베네딕토 13세에 의해 성인품에 올랐다.

마태 6,24-34 :

예수님은 하느님과 재물을 함께 섬길 수 없다고 하십니다. 재물에서 '하느님의 능력'을 찾지 말라는 말씀입니다. 그런데도 사람들은 여전히 '하느님의 능력'을 찾고 있습니다. 재물에 '주님의 능력'이 있는 줄 착각하고 있는 것입니다. 이 착각을 깨야 합니다.

그러기에 주님께서는 '무엇을 먹을까, 무엇을 입을까, 걱정하지 말라'고 하십니다. 의식주에 관한 두려움을 접어야 주님의 능력에 눈뜰 수 있다는 말씀입니다. 하지만 어렵습니다. 우리 삶의 태반이 의식주에 얽힌 고민인데 어떻게 털어낼 수 있을는지요?

번민은 하되 신앙인답게 하라는 말씀입니다. 걱정한다고 없는 쌀과 의복이 나오는 것은 아닙니다. 그런데도 많은 이들은 고민부터 합니다. 걱정으로 삶을 어둡게 하고 있습니다. 주님께서는 서두르지 않으십니다. 필요할 때는 주는 분이십니다. 사람인 우리가 미리 애태우고 있는 것은 아닌지 돌아보라는 말씀입니다.

언제나 하느님의 의로움을 찾으라고 하셨습니다. 주님의 의로움은 그분의 애정입니다. 들꽃을 입히시고 하늘의 새를 먹이시는 그분의 선하심입니다. 그 의로움을 기억하라는 말씀입니다. 그러니 내일 일을 너무 걱정해서는 안 됩니다. 걱정으로 자신의 앞날을 어둡게 하는 것은 주님의 뜻이 아닙니다.

22 June

마태 10,26-33 :

예수님께서는 두려워하지 말라고 하십니다. 그렇지만 두렵습니다. 사는 것이 겁나고 미래는 막연합니다. 갑작스런 사고로 쓰러지는 사람들을 봅니다. 예기치 않은 사건에 말려드는 이야기도 듣습니다. 그런 일이 나에게도 일어나지 않는다는 보장이 있을는지요?

그런데도 두려워하지 말라고 하십니다. 그렇습니다. 두려워한다고 오는 고통이 딴 데로 가는 것은 아닙니다. 사람에게는 누구나 '자기 몫의 아픔'이 있다고 했습니다. 겁내고 벌벌 떤다고 운명이 바뀌는 것은 아닙니다.

'고통은 없애 주고 불행은 오지 않게 하소서.' 이것은 어린이의 기도입니다. 어른은 그런 기도를 해서는 안 됩니다. 인생의 시련은 누구에게나 있습니다. 고통과 불행은 인간의 본질에 속하는 것들입니다. 그런데 없애 달라고 기도할 수 있을는지요? 없애 주기보다는 힘을 달라고 청해야 합니다. 어차피 내 몫으로 주어진 십자가입니다. 그분께서 힘을 주셔야 고통을 껴안을 수 있습니다. 그런 삶일 때 두려움은 더 이상 무서움이 되지 않습니다.

고통만 주는 하느님이라면 누가 아버지라 부르겠습니까? 축복만 주는 하느님이라면 어떻게 정의의 하느님이라 할 수 있겠습니까? 그러니 잊어서는 안 됩니다. '사람에겐 누구나 자기 몫의 고통과 축복이 있음을.'

23 June

마태 7,1-5 :

임금은 알고 싶어 했습니다. 나라를 다스리는 데 가장 중요한 사람은 누구이며 가장 중요한 일은 무엇인지 알고 싶어 했습니다. 왕은 은수자를 찾아 갑니다. 그러나 은수자는 왕을 보고도 하던 일을 계속합니다. 왕은 그가 일을 빨리 마치고 자신의 이야기를 들을 수 있도록 거들어 줍니다. 숲 속에서 부상자가 비틀거리며 나왔습니다. 왕은 그를 돌보아 주었고 다음 날 부상자가 자신의 정적임을 알게 되자 화해합니다.

은수자와 지내면서 왕은 스스로 깨닫습니다. '가장 중요한 사람은 이 순간, 내 앞에 있는 사람이며 가장 중요한 일은 그에게 착한 일을 하는 것이구나.' 톨스토이의 예화집에 나오는 이야기입니다.

멀리 있는 사람을 우리는 탓하지 않습니다. 매일 부딪치는 사람을 탓합니다. 모르는 사람을 심판하지 않습니다. 잘 아는 사람을 심판합니다. 서먹한 사람을 공격하지 않습니다. 친한 사람을 몰아붙입니다. 그러기에 주님께서 말씀하셨습니다. "너는 어찌하여 형제의 눈 속에 있는 티는 보면서 네 눈 속에 있는 들보는 깨닫지 못하느냐?" 사랑하는 이의 허물을 덮어 주어야 사랑이 완성됩니다.

24 June

성 요한 세례자 탄생 대축일

세례자 요한은 사제 즈카르야와 성모님의 친척 엘리사벳의 아들이다. 사막에서 은수자로 지내다 예수님을 만났고 세례 운동을 전개했다. 그는 초대 교회에서 공경받던 인물이었다. 중세에는 많은 신심 단체와 지역 교회들이 그의 전구를 바라며 수호성인으로 모셨다. 요한의 세례에 원죄의 사함은 없었다. 회개를 위한 수단이었고 회개가 목적이었다. 예수님께서는 요한의 세례를 성사로 완성시키셨다.

루카 1,57-66.80 :

세례자 요한은 준비된 분입니다. 구세주께서 오심을 알리기 위해 운명적으로 준비되어 있었던 분입니다. 탄생부터 그러합니다. 요한의 어머니 엘리사벳은 아기를 못 낳는 여인이었기에 임신을 포기한 채 살았습니다. 그러나 어느 날 천사의 예언에 따라 기적의 아기를 갖게 됩니다. 그가 요한입니다.

성모님께서 예수님을 잉태하시는 과정과 너무나 흡사합니다. 사람들은 마리아께서 어떻게 아기를 갖게 되었는지 때때로 호기심을 가집니다. 그러나 엘리사벳에게 일어났던 일을 기억한다면 성모님의 동정 잉태는 쉽게 받아들일 수 있습니다. 주님의 능력 앞에 불가능은 없는 법입니다.

요한은 구세주를 맞이할 준비로 '회개와 세례'를 외쳤습니다. 우리는 그의 권고에 따라 세례를 받은 자들입니다. 이제 남은 일은 회개의 실천입니다. 그것이 무엇일는지요? '나쁜 습관에서 돌아서는 것'입니다. 누구에게나 나쁜 습관은 있습니다. 그리고 한 번 몸에 밴 습관은 쉽게 바뀌지 않습니다. 먼저 자신의 연약함을 인정하고 주님 앞에 고개를 숙여야 합니다. 보속의 정신으로 어렵고 힘든 일을 다시 시작해야 합니다. 그러면 주님의 은총이 도와줍니다.

25 June

마태 7,15-20 :

콩쥐 팥쥐 이야기가 있습니다. 팥쥐 엄마는 새엄마로 들어와 자기 딸만 위하고 콩쥐에게는 매몰찹니다. 세월이 지나 팥쥐는 엄마의 과보호로 거만한 아이가 되지만 고생하며 자란 콩쥐는 겸손해져 복 받는 아이가 됩니다. 유치원생만 되어도 알고 있는 옛날 동화입니다.

교훈 역시 간단합니다. 팥쥐처럼 되지 말고 콩쥐처럼 되라는 것이지요. 엄마들에게도 '숨은 교훈'이 있습니다. 팥쥐 엄마처럼 되지 말라는 것이지요. 그런데 그런 어머니들이 늘어나고 있습니다. 이웃 아이에게는 냉정하면서 자기 아이에게는 정성을 다합니다. 다른 애가 자기 애를 조금만 건드려도 콩쥐 대하듯 합니다. 선생님께서 조금 꾸중했다고 전화를 걸어 따지곤 합니다.

아이의 외적인 면에는 이렇듯 극성스럽지만 내적인 면에는 둔감합니다. 겉만 예쁘면 속도 예쁠 것이라고 착각하는 것이지요. 하지만 아닙니다. 영악한 아이는 영악한 어른으로 바뀔 뿐입니다. 오히려 어수룩했던 아이들이 성격 좋은 어른으로 탈바꿈합니다.

'좋은 나무는 좋은 열매를 맺는다.'고 했습니다. 좋은 나무는 '뿌리'가 좌우합니다. 보이지 않는 뿌리가 좋은 나무의 열쇠인 셈입니다. 뿌리는 부모입니다. 선생님입니다. 영적 지도자입니다. 그들이 건전하면 아이는 저절로 건전해집니다. 좋은 나무는 좋은 열매를 맺게 되어 있습니다.

26 June

마태 7,21-29 :

무엇이 '아버지의 뜻'이겠습니까? 인생에 대한 그분의 뜻을 어떻게 알 수 있겠습니까? 생각할수록 중요한 질문입니다. 이 질문에 대한 작업을 영성생활이라고 합니다. 아무튼 한 사람의 일생에는 '아버지의 뜻'이 분명히 숨어 있습니다. 그분께서는 생명을 주시는 동시에 '삶의 설계도'도 주셨기 때문입니다. 그러니 그 설계도를 찾아내야 합니다. 이 작업이 영성 생활의 본질입니다.

많은 영성학자들은 아버지의 뜻을 '기쁨의 생활'에서 찾으려 했습니다. 하느님의 설계도는 먼저 인간이 감사와 즐거움으로 살게 되어 있다는 견해입니다. 예수님의 피로 구원된 인류이기에 감사와 기쁨은 '삶의 의무'라고까지 말하는 이들도 있습니다. 아무튼 신앙의 길을 걷는 우리가 불안 속에서 살아서는 안 될 일입니다. 그렇게 사는 것은 분명 아버지의 뜻이 아닐 것입니다.

주님은 '주인님'의 준말입니다. 무엇의 주인이겠습니까? 내 인생과 미래의 주인이며 내 소유와 운명의 주인이란 의미입니다. 이것은 이해의 문제가 아니고 고백의 차원입니다. 말뿐만 아니라 실제로 그렇게 받아들이며 살아야 할 문제입니다. 그래야 삶의 기쁨에 닿을 수 있습니다.

27 June

마태 8,1-4 :

나병은 문둥병입니다. 살이 문드러지는 병입니다. 이 병보다 더 비참한 병은 역사상 없었습니다. 나병에 걸리면 육체뿐만 아니라 정신도 병들어갔습니다. 가족과 이별해야 했고 사람들과 격리되어 살아야 했습니다. 그러니 어느 누가 정상적인 생활을 할 수 있었겠습니까? 복음에서는 바로 그 나병에 걸린 한 사람이 낫게 해 달라고 애원합니다.

예수님께서는 그의 청을 들어주십니다. 그의 문둥병을 낫게 하셨던 겁니다. 그 사람의 기쁨과 놀람은 어떠했겠습니까? 우리는 실감할 수 없습니다. 우리가 생각하는 것 이상으로 그는 환희를 체험했을 것입니다. 감사와 희망을 느꼈을 것입니다. 그리고 그 체험을 평생 간직하며 살았을 것입니다. 어떻게 그날의 감격을 잊을 수 있겠습니까?

우리에게는 기적의 체험이 없는지요? 작고 하찮은 것이라고 잊고 지내는 것은 없는지요? 누구에게나 기적은 있습니다. 돌아보면 삶의 위험 속에서 얼마나 많은 기적들을 만났습니까? 복음의 나병 환자는 오늘의 우리 모습입니다. 그러니 오늘은 그의 기도를 바쳐야 합니다. "주님, 주님께서는 하고자 하시면 저를 깨끗하게 하실 수 있습니다." "제게 속한 모든 것을 깨끗하게 하실 수 있습니다."

28 June

성 이레네오 주교 순교자 기념일

이레네오 성인은 2세기 초 소아시아의 스미르나(오늘날 터키의 이즈미르)에서 태어났다. 폴리카르포 성인의 제자였던 그는 훗날 리옹의 주교가 되어 그곳에서 평생을 살았다. 그리고 영지주의 이단을 반박하는 많은 저서를 남겼다. 그의 이론은 사도들의 전승에 근거하고 있기에 정통 교리의 중요한 근거가 되었다.

마태 8,5-17 :

예수님께서는 많은 병자들을 고쳐 주셨습니다. 당신에게 그런 능력이 있었기 때문입니다. 오늘날에도 많은 이들은 신앙 안에서 병이 나았다고 이야기합니다. 사람들 앞에서 증언하기도 합니다. 물론 의심이 가는 사람들도 있지만 치유는 분명한 사실입니다. 누구든지 그런 은혜를 받을 수 있기 때문입니다.

그 옛날 성경에 나왔던 예수님과 지금 우리가 성체 안에서 만나는 예수님은 같은 분이십니다. 그러니 성경에서 일어난 일들이 지금이라고 일어나지 말라는 법은 없습니다. 2천 년이라는 세월은 인간의 시간이지 하느님께 적용되는 시간은 아닙니다. 성경 말씀처럼 그분께는 천년이 하루 같고 하루가 천년 같음을 기억해야 합니다.

예수님께서는 왜 병자들을 낫게 하셨는지요? 답은 간단합니다. 하느님의 능력을 보여 주시기 위해서였습니다. 아픈 이를 낫게 함으로써 질병도 주님 앞에서는 아무것도 아님을 보여 주시기 위해서였습니다. 그러니 치유는 은총입니다. 그분의 능력을 믿는 이들에게 주어지는 하느님의 선물입니다. 병을 낫겠다는 마음보다 주님의 권능을 믿고 신뢰하는 마음이 앞서야 합니다. 그러면 치유는 이미 시작된 것입니다.

29 June

성 베드로와 성 바오로 사도 대축일

베드로는 갈릴래아 호수에 인접한 벳사이다 출신으로 원래 이름은 시몬이었다. 동생 안드레아와 함께 예수님의 부르심을 받고 제자가 되었다. 초대 교회를 이끌던 그는 64년경 바티칸 언덕에서 십자가형을 받아 순교하였다. 바오로는 벤야민 지파 출신의 유다인이며 로마 시민권자였다. 율법 교사 가말리엘의 제자였고 초기 기독교인을 박해하던 사람이었다. 34년에 개종하여 이방인의 사도로 변신하였다. 초대 교회와 예수님에 관한 많은 기록을 남겼다.

마태 16,13-19 :

사도 베드로는 예수님께서 선택하신 으뜸 제자입니다. 그러나 인간적 안목으로는 별 볼일 없는 출신입니다. 갈릴래아 호수에서 고기잡이하던 그는 파격적으로 선택되었습니다. 바오로 사도 역시 처음에는 박해자였습니다. 교우들을 잡으러 가다 말에서 떨어져 장님이 된 사람입니다. 아무것도 볼 수 없는 극한 상황에서 그는 신자들의 도움을 받고 예수님의 추종자가 되었습니다.

극적인 전환점이 두 사도들에게 있었습니다. 한 분은 예상을 뒤엎는 선택이었고 다른 한 분은 박해자에서 장님으로, 그리고 선교사로 바뀌는 변신입니다. 누가 그렇게 했겠습니까? 바로 주님이십니다.

우리에게 베드로의 모습은 없는지요? 과분한 축복을 받고 있으면서도 모르고 있는 것은 아닌지 돌아봐야겠습니다. 우리에게 바오로의 모습은 없는지요? 주님의 뜻보다 내 뜻을 먼저 찾고, 주님께서 내 뜻에 따라오시기를 강요하고 있는 것은 아닌지 돌아볼 일입니다.

베드로와 바오로는 부르심을 받은 뒤에는 끝까지 충실했습니다. 그 이유 때문에 그분들은 사도가 되었습니다. 누구라도 자신에게 주어진 '주님의 뜻'을 찾아내어 끝까지 충실하다면 그 역시 사도입니다. 오늘은 이 점을 묵상하는 날입니다.

마태 8,18-22 :

많은 사람들이 예수님을 따라가고 있습니다. 영적 목마름으로 따르는 이도 있고 기적을 보고 호기심에 따르는 이들도 있습니다. 정치적 이유로 추종하는 이들도 있고 기득권에 염증을 느껴 따라가는 이들도 있습니다. 예수님께서는 모든 이들을 받아 주십니다.

놀랍게도 율법 학자 한 사람이 예수님을 따르겠다고 합니다. 그는 종교 지도자이며 당대의 지식인입니다. "여우도 굴이 있고 하늘의 새도 보금자리가 있지만, 사람의 아들은 머리 기댈 곳조차 없다." 현실의 편안함을 포기할 수 있겠냐는 예수님의 반문입니다. 율법 학자는 망설였나 봅니다. 더 이상 그의 이야기는 나오지 않고 있습니다.

복음 말씀은 '예수님을 따르는 것'에 대한 가르침입니다. 현실 도피나 세상의 편안함을 위해서라면 따라오지 말라는 말씀입니다. 그러기에 '아버지의 장례'까지도 포기할 것을 명하십니다. 물론 가르침을 위한 '비유의 말씀'입니다. 예나 지금이나 '아버지의 장례'는 의무입니다. 모든 일을 중지하고 우선적으로 치러야 하는 사건입니다. 그런 일마저 포기할 각오가 되어 있어야 당신을 따를 수 있다는 말씀입니다.

365일 복음 묵상 가해

7월

01 July

마태 8,23-27 :

배를 할퀴던 파도가 금세 잠잠해집니다. 스승님의 한 말씀에 언제 그랬냐는 듯 바람 역시 조용해집니다. 놀란 제자들은 예수님의 권능 앞에서 말을 잊습니다. "주님, 저희가 죽게 되었습니다. 이런 상황에서 어떻게 주무시고 계십니까? 빨리 일어나십시오." 조금 전의 호들갑에 그들은 부끄러움을 느낍니다. 삶과 죽음의 주인 앞에서 겁에 질려 있다니, 때늦게 후회합니다.

우리는 어떠한지요? 매일 불어 대는 정보의 폭풍 속에서 어떻게 살아가고 있는지요? 떠밀려 가고 있지는 않습니까? 우리 역시 죽겠다는 말이 절로 나오는 것은 아닙니까? 유익하고 편안한 소식에는 안도감을 느낍니다. 감사드리기도 합니다. 기도하는 시간도 어렵지 않습니다. 주님께서 '모든 것을 좌우하신다.'는 신앙의 기본 역시 인정합니다.

그러나 역경과 시련의 정보를 만나면 기도하는 마음부터 잃어버립니다. 때로는 믿음을 원망합니다. '그렇게 열심히 했는데 이게 뭐야!' 하는 유혹입니다. 그리고 세상의 판단에 편승하려 듭니다. 물질적 가치관으로 해결하려 합니다. 예수님께서는 풍랑을 잠재웠던 분이십니다. 믿음으로 다가가면 어떤 바람도 잠재워 줄 분이십니다. 건강한 신앙인은 시련 속에서 감사하는 사람입니다.

02 July

마태 8,28-34 :

마귀 들린 사람 둘이 예수님 앞에 섰습니다. 그들은 예수님을 알아보고 시비를 겁니다. 일종의 신통력입니다. 그러기에 동네 사람들은 그들을 두려워했습니다. 그들이 사는 무덤가에는 얼씬도 하지 않았습니다. 그런데 그들이 먼저 떠나게 해 달라고 청합니다.

마귀 들린 이들은 사납고 강했지만 예수님 앞에서는 약했습니다. 그분의 말씀 한마디로 돼지에게 숨어 버리는 존재가 되었습니다. 이런 사실을 알리려는 것이 복음의 교훈입니다. 오늘날에도 그들은 존재합니다. 귀신의 힘을 빌려 장사하는 이들입니다. 도시 곳곳에 버젓이 간판을 걸고 점을 치고 있습니다. 찾는 사람들이 있기에 존재합니다. 호기심에서 찾든, 불안 때문에 찾든 정답은 아닙니다. 예수님의 힘을 찾는 것이 정답입니다.

유다인들은 돼지를 부정한 동물로 여겼습니다. 그래서 마귀들이 돼지 떼 속으로 들어갑니다. 이스라엘은 사막 문화권에 속합니다. 4월부터 10월까지는 거의 비가 오지 않습니다. 뜨겁고 더운 날씨가 계속되기에 돼지고기는 쉽게 상합니다. 의료 시설이 약했던 유목민들은 고기를 먹고 고생했을 것이고 더러는 죽었을 겁니다. 이리하여 돼지는 부정한 동물이 되었고 그 고기는 율법에서 금지시켰습니다. 우리도 예전에는 돼지고기를 '잘 먹어야 본전'인 음식으로 여겼습니다. 그러나 그리스도교는 돼지를 부정한 동물로 보지 않습니다.

03 July

성 토마스 사도 축일

토마스 사도는 갈릴래아 출신이지만 언제 제자로 뽑혔는지 전해지지 않는다. 라자로가 소생할 때 그 자리에 있었고 최후의 만찬에도 예수님과 함께 있었다. 부활하신 스승님을 선뜻 믿지 못했지만 예수님께서 그를 위해 다시 나타나시자 '저의 주님, 나의 하느님!' 하시며 믿음을 증언했다. 전승에 의하면 파르티아(고대 이란 왕국)와 인도에서 선교하다 순교한 것으로 알려져 있다.

요한 20,24-29 :

스승님은 제자들에게 나타나 평화를 말씀하십니다. "평화가 너희와 함께!" 하고 인사하십니다. 누구나 기다리는 평화입니다. 어떻게 그분께서 주시는 평화를 만날 수 있을는지요? 오늘 복음은 '의심하지 말 것'을 암시합니다.

의심은 늘 곁에 있습니다. 잡히지 않는 모습으로 함께 살고 있습니다. 미래에 대한 걱정입니다. 건강에 대한 불안입니다. 가족에 대한 온갖 두려움입니다. 부활하신 예수님께서는 '의심하지 말라'고 하십니다. 지금까지 지켜 주셨으니 앞으로도 지켜 주실 것을 믿으라고 하십니다. "보지 않고도 믿는 사람은 행복하다."는 말씀입니다.

토마스는 예수님께서 뽑으신 제자입니다. 기적의 자리에도 있었습니다. 그런 그가 부활을 거부합니다. 눈으로 확인하지 않고서는 믿을 수 없다고 합니다. 다른 제자들은 숨어 있을 때 토마스는 밖에 있었습니다. 스승님의 죽음을 확인하고 싶었던 겁니다. 그렇게 허망하게 죽을 분이 아니라고 믿었던 것이지요.

죽음을 모르면 부활을 모릅니다. 죽음과도 같은 상황을 받아들이지 않으면 은총은 오지 않습니다. 스승님께서는 토마스의 마음을 알고 계셨습니다. 그래서 깨달음으로 가는 길을 가르쳐 주셨습니다. '의심을 극복하는 것'이었습니다.

04 July

마태 9,9-13 :

"내가 바라는 것은 희생 제물이 아니라 자비다." 그만큼 자비는 좋은 행동입니다. 하느님의 마음을 움직일 수 있습니다. 그렇지만 타고난 자비심은 없습니다. 자비 역시 노력과 희생의 결과입니다. 참을 줄 알아야 자비를 베풀 수 있습니다. 결단코 멍청한 행동이 아닙니다. 비웃음을 극복하지 않고서는 참된 자비심에 닿을 수 없습니다.

우리는 너무 참지 못합니다. 조금 가졌다고 큰소리 칩니다. 조금 안다고 거들먹거립니다. 조금 높은 자리에 있다고 사람들을 우습게 여깁니다. 어찌 자비심을 깨달을 수 있을는지요?

마태오는 세리였습니다. 바리사이들은 그를 가소롭게 여겼습니다. 그런 사람과 어울리는 예수님 역시 별로라고 생각했습니다. 세상에 별로인 사람은 없습니다. 내가 남을 별로라고 여기면 그 역시 나를 별로라고 여깁니다.

자리가 사람을 빛나게 한다지만 그렇지 않습니다. 어울리지 않는 자리에 앉으면 '아니 앉음'만 못합니다. 들썩 앉았다가 자신도 망가지고 공동체도 멍들게 하는 사람들이 얼마나 많은지요? 부족한 사람을 '챙겨 줄 줄 아는 이'가 자비로운 사람입니다. 아무도 모르게 챙겨 주는 이가 진정 자비로운 사람입니다. 그런 사람이 하느님을 움직입니다. 바리사이는 예수님을 이해하지 못했습니다. 자비심 없이 어찌 그분을 이해할 수 있을는지요?

05 July

한국 성직자들의 수호자 성 김대건 안드레아 사제 순교자 대축일

성 김대건 안드레아 사제는 1821년 8월 21일 충청도 솔뫼 마을에서 태어났다. 피난 교우였던 부모로부터 신앙을 물려받았고 16세 때 파리 외방 전교회의 모방 신부에게 발탁되어 신학생이 되었다. 그는 최양업, 최방제와 함께 중국 대륙을 횡단하며 6개월 만에 마카오에 도착하여 공부를 시작했다. 이후 동남아 일대를 전전하며 공부를 마친 그는 1845년 8월 17일 상하이 인근에서 사제품을 받았고 그해 10월 나바위 인근의 바닷가로 입국하였다. 1846년 6월 5일, 선교사들이 입국할 수 있는 뱃길을 알아보려다 붙잡혀 새남터에서 순교했다. 당시 26세였다.

마태 10,17-22 :

오늘은 한국인 최초의 사제인 김대건 신부님을 기억하는 날입니다. 단순히 첫 사제였기에 기억하는 것은 아닙니다. 박해 시대의 희망이었던 분이 상징적 인물로 바뀌었기에 기억하는 것입니다. 당시 교우들은 외국 선교사에 의존하고 있었습니다. 그래서 말 못할 어려움이 많았습니다. 하지만 그들의 희생에 모든 것을 묻어 두고 지냈습니다.

사제 김대건은 이런 상황에서 등장합니다. 뿌듯하고 감동적인 출현이었습니다. 하지만 그의 사제 생활은 1년 남짓으로 끝납니다. 그렇게 기다렸던 사제가 이십대의 순교자로 새남터에서 사라진 것입니다. '어떻게 이런 일이 있을 수 있는가?' 교우들에게는 아픔을 넘어 시련이었습니다. 하느님의 자비심에 대한 의심이었습니다. 그렇지만 참고 인내할 수밖에 없었습니다. 그분의 순교가 희생 제물임을 깨닫기에는 세월이 필요했던 것입니다.

스물여섯 살의 죽음은 사제가 아니더라도 애절한 죽음입니다. 슬픔은 절망에 닿아 있었습니다. '왜 주님께서는 그를 데려가셨는가?' 교우들은 몰랐지만 그의 순교는 조선 교회를 위한 제물이었습니다. 박해로 흔들리던 교회에 거름이 된 희생이었습니다. 그러기에 그는 죽었지만 여전히 살아 있습니다. 그의 죽음은 은총이 되어 우리 곁을 지키고 있습니다. 사제 김대건을 기억해야 하는 이유가 여기에 있습니다.

06 July

마태 11,25-30 :

멍에는 소의 목덜미에 얹는 구부러진 막대기입니다. 그곳에 줄을 달아 수레나 쟁기를 끌게 합니다. 소의 입장에서는 귀찮은 것이지요. 하지만 멍에가 있어야 소를 부릴 수 있습니다. 사람에게도 멍에가 있습니다. 살면서 만나는 '귀찮은 무엇들'입니다. 그러면서도 버릴 수 없는 무엇입니다. 평생 지고 가야 하는 짐들이지요. 하지만 그것 때문에 주님께서 이끌어 주심을 깨닫게 됩니다.

가벼운 멍에가 있을는지요? 멍에는 본질적으로 귀찮은 것입니다. 그런데도 주님께서는 '내 멍에는 편하다'고 하십니다. 그렇게 되기까지는 시간이 필요합니다. 고통이 은총임을 알기 위해서는 숱한 좌절과 일어섬이 요구됩니다. 끝없는 시행착오 끝에 깨달아지는 것이지요.

신앙 안에 머물면 결국 고통을 은총으로 받아들이게 됩니다. 아픈 만큼 성숙해지기 때문입니다. 그런 뒤에야 '내 멍에는 편하고 내 짐은 가볍다'는 예수님의 말씀이 가슴에 와 닿습니다. 그때가 언제일는지요? 기다려야 합니다.

"고생하며 무거운 짐을 진 너희는 나에게 오너라." 그렇다고 응석 부리고 투정 부리라는 말씀은 아닙니다. 오히려 삶의 아픔을 '자신의 몫으로 받아들이라'는 말씀으로 해석해야 합니다. 우리는 가끔씩 잘못 생각합니다. '이 사고 때문에, 이 일 때문에 힘들고 불행한 미래를 사는 것이 아닐까?' 하지만 아닙니다. 미래는 아버지이신 주님께서 이끌어 주십니다.

07 July

마태 9,18-26 :

    야이로는 유다교의 회당장입니다. 예배를 주관하고 행정 업무를 책임진 사람입니다. 그런 그가 체면을 버리고 예수님 앞에 엎드립니다. 딸을 잃은 아버지였기에 아무것도 보이지 않았습니다. "제 딸이 방금 죽었습니다. 그러나 가셔서 손을 얹어 주시면 살아날 것입니다." 아마 그는 울고 있었을 것입니다. 예수님께서는 말없이 그를 일으키십니다. 그의 겸손과 열정을 보고 방문을 결심하신 겁니다. 그 장면을 우리는 상상할 수 있습니다.

    하혈하는 부인도 예수님을 지켜보고 있었습니다. 그녀 역시 부끄러운 병으로 고생하고 있었습니다. '저분의 옷에 손을 대기만 해도 병이 나을 테지.' 이론이 필요 없는 순간입니다. 믿음만이 힘을 발휘하는 순간입니다. 예수님께서는 여인에게도 당신의 능력을 드러내셨습니다. 그분의 따뜻함입니다. 여인은 평생 감사하며 살았을 것입니다.

    소녀를 지키던 사람들은 예수님의 출현을 달가워하지 않았습니다. 끝났다고 생각했기 때문입니다. 처음부터 그들은 회당장을 만류했을 것입니다. 이미 끝났는데 뭣 하러 예수님께 가느냐며, 붙잡았을 것입니다. 그러나 기적은 일어났습니다. 끝난 것이 '아니라고' 믿은 사람이 있었기에 가능한 일입니다. 끝났다고 체념하면 정말 끝난 것이 됩니다. 기적은 오지 않습니다.

08 July

마태 9,32-38 :

"수확할 것은 많은데 일꾼이 적다." 스승님의 아쉬움입니다. 일할 곳은 많은데 일할 사람이 부족하다는 말씀입니다. 하느님을 전하는 일입니다. 하느님의 사랑과 능력을 알리는 일입니다. 그것도 기쁜 마음으로 알리는 일입니다. 쉬운 것 같지만 쉽지 않습니다. 일생 동안 단 한 사람만 신앙으로 인도해도 그것은 대단한 일입니다.

믿음의 본질은 기쁨에 있습니다. 행복을 얻고 간직하기 위해 주님께 갑니다. 그런데 신앙생활을 하면서도 전혀 기쁜 삶을 살지 못하고 있다면 문제가 됩니다. 하느님을 잘못 알고 있거나 믿음을 잘못 해석하기에 그럴 수 있습니다.

신앙의 하느님은 무엇보다 밝은 마음으로 찾아가야 합니다. 그분은 삶의 행복을 알려 주려고 우리를 부르시는 것이지요. 그러므로 은총과 연관된 신앙이어야 합니다. 그래야 힘 있는 전교가 됩니다. 나의 신앙이 기쁨이 아니라면 강하게 전할 수 없는 법입니다.

최근 들어 냉담 교우가 많아졌다고 걱정합니다. 냉담은 결과입니다. 신앙이 짐스럽고 귀찮게 느껴지기에 나타나는 결과입니다. 그럴 수밖에 없는 과정이 있는 것이지요. '저 사람은 정말 기쁘게 신앙생활을 하는구나!', '저 가정에는 정말 하느님의 보호가 있구나!' 이런 느낌을 주는 사람들이 많아져야 합니다. 그들이 진정한 의미의 '일꾼'들입니다.

09 July

마태 10,1-7 :

　　예수님의 열두 제자 명단입니다. 훗날의 사도들이며 초대 교회를 이끌었던 분들입니다. 예수님께서는 그들에게 악한 영을 쫓아내고 병자와 허약한 이들을 고쳐 주는 권한을 주십니다. 기적의 능력을 주시는 것이지요. 제자들은 긴장했을 것입니다. 스승님의 말씀에 악한 영이 물러가고 병자들이 낫는 것을 수없이 보아 왔기 때문입니다. 이제 그런 능력을 자신들에게도 주신다니, 제자들은 눈을 반짝이며 기다렸을 것입니다.

　　그들은 뛰어난 사람들이 아닙니다. 명문가 출신도 아닙니다. 어부였고 세리였고 독립군을 따라다니던 열혈당원이었습니다. 호기심 많은 토마스와 스승님에게 등을 돌리는 유다까지도 능력을 받았습니다. 그들은 단지 하느님의 능력을 드러내는 도구였을 뿐입니다. 예수님께서는 그들을 통해 하느님의 사랑을 보여 주고자 하셨던 것입니다.

　　세례 받은 이는 모두가 주님의 제자입니다. 허물이 있건 없건, 죄의 경험이 있건 없건, 주님께서 제자로 부르신 사람들입니다. 그러니 돌이켜 보면 우리 안에도 스승님께서 주신 능력이 있습니다. 자신의 주위를 선하게 바꾸려고 애쓰면 그 능력이 드러납니다. 악한 기운을 몰아내고 약한 부분을 고칠 수 있는 능력입니다. 그러니 포기해서는 안 됩니다. 언제나 선한 눈빛을 훈련해야 합니다. 그러면 이끄심을 만납니다.

10 July

마태 10,7-15 :

예수님께서는 제자들을 파견하십니다. 오랫동안 기다려 왔던 순간입니다. 그런데 아무것도 준비하지 말라고 하십니다. 뜻밖의 말씀입니다. 준비 없이 떠났다가 사고라도 당하면 어떻게 해야 할는지요? 누구든 일을 앞두면 준비하게 됩니다. 그런데 이를 생략하라고 하십니다. 이것저것 물건을 챙기던 제자들은 어리둥절해집니다.

현대인들은 소유를 힘이라고 생각합니다. 많이 가지면 강해질 것이라고 착각합니다. 세상의 눈으로 보기에 그렇습니다. 그러나 '신앙의 눈'을 지니면 달라집니다. 소유 자체가 힘이 아님을 알게 됩니다. 소유를 허락하신 분의 보증이 '힘의 실체'임을 깨닫게 됩니다.

재물은 아무리 하찮은 것이라도 주님께서 주셨기에 가능합니다. 감사의 생활로 받아들여야 오래갑니다. 자신의 당연한 몫으로만 생각한다면 하늘의 보호가 사라집니다. 그러기에 악한 기운이 덮치면 서서히 무너지고 맙니다. 부친의 엄청난 재산이 아들 대에서 사라지는 이유가 여기에 있습니다.

제자들은 아무것도 지니지 않았지만 힘이 있었습니다. 주님께서 버팀목이 되어 주셨기 때문입니다. 사도들처럼 살아야 합니다. 어떤 물질과 소유에도 매이지 않는 '자유인'으로 살아야 합니다. 신앙인은 그렇게 살도록 세상에 파견된 사람들입니다.

11 July

성 베네딕토 아빠스 기념일

베네딕토 성인은 480년 이탈리아에서 태어났다. 로마에서 공부하다 도시 생활의 방종에 회의를 느껴 은수 생활을 시작한다. 그의 성덕이 알려지자 많은 이들이 모여들어 제자가 되었다. 그들과 함께 살면서 수도 생활의 규칙을 만들기 시작했다. 올바른 금욕 생활, 기도와 공부, 노동을 중심으로 하는 공동 생활에 관한 지침이었다. 이 수도 규칙이 널리 전파되어 성인은 '서방 수도 생활의 사부' 라는 이름을 얻게 된다. 547년 세상을 떠났다. 교황 바오로 6세는 그를 유럽의 수호성인으로 선언하였다.

마태 10,16-23 :

걱정에서 자유로운 사람은 없습니다. 그런데도 걱정하지 말라고 하십니다. 텔레비전과 신문은 연일 살기 힘든 세상을 전해 줍니다. 그런데도 두려워하지 말라고 하십니다. 사실 마음 졸이고 안달한다고 내일이 달라지는 것은 아닙니다. 힘든 미래가 바뀌는 것도 아닙니다. 그러니 저만치 내리는 비를 뛰어가서 맞을 이유는 없습니다.

예전에는 의식주에 관한 걱정이 많았습니다. 먹고 입고 잠자는 걱정이었습니다. 오늘날에는 걱정의 질이 달라졌습니다. 삶의 폭이 넓어진 만큼 걱정도 다양해졌습니다. 그러기에 능력 밖의 걱정거리가 생겨납니다. 자신의 힘으로는 어찌할 수 없는 근심거리를 만나기도 합니다.

"어떻게 말할까, 무엇을 말할까 걱정하지 마라. 어떻게 처신해야 할지 아버지께서 일러 주실 것이다." 철저하게 맡기며 살라는 말씀입니다. 미리 대비한다고 두려움이 없어지는 세상이 아닙니다. 주님의 보호를 느껴야 두려움은 사라집니다. 걱정도 '습관'입니다. 습관이 굳어지면 작은 걱정이 어느새 큰 걱정으로 바뀝니다.

순교자들은 모든 것을 포기했기에 걱정하지 않았습니다. 더 잃을 것이 없는 처지로 몰렸기에 자유로워졌습니다. 지금은 박해 시대가 아닙니다. 하지만 순교의 삶은 얼마든지 가능합니다. 맡기는 생활의 훈련입니다. 작은 걱정부터 맡기는 실습입니다.

12 July

마태 10,24-33 :

사람들은 두려워합니다. 갈수록 경제적 빈곤을 두려워합니다. 돈 없는 미래가 될까 봐 전전긍긍합니다. 보험 광고는 틈새를 비집고 들어옵니다. 보험만 들면 걱정 없는 미래가 된다고 장담합니다. 정말 그럴는지요?

노후를 돈에 의지한다는 생각은 옳지 않습니다. 많은 사람들이 돈 없이도 건강한 노년을 살고 있습니다. 행복한 노후는 돈이 좌우하지 않습니다. 평소의 생활이 그대로 노년의 삶이 되는 것이지요.

그러니 돈과 재물이 부족하다는 이유만으로 위축되어서는 안 됩니다. 위축을 풀지 않으면 그대로 움츠린 노년을 맞게 됩니다. 재물의 부족을 느끼지 않고 사는 이가 몇이나 될는지요? 모두가 타협하며 사는 것이 아닐는지요?

참새 한 마리도 주님의 허락 없이는 땅에 떨어지지 않는다고 했습니다. 주님은 우리의 머리카락까지도 기억하신다고 했습니다. 그러니 그분의 섭리와 이끄심을 믿어야 합니다. 그분을 의지하며 사는 모습을 드러내야 합니다. 이것이 사람들 앞에서 그분을 안다고 증언하는 생활입니다. 따라서 '그분을 모른다고 하는 것'은 하느님이 안 계신 것처럼 걱정하며 사는 것을 말합니다.

13 July

마태 13,1-23 :

씨 뿌리는 사람의 비유는 좋은 땅이 결론입니다. 유혹이 없고 삭막함과 가시덤불이 사라지는 땅입니다. 하지만 그런 땅은 없습니다. 예수님께서도 유혹을 받으셨고 사도들도 그러했습니다. 성인들도 모두 시련을 겪은 분들입니다. 고통을 만났기에 더욱 기도했고 주님을 찾았던 분들입니다.

그러니 좋은 땅은 만들어진 땅입니다. 누구나 같은 땅과 씨앗을 받습니다. 어떻게 받아들이며 사는가? 이것이 중요합니다. 자연의 땅도 가꾸지 않으면 버려진 땅이 됩니다. 정성을 기울여야 원하는 땅이 될 수 있습니다. 평범한 이 사실이 좋은 땅의 비결입니다. 복음의 교훈은 이 점을 묵상하는 데 있습니다.

어떻게 신앙생활을 하고 있습니까? 그냥 막연하게 따라가고 있는 것은 아닌지요? 그렇다면 새롭게 시작해야 합니다. 믿음의 길은 어려운 길이 아닙니다. 그냥 시작하면 됩니다. 기도를 바치고 선행을 하면서 그냥 시작하면 됩니다. 그렇게 한 주간을 보내면 또 다른 느낌으로 주일을 맞게 됩니다. 은총의 체험인 것이지요.

믿음 역시 흐르는 물과 같습니다. 뛰어넘고 도약하지 않으면 앞으로 나갈 수 없습니다. 당연히 지나간 것에도 얽매여서는 안 됩니다. 지나간 것은 '지나간 것일 뿐입니다. 어떤 형태로든 다시 시작하면 늘 새 땅이 됩니다. 이것이 좋은 땅으로 가는 첩경입니다.

14 July

마태 10,34-11,1 :

"평화를 주러 왔다고 생각하지 마라. 평화가 아니라 칼을 주러 왔다." 어려운 말씀입니다. 부활하신 스승님께서는 제자들에게 나타나서 분명하게 평화를 빌어 주셨습니다. 그런데 칼을 주겠다고 하십니다. 칼은 자르는 도구입니다. 무엇을 자르라는 말씀인지요?

"나는 아들이 아버지와, 딸이 어머니와, 며느리가 시어머니와 갈라서게 하려고 왔다." 그러므로 가족을 자르라는 말씀입니다. 평생 사랑해야 할 가족입니다. 어떤 이에게는 삶의 이유요 살아가는 목적이기도 합니다. 그런데 어떻게 자를 수 있단 말입니까?

가족에 눈이 멀어 악착같이 재물을 모으고 있다면 이 말씀을 묵상해 봐야 합니다. 자식 사랑에 내몰려 정신없이 살고 있다면 이 말씀을 되새겨 봐야 합니다. 스승님의 말씀은 가족에 대한 집착에서 벗어나라는 가르침입니다. 내 자식만 사랑할 것이 아니라 모두를 사랑하라는 교훈입니다. 그런 애정으로 세상을 바라보며 살라는 말씀입니다.

그러니 집착을 끊으라는 칼입니다. 아집을 자르고 편견을 도려내라는 칼입니다. 예수님께서는 그 칼을 말씀하고 계십니다. 내 가족만 소중한 듯 행동했다면 이제는 '예수님의 칼'을 사용해야 합니다. 내 자식이 귀하면 남의 자식도 당연히 귀한 법입니다. 스승님께서는 평범한 이 진리를 말씀하시고 계십니다.

15 July

성 보나벤투라 주교 학자 기념일

성 보나벤투라는 이탈리아에서 태어났다. 20대 초반에 '작은형제회' 수도자가 되어 학문 연구에 힘썼고 파리 대학교 교수를 지냈다. 이후 그는 수도회와 성인들을 위한 많은 저서를 남겼다. 성인은 중세 때의 뛰어난 철학자이자 사상가로 존경받고 있다. 1482년 교황 식스토 4세에 의해 시성되었다.

마태 11,20-24 :

카파르나움은 갈릴래아 호수 북쪽에 있었습니다. 히브리 말로 '위로의 마을'이란 뜻을 지니고 있습니다. 그래서인지 예수님께서는 이곳에서 주로 활동하셨습니다. 베드로와 안드레아를 부르셨고 제베대오의 아들 야고보와 요한을 제자로 삼으셨습니다. 백인대장의 종과 회당장 야이로의 딸을 살린 곳도 이곳입니다.

당시 카파르나움은 시리아와 예루살렘을 잇는 교통의 요충지였기에 로마 군대가 주둔했고 세관도 있었습니다. 당연히 인구는 불어났고 도시는 활기찼습니다. 그런데도 예수님의 설교와 기적에는 사람들이 시큰둥합니다.

"너 카파르나움아, 네가 하늘까지 오를 성싶으냐? 저승까지 떨어질 것이다. 너에게 일어난 기적들이 소돔에서 일어났더라면, 그 고을은 오늘까지 남아 있을 것이다." 예수님의 꾸중을 들은 카파르나움은 7세기 초 '사산조 페르시아'의 침입으로 폐허가 되고 맙니다.

역사 안에는 숱한 도시의 흥망성쇠가 있습니다. 대제국도 한순간에 사라진 예를 우리는 알고 있습니다. 원인은 늘 '수용'에 있었습니다. 받아들이면 살아남았고 받아들이지 못하면 망했습니다. 예수님의 회개는 수용입니다. 받아들이라는 것이지요. 우리 역시 받아들이지 않으면 퇴보합니다. 개인이든 단체든 수용하는 사람이 많을 때 하느님의 축복이 함께합니다.

16 July

마태 11,25-27 :

"지혜롭다는 자들과 슬기롭다는 자들에게는 감추시고 철부지들에게는 드러내 보이시니 감사드립니다." 철부지는 철없는 어린이입니다. 예수님께서는 당신을 추종하는 제자들을 이렇게 표현하셨습니다. 정말이지 그들은 철이 없었습니다.

스승님께서 죽음과 수난을 말씀하시는데 제자들은 '그날이 되면' 오른쪽과 왼쪽에 앉게 해 달라고 청합니다. 절대로 당신을 배반하지 않겠다고 하면서도 세 번이나 모른다고 합니다. 어떤 이유인지 몰라도 '은전 서른 닢'에 스승님을 팔아넘겼습니다. 모두가 철부지의 행동이었습니다. 하지만 예수님께서는 그들을 믿으셨습니다. 그러기에 당신의 속마음을 드러내시고 아버지의 소명을 맡기셨습니다. 예수님의 넓은 마음입니다.

철부지는 '철없는 어린이 같은 사람'이기도 합니다. 하지만 세상의 눈에는 그렇게 보여도 주님의 눈에는 아닐 수 있습니다. 세상은 그렇게 판단해도 예수님의 판단은 다를 수 있습니다. 우리는 어떻게 살고 있는지요? 권력에 기대고 인맥을 찾고 재물에 의지하고 있는 것은 아닌지요? 그런 배경이 있어야 조직이 돌아가고 탈이 없을 것이라고 믿는 것은 아닌지요? 주님 앞에서 부끄러운 일입니다. 우리는 철부지의 믿음으로 나아가야 합니다. 인간은 누구나 주님 앞에서 철부지가 아닐는지요?

17 July

마태 11,28-30 :

시련은 늘 은총입니다. 그렇지만 시련이 은총임을 깨닫기까지는 시간이 필요합니다. 왜 이런 시련이 주어지는지, 어찌하여 이런 고통 속에 살아야하는지 돌아보는 시간입니다. 그러기 위해 가끔은 주님 앞에 서야 합니다. 애절한 마음으로 기도하며 물어야 합니다.

어느 날 내 몫으로 주어진 시련을 깨닫게 됩니다. 처음부터 내 것이었던 고통의 본질을 보게 됩니다. 그러면 더 이상 시련은 아픔이 아닙니다. '내 멍에는 편하고 내 짐은 가볍다'는 말씀을 받아들이게 됩니다.

'하느님께서는 선물을 주실 때 늘 고통이라는 보자기에 싸서 주신다.'는 말이 있습니다. 많은 경우 사람들은 보자기를 풀다가 만다고 합니다. 조금만 참고 견디면 보자기 속의 선물을 만날 수 있는데 그걸 못한다는 것입니다. 미리 실망하고 포기하기 때문입니다.

그렇더라도 주님께서는 선물을 거두어 가지 않으십니다. 오히려 기다리십니다. 사람들이 깨달을 때까지 기다려 주십니다. 그러니 시련은 진정 은총입니다. 주님의 선물을 감싸고 있는 포장지입니다. 시련의 의미를 축소하고 있었던 것은 아닌지요? 은총이라기보다 꾸중으로 받아들이며 살았던 것은 아닌지요? 주님께서는 은총을 주시는 분이지 징벌을 내리시는 분이 아닙니다. 주님의 온유한 마음을 늘 기억해야 합니다.

18 July

마태 12,1-8 :

밀밭 사이를 지나던 제자들이 이삭을 뜯어 손으로 비벼 먹었습니다. 배가 출출해서 그랬을 것입니다. 그것을 본 바리사이들이 항의합니다. "보십시오. 선생님의 제자들이 안식일에 노동을 하고 있습니다." 밀 이삭을 손으로 비벼 먹은 것을 추수 행위로 본 것입니다. 그리고 추수는 율법에 금지된 노동이었습니다. 그러니 계명을 어긴 것이 됩니다.

억장이 무너질 일입니다. 이삭 몇 개 비벼 먹은 것을 추수 행위로 보다니 좀스럽기 짝이 없습니다. 하지만 바리사이들의 입장은 달랐습니다. 그만큼 그들은 경직된 모습으로 살았습니다.

계명을 주관하는 분은 주님이십니다. 그분께서도 추수 행위로 보셨을까요? 그건 아닙니다. 바리사이들이 그렇게 생각하고 있었을 뿐입니다. 예수님께서는 그들을 꾸짖기에 앞서 다윗의 예를 드십니다.

그는 배가 고파 제단에 바쳐진 제사 빵을 먹었습니다. 그것 역시 율법에 금지된 일이었습니다. 하지만 배고픔이 참작되어 용서를 받았습니다. 그런 다윗도 용서받았는데 이삭 몇 개 비벼 먹은 것에 웬 호들갑이냐는 반문입니다. 그렇습니다. 제단에 바쳐진 음식보다 다윗이 더 소중합니다. 안식일도 중요하지만 사람이 더 중요합니다. 아니, 그런 말씀을 하시는 예수님께서 더 위대하시다는 가르침입니다.

19 July

마태 12,14-21 :

바리사이들은 예수님을 없애려고 모의합니다. 그러나 그분께서는 피하십니다. 그들과 투쟁하러 온 것이 아니었기 때문입니다. 토론하고 따져도 당신을 위한 일에는 침묵하셨습니다. 그렇지만 군중은 계속 따라갑니다. 예수님께서도 그들은 받아 주십니다. 병자를 고쳐 주고 악한 영에 사로잡힌 이들을 해방시켜 주십니다. 지도자들이 모함해도 스승님은 개의치 않고 당신의 일을 하신 것입니다.

예언자 이사야는 일찍이 이것을 예언했습니다. "보아라, 내가 사랑하는 이를. 그는 다투지도 않고 소리치지도 않지만 온 민족이 그에게 희망을 걸 것이다." 하느님으로부터 온 사람은 묵묵히 자신의 일을 한다는 것입니다. 그러기에 예수님께서는 변명하지 않으십니다. 성경 어디에도 그분의 변명은 없습니다.

순교자들도 변명하는 이들이 아니었습니다. 말없이 고통 당했고 고문과 회유를 견디어 냈습니다. 죽는 날까지 심문을 받았지만 모두 수용했습니다. 변명하고 억울함을 토로한 이들은 떠나갔습니다. 배교했던 것이지요. 견딜 수 없었던 것은 육체적 아픔이 아니라 정신적 고뇌였습니다. 그때마다 그들의 힘이 된 것은 예수님의 모습이었습니다. 모함과 억울함을 말없이 받아들이는 스승님의 모습이었습니다.

20 July

마태 13,24-43 :

주인은 좋은 씨를 뿌렸습니다. 그런데 싹이 돋고 보니 가라지가 많았습니다. 가라지는 밭에 나는 강아지풀입니다. 잡초지요. 이상한 생각이 들어 종들이 질문합니다. "왜 이렇게 가라지가 많습니까?" 주인은 짧게 답합니다. "원수가 그랬구나."

원수는 악의 세력입니다. 그들이 밀밭에 가라지를 뿌렸다는 것입니다. 그래서일까요? 나쁜 사람들은 분명 존재합니다. 삶을 둘러봐도 공평하지 못한 면이 더 많습니다. 별스런 죄도 없는데 불안감이 떠나지 않습니다. 왜 그럴까요?

"원수가 그랬구나." 주인의 말에 답이 있습니다. 주인은 악의 세력을 인정했습니다. 그들의 존재를 알고 있었습니다. 그러니 우리도 인정해야 합니다. 그래야 불안의 본질을 깨달을 수 있습니다. 막연한 두려움은 그들이 뿌려 놓은 가라지일 뿐입니다.

"그렇다면 가라지를 뽑아 버릴까요?" 종들의 말에 주인은 기다리라고 합니다. 종들은 순간을 봤지만 주인은 멀리 내다봤습니다. 주인의 인내입니다. 그러니 종말까지 선과 악은 공존합니다. 어둠의 요소는 우리의 곁을 떠나지 않을 것입니다. 그렇더라도 주인은 처음부터 좋은 씨를 뿌렸습니다. 이 점을 늘 기억해야 합니다. 원수는 자꾸 가라지를 뿌리지만, 그래도 좋은 씨가 더 많은 법입니다.

21 July

마태 12,38-42 :

바리사이와 율법 학자 몇몇이 표징을 보고 싶어 합니다. 그들은 예수님에 대해 긴가민가하고 있는 자들입니다. 표징은 기적입니다. '우리를 놀라게 하는 기적을 보여 주신다면 스승님에 대한 생각을 바꿀 수 있습니다.' 그들은 이 말을 하고 있는 겁니다.

주님의 말씀은 단호합니다. '요나의 표징' 말고는 보여 줄 게 없다고 하십니다. 요나는 예언자의 소명을 받지만 귀찮아하지요. 그래서 외국으로 달아나다 풍랑을 만나 죽게 됩니다. 그제야 뉘우치고 소명을 받아들인 사람입니다. 바리사이들이 요나를 모를 리 없습니다.

예수님께서는 요나처럼 어정쩡하게 살지 말라고 하십니다. 기적은 온몸을 던졌을 때 주어지는 은총이지 호기심의 대상이 아니라는 말씀입니다. 그러기에 '표징은 이미 주어져 있다. 요나의 기적 이야기를 보라.'고 하신 것입니다.

기적이 신앙인을 변화시키는 것은 아닙니다. 그런데도 사람들은 기대를 겁니다. 기적을 보면 믿음이 확고해지고 신앙이 흔들리지 않을 거라고 생각합니다. 하지만 아닙니다. 아무리 기적을 보더라도 뿌리가 내리지 않으면 순간적 믿음으로 끝납니다. 중요한 것은 평소의 신앙생활입니다. 믿는 눈으로 바라보면 꽃이 피고 나무가 자라고 아이들의 건강한 웃음소리를 듣는 모든 것이 기적입니다.

22 July — 성녀 마리아 막달레나 기념일

성녀 막달레나는 복음서에서 '일곱 마귀가 떨어져 나간 마리아'(루카 8,2)로 소개되어 있다. 예수님께서 십자가에 달리셨을 때 그 아래에 있었으며(요한 19,25) 예수님의 부활을 제자들에게 가장 먼저 알린 여인이다(요한 20,11-18). 성령 강림 후 성모님과 함께 에페소에서 살다가 그곳에 묻힌 것으로 전해진다. 성녀의 출신지가 갈릴래아의 휴양 도시 막달라였기에 '마리아 막달레나'라고 한다. "막달라의 마리아"란 뜻이다.

요한 20,1-2.11-18 :

막달레나는 부활하신 예수님을 알아보지 못합니다. 그렇게 가까이 지냈는데도 몰라봅니다. 스승님의 모습이 달라졌기 때문일까요? 아니면 막달레나의 슬픔 때문일까요? 아무튼 그녀는 부활하신 주님을 알아보지 못합니다. 오히려 정원지기로 생각하고 시신을 옮긴 장소를 묻고 있습니다.

그런데 한순간 바뀝니다. 주님께서 이름을 부르시자 금방 알아봅니다. 자신의 능력으로는 알아보지 못했지만 그분의 목소리를 듣는 순간 알아챈 것입니다. 그렇습니다. 부활은 눈으로 확인하는 사건이 아닙니다. 그분이 들려주시는 은총의 가르침입니다.

예수님께서는 애정이 담긴 목소리로 부르셨을 것입니다. 사랑이 묻은 목소리였기에 막달레나는 알아들었을 것입니다. 사랑을 담고 부르면 누구나 응답합니다. 부활하신 주님께서는 우리에게도 같은 목소리로 부르고 계십니다. 우리가 겪는 '모든 사건'은 그분의 목소리입니다.

예수님은 꾸중이 아니라 애정으로 부르고 계십니다. 그러나 막달레나처럼 사랑으로 다가가야 합니다. 그러면 부활하신 주님을 만날 수 있습니다. 모든 사건에 담긴 예수님의 뜻을 읽을 수 있습니다.

"내가 그의 이름을 불러 주기 전에는 그는 다만 하나의 몸짓에 지나지 않았다. 내가 그의 이름을 불러 주었을 때 그는 나에게로 와서 꽃이 되었다." 김춘수의 시, '꽃'의 한 구절이 생각납니다.

23 July

마태 13,1-9 :

씨 뿌리는 사람의 비유에는 몇 가지 과정이 등장합니다. 신앙생활에서 자주 만나는 과정입니다. 길 위에 던져진 듯 고독한 상황입니다. 돌밭처럼 암담하고 가시덤불처럼 헝클어지는 상황입니다. 어찌 이것밖에 없겠는지요? 피할 수 없는 과정은 얼마든지 있습니다. 문제는 극복입니다. 인내 말고 무엇이 있을는지요? 그러니 맡기며 살아야 합니다. 어떻든 과정은 지나가기 때문입니다.

자연의 씨앗도 마찬가지입니다. 햇볕과 물과 영양분이 오기를 기다립니다. 하늘의 힘에 의지해서 자라고 있는 것이지요. 마음속의 씨앗도 같은 과정을 거쳐야 합니다. 희망이라는 햇빛과 기도라는 물과 희생이라는 거름을 기다려야 합니다. 그런 에너지가 있어야 자랄 수 있기 때문입니다.

믿음의 결실은 하느님을 만나는 일입니다. 그분과의 만남을 어마어마한 무엇으로 생각하고 있는 것은 아닌지요? 살면서 느끼는 감사와 기쁨이 그분의 손길이며 배려입니다. 그 안에서 그분을 보는 것이지요. 사랑의 주님을 깨닫기 시작하면 신앙의 길은 기쁨으로 바뀝니다. 부담감은 사라지고 평온함이 찾아옵니다. 좋은 땅의 출발이 시작된 것입니다.

24 July

마태 13,10-17 :

어떤 경우든 포기는 답이 아닙니다. 엉망으로 사는 것 같아도 좋은 모습은 있기 마련입니다. 그러니 늘 다시 시작해야 합니다. 그러면 숨어 있던 '좋은 모습'이 은총을 모셔 옵니다. "가진 자는 더 받아 넉넉해지고 가진 것이 없는 자는 가진 것마저 빼앗길 것이다."고 했습니다. 물질을 두고 하는 말씀이 아닙니다. 은총을 두고 하는 말씀입니다.

언제나 좋은 길만 걷는 사람은 없습니다. 때로는 포장이 안 된 길도 걸어야 합니다. 그렇다고 평생 그런 길만 걷는 것도 아닙니다. 걷다 보면 포장된 길은 반드시 나타납니다. 새로운 출발은 언제라도 은총입니다.

신앙생활은 한 그루의 나무를 키우는 일입니다. 건강한 나무는 건강한 뿌리를 지녔습니다. 아무리 가물어도 뿌리가 튼튼하면 나무는 시들지 않습니다. 그러나 뿌리가 시원찮으면 나무는 생기를 잃고 맙니다.

기도 생활을 중단하지 않는 것이 뿌리에 활력을 주는 일입니다. 매일 한 가지씩 선행을 베푸는 일이 나무에 물을 주는 행동입니다. 자주 미사에 참여하고 성체를 모신다면 믿음의 나무는 반드시 푸른색으로 자라납니다. 삶이 꽉 닫힌 것처럼 느껴진다면 내 안에 숨어 있는 '좋은 모습'을 찾아내야합니다. 사막을 걷는 자만이 '오아시스'를 발견할 수 있습니다.

25 July

성 야고보 사도 축일

야고보 사도는 제베대오의 아들이며 요한의 형이다. 형제는 부친과 함께 갈릴래아 호수에서 고기잡이를 하다 주님의 제자로 선택되었다. 기적의 자리에 늘 예수님과 함께 있었고 사랑을 많이 받았다. 42년경 이스라엘 왕이었던 '헤로데 아그립바 1세'에 의해 예루살렘에서 참수되었다. 사도로서는 첫 번째 순교자였다(사도 12,1-2). 알패오의 아들 야고보와 구별하여 '대 야고보'라고도 한다.

마태 20,20-28 :

참나무는 도토리나무입니다. 산에 가면 어디서나 볼 수 있습니다. 예로부터 사람에게 이롭고도 흔한 것에는 '참'이라는 말을 붙였습니다. 참새는 흔하고 쉽게 잡을 수 있는 새입니다. 참꽃은 진달래로 약용입니다. 하지만 철쭉은 먹지 못했기에 '개꽃'이라 했습니다.

참나무도 도토리 크기에 따라 구분됩니다. 갈참나무, 굴참나무, 졸참나무, 떡갈나무, 상수리나무입니다. 물론 하나같이 도토리라는 열매를 맺습니다. 갈참나무는 나뭇잎을 짚신 위에 깔고 다녔기에 생긴 이름입니다. 떡갈나무 역시 잎으로 떡을 싸서 떡이 붙거나 쉬지 못하게 했기에 붙여진 이름입니다.

가장 흔한 것은 상수리나무이지요. 임진왜란 때 도망가던 선조는 도토리묵을 먹었습니다. 난이 끝나고 궁중에 돌아와서도 자주 먹었다고 합니다. 그래서 임금의 수라상에 올랐다 해서 상수리나무가 되었다고 합니다.

사람들은 흔하면 고마운 줄 모릅니다. 늘 그렇게 있는 줄 착각합니다. 그러므로 묵묵히 일하는 분들을 기억해야 합니다. 그들이 줄어들면 조직은 결국 움직이지 않습니다. 아무도 알아주지 않더라도 봉사자의 대열에 합류해야 합니다. 섬김의 생활을 실천해야 주님의 '참' 제자가 될 수 있습니다.

26 July

복되신 동정 마리아의 부모 성 요아킴과 성녀 안나 기념일

외경인 '야고보 복음서'에 의하면 요아킴은 나자렛에서 태어나 안나와 혼인했지만 아이가 없었다. 어느 날 천사가 나타나 아이를 갖게 될 거라고 예언한다. 안나는 하느님께 바치겠다고 약속한다. 그 아이가 바로 성모 마리아다. 성녀 안나에 대한 공경은 초대 교회 때부터 시작되었고 동방 교회에서 널리 보급시켰다. 서방 교회에서는 10세기부터 공적인 공경을 시작했다. 성녀 안나의 유해는 8세기 콘스탄티노플에 옮겨졌고 무덤 위에는 웅장한 성당이 건립되었다.

마태 13,24-30 :

"가라지를 거두어 낼까요?" 종들의 말에 주인은 기다리자고 합니다. 가라지를 뽑다 밀을 뽑으면 어떻게 되겠냐고 합니다. 그러니 종말까지 선과 악은 공존합니다. 어둠의 요소는 없어지지 않습니다. 그렇더라도 처음부터 좋은 씨가 뿌려졌다는 것을 기억해야 합니다.

그러니 좋은 씨가 더 많은 법입니다. 잡초인 가라지가 더 많았다면 주인은 밭을 갈아엎었을 것입니다. 악인들이 많은 듯하지만 착한 사람이 더 많습니다. 사람의 일생도 고통과 괴로움이 넘치는 듯하지만 기쁨과 희망이 더 많은 법입니다. 문제는 어떤 시각을 갖느냐에 있습니다. 인생에는 밝은 쪽과 어두운 쪽이 반반씩 있습니다. 어느 쪽에 비중을 두느냐에 따라 삶은 달라집니다.

그러므로 우리가 기댈 곳은 주인이 뿌려 놓은 좋은 씨입니다. 주위를 살펴보면 좋은 씨가 많이 있습니다. 가라지가 많은 듯하지만 그렇지 않습니다. 알게 모르게 주인은 가라지들 속에서도 자신의 씨앗을 가꾸고 있었던 것입니다. 이것이 복음의 숨은 가르침입니다.

가라지가 없는 밭은 존재하지 않습니다. 악인 없는 세상이 어디에 있겠습니까? 말썽 피우는 사람은 어디든 있는 법입니다. 어느 조직이나 단체든 가라지는 있습니다. 그러니 인정하며 살아야 합니다. 모든 삶은 하느님 안에 있기 때문입니다.

27 July

마태 13,44-52 :

예수님은 하늘나라를 밭에 묻힌 보물이라고 하십니다. 보물이 묻힌 것을 알면 누구나 살 것이라고 하십니다. 값은 문제 되지 않습니다. 중요한 것은 보물이 묻힌 사실을 아느냐 모르느냐에 있습니다. 답은 신앙생활입니다. 기쁨의 신앙생활입니다. 이것이 보물의 밭을 알 수 있는 열쇠입니다.

어떻게 해야 기쁜 믿음이 될 수 있을는지요? 매일 바치는 기도를 먼저 점검해야합니다. 신앙은 매일의 고백이고 다짐입니다. '주님, 다시 시작합니다. 또 다시 출발하렵니다.' 이 선언이 매일 기도의 핵심입니다. 하루의 첫 행동이 기도라면 신앙은 기쁨으로 바뀌지 않을 수 없습니다. 기도하지 않으면, 주위에서 아무리 믿음을 보물이라고 말해 주어도 건성으로 들릴 뿐입니다. 여전히 밭에 묻힌 보물로 남는 것이지요.

주님은 어쩌다 기도해도 '무엇이 보물'이며 '어디에 있는지' 알려 주십니다. '사건과 만남'이 그것입니다. 모든 사건 속에는 주님의 메시지가 숨어 있습니다. 그러니 늘 깨달음을 청해야 합니다. 왜 이런 사건이 일어났는지, 왜 이런 만남이 있었는지 말입니다.

바로 이것이 주님의 뜻을 찾는 작업입니다. 아니, 보물이 묻힌 밭으로 가는 실제 행동입니다. 모든 사건은 우연인 듯 보여도 '사실은 필연'입니다. 그러므로 밭에 묻힌 보물은 언젠가 우리에게 주실 하느님의 선물입니다.

28 July

마태 13,31-35 :

겨자씨는 아주 작습니다. 얼핏 보면 무슨 가루 같습니다. 이렇게 작은 씨앗이 나중에는 키가 큰 식물이 됩니다. 1~2m까지 자란다고 합니다. 예수님의 행적도 지금은 미미해 보이지만 나중에는 큰 가르침이 될 것이라는 말씀입니다.

겨자는 밭에서 재배됩니다. 봄이 되면 노란 꽃이 피고 동그란 열매 안에 씨가 들어 있습니다. 씨를 가루 내어 물에 갠 것이 겨자입니다. '울며 겨자 먹는다.'는 그 겨자입니다. 흔히 고추냉이(와사비)와 혼동하는데 전혀 다릅니다. 고추냉이는 고추냉이 뿌리로 만들기에 푸른색을 띠지만 겨자는 노란색입니다.

하늘나라는 '하느님의 다스림'을 의미합니다. 유다인들은 하느님께서 직접 통치하시는 날이 올 것을 기다리고 있었습니다. 그런 까닭에 많은 이민족의 지배를 받았지만 참고 견디어 냈습니다. 예수님 시대에도 마찬가지였습니다. 로마의 압제 아래 있었지만, 언젠가 주님께서 세상을 다스리실 것이고 그 권한을 자신들에게 주실 거라고 믿었습니다.

겨자씨의 비유는 '하느님의 다스림'이 도래했다는 말씀입니다. 예수님께서 오심으로써 미미하지만 그 활동이 시작되었다는 선언입니다. 아무리 큰 것도 작은 것에서 출발합니다. 겨자씨 같은 믿음이 나중에는 산을 움직인다고 했습니다. 믿음에는 작고 큰 것이 없습니다.

29 July

성녀 마르타 기념일

성녀 마르타는 라자로의 동생이다. 라자로는 4일 동안 무덤에 있었지만 예수님의 기적으로 되살아났다. 예수님께서는 그들의 집에 자주 머무르셨다. 성녀 마르타는 활동적인 여성이었다. "마르타야, 마르타야! 너는 많은 일을 염려하고 걱정하는구나. 그러나 필요한 것은 한 가지뿐이다. 마리아는 좋은 몫을 선택하였다."(루카 10,41-42) 이 복음 말씀에 따라 마르타는 활동적인 신앙인의 상징이 되었고 마리아는 관상 생활의 모델로 공경받고 있다.

요한 11,19-27 :

마르타는 라자로의 동생입니다. 오빠의 병이 깊은 것을 알자 사람을 예수님께 보냅니다. 오셔서 고쳐 주시길 청한 것이지요. 평소 가깝게 지냈음을 알 수 있습니다. 그런데 예수님께서는 이틀이 지난 뒤에야 움직이십니다. "주님께서 여기에 계셨더라면 제 오빠는 죽지 않았을 것입니다." 투정에 가까운 마르타의 청원은 그래서 나온 것입니다.

사람들은 늘 바쁩니다. 고통 앞에서도 바쁩니다. 평소 느긋했던 사람도 사고를 당하면 금방 조급해집니다. 하지만 주님께서는 바쁘지 않으십니다. 사람이 조급하다고 주님께서도 그러려니 생각해서는 안 됩니다. 그러기에 기적은 언제나 천천히 일어납니다. 조건을 갖춘 뒤에야 주어집니다. 주님께서는 사람들의 판단 기준에 얽매이지 않으십니다.

라자로는 이스라엘의 흔한 이름인 엘리아자르Eleazar에서 유래합니다. '주님께서 도우셨다'라는 뜻을 지녔습니다. 신약 성경에는 라자로라는 이름을 가진 사람이 두 명 등장합니다. 루카 복음서에 나오는 거지 라자로와 요한 복음서에 마르타의 오빠로 나오는 라자로입니다. 예수님께서는 죽은 지 나흘이 지난 그를 살려 주십니다. 당신의 부활을 미리 보여 주시는 사건이었습니다.

마르타는 깨달음을 얻고 외칩니다. "저는 주님께서 이 세상에 오시기로 되어 있는 메시아이시며 하느님의 아드님이심을 믿습니다." 우리 역시 마르타의 고백을 되풀이해야 합니다. 우리에게도 기적의 힘이 주어지기 때문입니다.

마태 13,44-46 :

예수님은 하늘나라를 '밭에 숨겨진 보물'에 비유하십니다. 보물이 묻힌 것을 알면 누구나 살 것이라고 하십니다. 값은 문제 되지 않습니다. 중요한 것은 '보물이 숨겨진 밭'을 아느냐 모르느냐에 있습니다. 그 해답은 신앙생활에서 찾을 수 있습니다. 특별히 기쁨으로 하는 신앙생활입니다. 이것이 '보물이 숨겨진 밭'을 알아내는 열쇠입니다.

그렇지만 사람들은 잘 모릅니다. 어떻게 해야 믿음의 길이 기쁨이 될 수 있는지 잘 모릅니다. 무엇보다 먼저 두려움을 벗어야 합니다. 죄에 대한 두려움과 미래에 대한 불안을 극복하려고 애써야 합니다. 실제로 노력해야 합니다. 이것이 보물이 숨겨진 밭을 '사는 일'입니다.

신앙은 습관이 아닙니다. 매일의 고백이고 다짐입니다. '주님, 다시 시작합니다. 또다시 출발하렵니다.' 이 선언이 매일 기도의 핵심입니다. 하루의 첫 행동이 기도라면 신앙은 마침내 기쁨으로 바뀌게 됩니다. 하지만 기도가 없으면 믿음은 여전히 밭에 묻힌 보물로 남을 뿐입니다. 두려움의 극복이 소박한 기도에서 시작됨을 사람들은 너무 모릅니다.

"가진 것을 다 팔아 그 밭을 산다."는 복음 말씀을 기억해야 합니다. 정성과 애정을 쏟으면 누구나 새로운 시각을 얻습니다. 신앙생활은 늘 현실입니다. 삶의 보물이 되어야 할 믿음이 인생의 짐으로 바뀌고 있다면 안타까운 일입니다.

31 July

성 이냐시오 데 로욜라 사제 기념일

이냐시오 성인은 1491년 스페인 바스크 지방에서 태어났다. 26살에 군인이 되어 30세 때 부상을 입고 입원했다. 이때 깊은 신앙 체험을 한다. 마흔 살이 넘어 신학 공부를 시작한 그는 46살에 사제품을 받았다. 이후 동료들과 함께 예수회를 설립했고, 많은 저술과 교육으로 사도직을 수행했으며, 교회 개혁에도 큰 업적을 남겼다. 1556년 로마에서 세상을 떠났고 1622년 예수회원이었던 프란치스코 하비에르와 함께 시성되었다.

마태 13,47-53 :

종말은 끝판입니다. 한 단락이 끝나고 새판이 시작되는 날입니다. 그러기에 천사들이 나타나 "의인들 가운데서 악한 자들을 가려내어 불구덩이에 던져 버릴 것이다."고 했습니다. 누가 의인이겠습니까? 문제는 여기에 있습니다. '어부는 좋은 고기는 그릇에 담고 나쁜 것들은 밖으로 던진다.'고 했습니다. 결정은 어부가 합니다. 종말의 결정권은 주님께 있다는 가르침입니다.

좋은 고기는 싱싱한 고기입니다. 어부에게 만족감을 주는 고기입니다. 이웃에게 기쁨을 주는 이가 주님께도 기쁨을 드립니다. 사람들에게 사랑받는 이가 주님께도 사랑받습니다. 사람들에게 손가락질받는 이가 마지막 날 의인이 될 수는 없는 일입니다.

그러므로 종말은 점검의 날입니다. 사랑과 기쁨을 점검받는 날입니다. 얼마나 사랑하며 살았는지, 얼마나 기쁘게 살았는지 점검받는 날입니다. 하느님께서는 종말을 통해 가르침을 마무리하실 것입니다. 세상에 가득 찬 당신의 뜻을 매듭짓고 새로운 세상을 여실 것입니다.

마무리를 위협적으로 생각할 수는 없습니다. 두려움과 공포는 종말의 본질적인 요소가 아닙니다. 그러기에 예수님은 제자들에게 "너희는 이것들을 다 깨달았느냐?" 하고 물으셨습니다. 우리 역시 제자들처럼 "예!" 하고 답해야 합니다. 종말이 완성임을 고백하는 행동입니다.

365일 복음 묵상 가해

8월

01 August

성 알폰소 마리아 데 리구오리 주교 학자 기념일

알폰소 성인은 1696년 나폴리의 귀족 집안에서 태어났다. 부친은 해군 장교였다. 젊은 시절 변호사로 활약하던 그는 30세에 사제가 되어 처음에는 선교사로 일했다. 성인은 훗날 일생을 헌신하게 될 수도회를 창설했고 그곳에서 설교와 저술을 통해 신자들을 가르쳤다. 윤리신학의 대가로 존경받는 그는 1787년 8월 1일 91세의 나이로 선종했다.

마태 13,54-58 :

예수님께서는 고향 나자렛을 방문하십니다. 소년 시절의 추억이 담긴 곳입니다. 마을 한복판에는 시장이 있고 왁자지껄한 거리를 지나면 회당이 보입니다. 야트막한 언덕 위의 흰 건물입니다. '어린 시절, 얼마나 크고 화려하게 보였던가?' 예수님께서는 유년 시절을 떠올리십니다.

회당에 들어가 말씀을 전하시는 그분께 사람들의 시선이 집중됩니다. '저 사람이 누군가? 목수의 아들이 아닌가? 형제들도 여기에 살고 있지 않은가? 그런데 언제 저런 실력을 쌓았단 말인가?' 사람들은 놀란 눈으로 바라봅니다. 그러다 곧바로 인간적인 판단에만 몰두합니다. 모처럼 찾아온 영적 기회를 잃는 순간입니다.

편견의 어리석음입니다. 고정 관념의 해악입니다. 고향 사람들은 신심이 깊었음에도 예수님을 받아들이지 못했습니다. 한쪽만 보았기 때문입니다. 영적인 사람도 때로는 너무 쉽게 인간적인 것에 빠져듭니다. 하지만 은총은 영적인 모습일 때 강해집니다. 그러므로 겉모습을 뛰어넘는 '영적 시각'에 익숙해져야 합니다. 그래야 기적의 힘을 만날 수 있습니다. 예수님은 단지 고향이어서 기적을 베풀지 않으신 것이 아닙니다. 사람들이 편견의 믿음에 사로잡혀 있었기에 기적을 베풀고 싶어도 참으셨을 뿐입니다.

02 August

마태 14,1-12 :

세례자 요한의 죽음은 억울합니다. 인간적으로 뛰어났던 분이 어이없는 종말을 맞이합니다. 한 여인의 증오로 의로운 사람이 희생된 것이지요. 역사 안에서는 흔한 일입니다.

요한은 구세주의 등장을 준비한 분입니다. 그러기에 광야에서 살며 회개를 부르짖었습니다. 지도자들의 거짓과 위선을 과감하게 꾸짖었습니다. 임금에게까지 직언을 하다 결국 죽음을 맞게 되었습니다.

그런 분이었기에 편안한 죽음은 어울리지 않습니다. 장수를 누리며 편안히 숨을 거두는 것은 세례자 요한에게 허락된 임종이 아니었습니다. 그의 죽음에는 하느님의 뜻이 들어 있었습니다. 미구에 당하실 그리스도의 죽음을 예견하는 암시입니다.

세상에는 억울한 죽음이 많습니다. 요한보다 더 억울한 죽음도 있습니다. 그냥 묻혀 버린다면 정말 애달픈 일입니다. 그런 죽음일수록 예수님의 죽음과 연관되어야 합니다. 그래야 억울하지 않습니다. 어떻게 하는 것이 그분과 연결되는 것인지요? 누군가를 위한 희생이었음을 묵상하는 일입니다. 그렇습니다. 안타까운 죽음은 그 자체가 봉헌입니다. 그러한 희생이 있었기에 후손들이 무사히 살아가고 있습니다. 우리 역시 '보이지 않는 억울함'을 희생과 봉헌으로 감수해야 합니다.

03 August

마태 14,13-21 :

사람들은 예수님을 따르고 있습니다. 먹을 것은 벌써 동이 났습니다. 사 먹을 장소도 없습니다. '이대로 굶어야 하는가? 그건 아닐 것이다.' 사람들은 막연한 희망을 갖고 있었습니다.

사막을 오가며 장사하는 이에게는 물이 곧 생명입니다. 때때로 그들은 죽음보다 더한 목마름을 만납니다. 하지만 그들은 희망으로 버티어 낸다고 합니다. 참고 기다리면 오아시스를 만난다는 희망입니다. 그 일념을 못 살리면 목마름에 진다고 합니다. 희망은 그 자체로 힘이 되는 것을 알 수 있습니다.

인생의 사막도 마찬가지입니다. 고통에 직면한 이에게 정작 필요한 것은 희망입니다. 포기는 희망을 접을 때 생겨납니다. 남들은 별것 아니라 하더라도 본인에게는 충격적인 사건이 있는 법입니다. 예수님을 따라가다 먹을 것이 떨어진 청중도 같은 처지였습니다.

기다린 사람만이 기적의 음식을 먹을 수 있었습니다. 남은 빵이 광주리에 가득 찰 만큼 풍족한 식사였습니다. 그들에게 이제 두려움은 없습니다. 앞날에 대해 겁날 것도 없습니다. 예수님께서는 희망보다 더한 확신을 주셨습니다. 어쩌면 빵을 먹은 기쁨보다 주님의 능력을 확인한 기쁨이 더 강했을 것입니다. 그러니 기적의 핵심은 굶주림의 해결에 있는 것이 아닙니다. 이루어질 것 같지 않던 '희망이 이루어졌다'는 데 있습니다.

04 August

성 요한 마리아 비안네 사제 기념일

요한 마리아 비안네 사제는 1786년 프랑스에서 태어났다. 혁명 시기와 맞물려 정상적인 교육을 받지 못하는 등 여러 난관을 극복한 그는 30세에 사제가 되었다. 첫 부임지는 주민이 200여 명에 불과한 산골 본당 '아르스'였다. 그는 따뜻한 설교와 영적 지도로 본당을 더욱 발전시켜 나갔다. 특별히 고해성사에 대한 명성은 프랑스 전역으로 퍼져 나가, 만년에는 하루에 16시간씩 고해성사를 주어야 할 만큼 많은 이들이 찾아왔다. 1859년 73세의 나이로 세상을 떠났다.

마태 14, 22-36 :

아무도 물 위를 걸을 수 없습니다. 그런데 예수님께서는 물 위를 걸어가십니다. 하느님의 능력이 있었기 때문입니다. 베드로도 물 위를 걸어갑니다. 그러나 바람이 불자 겁을 먹습니다. 그 순간 가라앉기 시작합니다. 허우적거리는 그에게 스승님께서 말씀하십니다. "왜 의심하였느냐?" 베드로는 할 말이 없습니다.

누구나 하느님의 능력을 지니면 물 위를 걸을 수 있습니다. 물 위를 걷는 것처럼 불가능한 일을 할 수 있습니다. 어떻게 하는 것이 그분의 능력을 지니는 것이 되겠는지요? 물에 빠지는 베드로에게 예수님께서 말씀하셨습니다. "이 믿음이 약한 자야, 왜 의심하였느냐?"

그러므로 의심하지 않을 때 참된 믿음이 생깁니다. 의심을 버리는 순간, 주님의 능력은 활동을 시작합니다. 그러나 쉽지 않습니다. 그러기에 많은 사람들이 실패합니다. 굳게 믿다가도 교회 일 때문에 상처 받고 돌아섭니다. 열심히 살다가도 교회 사람에게 좌절해서 마음의 문을 닫습니다. 그럴수록 주님은 가까이 계십니다. 그럴 때일수록 믿음은 그분과의 관계임을 기억해야 합니다.

05 August

마태 15,1-2.10-14 :

손 씻는 일이 무어 그리 중요한지요? 바리사이들은 손을 씻지 않고 음식을 먹었다고 제자들을 곱씹습니다. 조상들의 전통까지 들먹입니다. 하지만 알고 보면 경직된 발언일 뿐입니다. 율법에 손 씻는 규정이 들어간 것은 감사 때문입니다. 먹을 것이 귀한 시절, 음식은 생명과 직결되었습니다. 당연히 경건하게 음식을 대했고 감사와 경건의 표시로 손 씻는 예절이 등장했습니다. 결코 위생 개념이 앞선 것은 아닙니다. 근본은 감사에 있었습니다.

그러기에 예수님께서는 말씀하십니다. "입으로 들어가는 것이 사람을 더럽히지 않는다. 오히려 입에서 나오는 것이 사람을 더럽힌다." 얼마나 명쾌한 가르침인지요? 아직도 '먹는 음식과 먹어선 안 되는 음식'을 규정하는 종교는 많습니다. 믿는 이를 어린이 취급하는 종교입니다. 음식 자체에 무슨 윤리가 적용될지요? 그런 생각 자체가 사람을 경직되게 합니다.

그러니 근본으로 돌아가 감사와 경건함으로 음식을 대해야 합니다. 손만 씻는 것이 아니라 마음까지 씻는 행동입니다. 적게 먹기보다 많이 먹어 탈이 나는 시대에 우리는 살고 있습니다. '음식의 노예'가 되어 살고 있는 것은 아닌지 돌아봐야겠습니다. 얼마만큼 음식에 대해 자유로운지 되돌아봐야겠습니다. 이 시대에 맞는 새로운 의미의 '손을 씻는 행위'입니다.

마태 17,1-9 :

하느님께서는 살아 계신 분이십니다. 모든 존재는 그분으로부터 생명력을 받아야 움직일 수 있습니다. 하느님께서는 '생명 그 자체'이십니다. 우리는 이런 교리를 수없이 들어 왔습니다. 그렇지만 강렬한 느낌은 없습니다. 매일의 생명력을 주시는 분인데도 뚜렷한 감정이 생겨나지 않습니다.

막연히 하늘에 계신 분으로만 받아들이고 있습니다. '안 계신 데 없이' 모든 사람 안에 계신다고 하지만 감각적인 깨달음은 없습니다. 왜 그럴까요? 체험의 부족 때문입니다. 주님의 힘을 느끼고 만나고 부딪쳤던 체험의 부족 때문입니다. 실제로는 수없이 만났고 함께했고 경험했지만 그냥 지나쳐 버렸기 때문입니다.

하느님께서는 인간세계 밖에서 존재하는 분이 결코 아니십니다. 우리와 함께 계시는 분입니다. 어떤 상황에 있건 감싸 주는 분이십니다. 나무들을 감싸고 새들을 감싸고 들판의 풀들과 미물微物까지도 감싸 주시는 분이십니다.

복음에서 제자들은 예수님의 변모된 모습에만 놀란 것이 아닙니다. 만물에 숨겨진 창조주의 모습을 비로소 깨달았기에 감동했던 것입니다. 그러니 변모 사건은 은총입니다. 제자들에게 드러내신 그분의 사랑입니다. 오늘의 우리에게도 주님께서는 그렇게 당신의 모습을 드러내고 계십니다.

07 August

마태 16,13-23 :

"너희는 나를 누구라고 생각하느냐?" 예수님의 질문입니다. 우리는 정답을 알고 있습니다. 오랫동안 답을 들으며 살아왔기 때문입니다. 그러므로 정작 중요한 것은 예수님을 '그리스도'로 모시는 행위입니다. 그분을 '주님'이라고 고백하며 사는 일입니다.

주님은 주인主人님을 줄인 말입니다. 무엇의 주인입니까? 내 삶의 주인이며 내 운명의 주인이며 내가 소유한 모든 것의 주인입니다. 베드로 사도는 이 사실을 고백했던 것입니다. 그리스도 역시 우리말로 '구세주救世主'입니다. "세상을 구원하시는 주님"이란 뜻이지요.

하지만 사람들은 '세상'에 대해 너무 막연하게 받아들입니다. 별 느낌 없이 우리가 살고 있는 지구라고 생각합니다. 세상에 살고 있는 모든 사람을 연상합니다. 틀린 것은 아닙니다.

그렇지만 먼저 기억해야 할 것은 '내게 주어진 세상', '내가 책임져야 할 세상'입니다. 그곳에는 운명적으로 맡겨진 사람이 있고 의무로 주어진 일이 있습니다. 기쁨으로 살아야 할 미래가 있습니다. 누가 이러한 '나의 세상'을 구원해 줄 수 있을는지요? 주님께서는 질문을 통해 이것을 묻고 계십니다. "스승님은 살아 계신 하느님의 아드님 그리스도이십니다." 베드로 사도는 이렇게 모범적인 고백을 남겼습니다.

08 August

성 도미니코 사제 기념일

도미니코 성인은 1170년 스페인 북부 카스티야 지방에서 총독의 아들로 태어났다. 본명은 도밍고 데 구즈만 Domingo de Guzman이다. 어려서부터 수도자가 되기를 열망했고 사제가 된 뒤에는 설교가로 활약했다. 여러 수도회의 개혁에 동참했고 훗날 도미니코 수도회를 창설했다. 1221년 이교도들을 개종시키려 설교 여행을 떠났다가 여행 중에 얻은 병으로 선종했다. 1234년 성인품에 올랐다.

마태 16,24-28 :

본래 십자가는 사형 도구였습니다. 로마 제국은 식민지에서 반란이 일어나면 주동자들을 십자가형에 처했습니다. 고통이 길고 과정은 끔찍했기에 위협적이었습니다. 반란자 대부분이 독립군이었기에 구경꾼도 많았습니다. 처형 장소는 따로 있었습니다. 사형이 확정되면 죄수들은 십자가를 매고 그곳으로 가야 했습니다.

이스라엘 말로 '골골타'입니다. 번역하면 "해골터"이지요. 훗날 신약 성경이 그리스 말로 기록되면서 '골골타'는 '골고타'가 됩니다. 소리 나는 대로 옮긴 것입니다. 라틴 말로는 '갈바리아'라고 합니다. 오늘날 이곳에는 커다란 성당이 세워져 있고 프란치스코 수도원에서 관리하고 있습니다.

이렇듯 원래 십자가는 혐오의 대상이었습니다. 그런 십자가가 희생과 봉사의 상징으로 바뀐 것은 예수님 때문입니다. "누구든지 내 뒤를 따라오려면 자신을 버리고 제 십자가를 지고 나를 따라야 한다."는 말씀 때문입니다.

누구에게나 자신의 십자가가 있습니다. 그것이 무엇일는지요? 삶에 '아픔을 주는 고통'입니다. 자신의 성격일 수도 있고 직업일 수도 있습니다. 건강이나 가족 관계가 십자가일 수도 있습니다. 예수님께서는 인정하며 받아들이라고 하십니다. 그러니 십자가를 없애 달라고 기도해서는 안 됩니다. '십자가를 지고 갈 수 있는 힘'을 달라고 기도해야 합니다.

09 August

마태 17,14-20 :

    마귀는 악의 세력입니다. 악한 기운으로 사람을 불안하게 합니다. 삶의 기쁨을 깨뜨리고 영혼의 힘을 빼앗아 갑니다. 사는 것이 허무하고 두렵다면 악한 기운을 의심해야 합니다. 기도와 자선과 성사 생활을 통해 끊임없이 선한 기운을 접해야 합니다. 인생은 악한 기운과 공존하며 살 수밖에 없기 때문입니다.

    아버지는 아이를 사로잡고 있는 악의 세력을 몰아내 줄 것을 청합니다. 불 속에도 뛰어들고 물속에도 빠진다고 호소합니다. 천방지축으로 뛰는 모습은 '사람의 욕망'을 연상시킵니다. "아, 믿음이 없고 비뚤어진 세대야! 내가 언제까지 너희와 함께 있어야 하느냐?" 예수님께서는 이 말씀을 하신 뒤에 악한 기운을 몰아내 주셨습니다.

    삶이 불안하면 예수님의 힘을 청해야 합니다. 믿음은 그분께로 가는 길입니다. 산을 옮길 수 있는 믿음이란 '산을 넘어 주님께로 가는 믿음'을 말합니다. 불안의 산, 질병의 산, 두려움의 산, 허무의 산입니다. 악한 기운이 아무리 강해도 우리의 생명을 죽이지는 못합니다. 그러니 언제라도 중심이 되어야 할 것은 믿는 마음입니다. 아버지의 사랑과 능력을 믿고 사는 마음입니다.

마태 14,22-33 :

모두가 잠든 새벽녘, 예수님께서는 물 위를 걸어오십니다. 누군가 소리 질렀습니다. "유령이다!" 제자들은 놀라 일어납니다. 기적의 음식인 물고기 두 마리와 빵 다섯 개를 먹은 것이 어저께의 일입니다. 그런 그들이 스승님을 알아보지 못한 것입니다.

예수님께서는 제자들을 안심시키십니다. "나다, 두려워하지 마라." 그러자 베드로는 확인을 시도합니다. "주님이시거든 저더러 물 위를 걸어오라고 명령하십시오." 황당한 말이었지만 스승님께서는 받아 주십니다. 그러나 물 위를 걷던 베드로는 조금 가다 빠지고 맙니다.

예수님께서는 물 위를 걸어가셨습니다. 하느님의 능력을 지니셨기 때문입니다. 베드로도 처음에는 물 위를 걸었습니다. 그러나 바람이 불자 겁을 먹었고 결국 물에 빠졌습니다. 너무 쉽게 하느님의 기운을 의심했던 것입니다.

누구나 하느님의 능력을 지니면 물 위를 걸을 수 있습니다. 불가능하다고 포기한 일도 주님의 기운을 지니면 해낼 수 있습니다. 이것이 복음의 교훈입니다. 어떻게 하는 것이 그분의 힘을 지니는 것이 되겠는지요? 물에 빠진 베드로에게 스승님께서는 말씀하셨습니다. "이 믿음이 약한 자야, 왜 의심하였느냐?" 그러니 일차적으로 의심을 버려야 합니다. 자유롭게 믿어야 합니다. 의심에서 자유로워져야 물 위를 걸을 수 있습니다.

11 August

성녀 클라라 동정 기념일

클라라 성녀는 1193년 이탈리아의 아시시에서 귀족의 딸로 태어났다. '빛'이라는 뜻의 클라라는 어머니가 기도 중에 받은 이름이라고 한다. 프란치스코 성인의 영향으로 수도 생활을 시작했고 클라라 수도회를 창설했다. 당시 어느 수도회보다 엄격하고 가난한 수도회였다. 클라라 성녀는 기도로 많은 기적을 남겼다. 1253년 8월 11일 아시시에서 세상을 떠났고 2년 뒤에 시성되었다.

마태 17,22-27 :

예수님 당시에도 세금은 많았습니다. 그중에서도 로마에 바치는 '인두세'는 반란의 근거가 되었습니다. 이스라엘 남자는 14세부터 의무적으로 바쳐야 했으니 분하고 억울한 일이 아닐 수 없었습니다. 여기에다 성전세도 내야 했습니다. 스무 살이 되는 해부터 매년 '두 데나리온'을 바치는 세금입니다. 한 데나리온은 노동자의 하루 품삯이었습니다. 그렇지만 로마 화폐인 데나리온으로 바치는 것이 아니라 이스라엘 화폐인 '세겔'로 바쳐야 했습니다. 그러기에 성전에는 돈을 바꾸어 주는 환전상이 있었던 것입니다.

예나 지금이나 돈 내는 것을 좋아할 사람은 없습니다. 하지만 움켜쥐고만 있어서도 안 됩니다. 흘러가게 해야 합니다. 돈은 죽은 물건이 아니라 살아서 움직이는 물건이기 때문입니다. 기쁘게 보내면 기쁘게 돌아옵니다. 예수님께서도 기꺼이 세금을 내셨습니다.

돈은 삶의 수단일 뿐입니다. 그렇지만 '생의 목적'으로 생각하는 이가 더 많습니다. 그런 탓에 돈의 속성인 불안과 걱정에서 쉽게 벗어나지 못합니다. 돌고 돌기에 돈이란 말은 옛말입니다. 지금은 너무 좋아하면 '머리가 돈다'는 의미에서 돈입니다. 실제로 돈을 너무 좋아해 머리가 돌아 버린 사람도 있습니다. 많이 있습니다.

마태 18,1-5.10.12-14 :

　　예수님께서는 성경의 여러 곳에서 어린이의 마음을 지니라고 하십니다. 복음에서는 '어린이처럼 되지 않으면' 하늘나라에 갈 수 없다는 극단적인 말씀까지 하십니다. 다 큰 어른이 어떻게 철부지 어린이로 되돌아갈 수 있을는지요? "어머니 배 속에 다시 들어갔다가 태어날 수야 없지 않습니까?"(요한 3,4) 니코데모는 예수님께 이런 질문을 했다가 무안을 당하기도 했습니다.

　　어린이의 마음이 되기 위해서는 어린이의 특성을 알아야 합니다. 사람들은 너무 쉽게 순진하고 거짓 없고 착한 것만 연상합니다. 틀린 것은 아닙니다. 하지만 어린이라고 다 순진한 것은 아닙니다. 영악한 아이들도 많습니다. 어린이일수록 질투심이 적나라하고 쉽게 토라지고 쉽게 다툽니다. 이런 특성을 닮으라는 말씀은 분명 아닐 것입니다.

　　어린이의 가장 큰 특성은 '어머니가 없으면 불안해한다.'는 점입니다. 갓난아기일수록 어머니 없는 세상은 불안 그 자체입니다. 어른인 우리가 신앙 안에서 익혀야 할 어린이의 마음은 바로 이것입니다. 하느님 없는 세상은 엄마 없는 어린이의 세상과 같다는 느낌입니다. 이 느낌을 생활화하라는 것이 복음의 교훈입니다.

13 August

마태 18,15-20 :

남의 잘못을 지적해 준다는 것은 여간 용기 있는 일이 아닙니다. 이해 타산이 없는데도 그렇게 한다는 것은 사랑이 없으면 불가능한 일입니다. 이기주의가 팽배한 현실에서 '긁어 부스럼' 되기 십상인 까닭입니다. 그런데도 주님께서는 그렇게 하라고 하십니다.

어려운 일입니다. 우선은 가족 안에서 실천해 봐야 합니다. 결과에 관계없이 행위 자체가 말씀의 실천이 됩니다. 체념하며 포기해 온 관계라면 더욱 시도해 볼 일입니다. "두 사람이 마음을 모아 무엇이든 청하면, 하늘에 계신 내 아버지께서 이루어 주실 것이다." 예수님께서는 이렇게 말씀하셨습니다. 애정으로 시작하면 애정을 만납니다. 사랑으로 출발하면 사랑으로 만나게 되어 있습니다. 주님의 이끄심인 까닭입니다.

두 사람이 마음을 모으기 전에 할 일이 있습니다. 서로를 '있는 그대로' 인정하는 일입니다. 상대를 바꾸기 위한 지적이라면 애정은 개입되지 않습니다. 상대에게서 받은 '내 마음의 상처'를 전달할 때 사랑이 함께합니다. 이런 과정을 거친 뒤의 기도라면 어찌 주님께서 들어주지 않으실는지요? 사랑과 애정은 언제라도 밝은 기운입니다.

14 August

성 막시밀리아노 마리아 콜베 사제 순교자 기념일

콜베 사제는 1894년 폴란드에서 태어났다. 14세에 프란치스코 수도회에 입회했고 막시밀리아노는 수도명이다. 1918년 사제가 되어 평생을 선교사로 살았다. 자신이 설립한 '성모의 기사회'는 신심 단체로 여러 나라에 전파되었다. 1941년 폴란드 지하 조직을 도왔다는 죄목으로 체포되어 아우슈비츠 수용소에 갇혔다. 그곳에서 사형 판결을 받은 다른 사람을 대신해서 죽었다. 1941년 8월 14일이었다. 나치 희생자 가운데 최초로 1982년에 시성되었다.

마태 18,21-19,1 :

"저희에게 잘못한 이를 저희가 용서하오니, 저희 죄를 용서하시고…" 주님의 기도를 바칠 때면 늘 외우는 기도문입니다. 그러나 기도에 어울리는 행동은 얼마나 실천하며 사는지 생각해 볼 일입니다. 자연은 결코 용서하지 않습니다. 동물의 세계에도 용서는 없습니다. 인간만이 용서의 개념을 알고 있습니다.

그것은 인간 안에 하느님의 모습이 존재하기 때문이라고 했습니다. 그러기에 그분을 닮으려면 자꾸만 용서를 베풀어야 합니다. 베드로는 예수님께 질문합니다. "형제의 잘못을 몇 번이나 용서하면 되는지요? 일곱 번이면 되겠습니까?" 그러나 주님께서는 끝없는 용서를 말씀하십니다. 용서에는 한계가 없음을 강조하신 것입니다.

현대인들은 얼마나 숫자를 좋아합니까?. 그러나 주님께서는 숫자에 매이지 말 것을 당부하십니다. 어쩌면 정작 우리가 베풀어야 할 용서는 단 한 번일지도 모릅니다. 아니, 일생을 걸고 닦아야 할 용서의 덕德은 단 한 사람을 향한 마음일지도 모릅니다. 하지만 그런 용서일수록 어렵습니다.

그런 용서일수록 순간에 생긴 미움이 아닙니다. 쌓이고 쌓인 미움입니다. 한 순간에 이루어질 용서가 아닙니다. 그건 욕심일 뿐이지요. 그러니 미움이 생긴 만큼의 세월을 기다려야 합니다. 끝없는 용서의 길을 가야 하는 이유가 여기에 있습니다.

15 August — 성모 승천 대축일

1950년 11월 1일, 비오 12세 교황은 성모님의 승천을 '믿을 교리'로 선포한다. 이로서 초대 교회 때부터 전승되어 오던 마리아의 승천은 교의(敎義, 信條)로서 정착하게 된다. 성경에는 성모님의 승천에 관한 명백한 언급은 없다. 그러나 '하느님의 어머니'라는 언급은 여러 곳에서 발견된다. 마리아의 승천은 그분께 내려진 하느님의 은총이었다.

루카 1,39-56 :

성모님의 승천은 성모님이 곧바로 천국에 가셨음을 의미합니다. 마리아께서는 그만한 삶을 사신 분이기에 당연한 일입니다. 많은 이들은 성모님의 생애를 평탄하게만 생각합니다. 성 요셉과 아기 예수님께서 함께 사셨으니 아무런 문제도 없었을 것이라고 상상합니다. 가장 행복한 성가정을 이루었으니 고통도 고뇌도 없고 마음 상하는 일이나 말썽도 없었을 것이라고 생각합니다.

정말 그랬을까요? 그건 아닐 것입니다. 단순하게 아무런 문제도 없고 다툼도 없는 가정을 성가정이라고 생각해서는 안 됩니다. 강한 개성과 고집을 지닌 분들이 사셨기에 어쩌면 남모르는 아픔이 더 많았을지도 모릅니다. 다만 그분들은 자신의 뜻보다 철저하게 하느님의 뜻을 중심으로 살았습니다. 그런 의미에서 성가정이며 그런 의미에서 성모님이십니다.

그러므로 마리아의 승천은 하느님의 뜻을 따라 산 사람에게 내려지는 축복입니다. 누구라도 그렇게 살면 주님께서 주시는 축복입니다. 성모님이 계셨기에 초대 교회에는 하느님의 힘이 떠나지 않았습니다. 우리 곁에도 수많은 어머니들이 있습니다. 그들 모두 성모님을 닮아 또 한 분의 마리아로서 살아갈 수 있도록 기도해야 합니다.

August

마태 19,13-15 :

정아는 올 봄 엄마를 잃었습니다. 일곱 살 아가에게는 너무 가혹한 운명입니다. 고사리손을 모으고 기도하는 모습을 보면 코끝이 찡해집니다. 정아의 유일한 희망은 천국에서 엄마를 만나는 일입니다. "정아야, 잘 있었니? 할머니도 잘 계시고?" 어린이 미사 때면 일부러 정아에게 말을 건네려 애씁니다.

승미는 아빠가 없습니다. 지난해 사고로 죽었습니다. 늘상 어두운 그림자가 작은 어깨에 얹혀 있습니다. 주일 학교에서도 말이 없습니다. 어린 것이 안쓰러워 만날 때면 머리를 쓰다듬고 말을 시키곤 합니다. 그럴 때면 쳐다보는 눈가에 목마름이 가득합니다.

미사가 끝나고 아이들이 흩어져도 승미는 가지 않고 기다립니다. 어깨를 안아 주고 잘 가라고 토닥거려야 떠나갑니다. 일주일에 한 번이라도 나는 승미의 아빠가 됩니다. 너무 빨리 삶의 슬픔에 적응해 가는 승미가 안타깝습니다. 시련이 은총이라는 걸 언제쯤 깨닫게 될지요?

세상에는 가슴 아픈 아이들이 너무 많습니다. 대부분 어른들의 잘못이 원인입니다. 복음의 예수님께서는 단 한 번만 아이들을 축복하신 것이 아닙니다. 끊임없이 축복하고 계십니다. 다만 그분의 힘이 아이들에게 닿지 않고 있을 뿐입니다. 누군가 예수님의 역할을 해야 합니다. 아이들에게 다가가 따뜻한 빛이 되어 주어야 합니다.

17 August

마태 15,21-28 :

여인은 마귀를 물리쳐 주시길 청합니다. 딸을 괴롭히고 있는 마귀입니다. 이전의 예수님께서는 그런 청을 거절하지 않으셨습니다. 사탄 때문에 고생하는 이에게는 언제나 다정한 분이셨습니다. 그런데 말씀이 없습니다. 묵묵부답 걷기만 하십니다. 보다 못해 제자들이 말을 겁니다. "여인이 저렇게 애원하고 있는데 어떡하실 겁니까?" 예수님의 답변은 엉뚱합니다. "자녀들의 빵을 강아지들에게 주는 것은 좋지 않다." 강아지는 이방인입니다. 그들에게 기적을 베푸실 수 없다는 말씀입니다.

그 당시 어법이라고 하지만 생각하면 모욕적인 말입니다. 하지만 여인은 조금도 개의치 않습니다. 오히려 재치 있는 답변으로 예수님의 거절을 뒤집습니다. 여인의 무엇이 예수님을 움직이고 기적을 불러왔겠습니까? 복음의 교훈은 이 점을 묵상하는 데 있습니다.

겸손한 믿음입니다. '무슨 말씀을 하시더라도 예수님께서는 기적을 베푸실 것이다. 나는 그것을 굳게 믿는다.' 여인의 이 확신을 주님께서는 읽으셨던 것입니다. 그러기에 그분은 하느님의 권능을 드러내셨습니다. 거절당할 때 여인인들 왜 아프지 않았겠습니까? 그러나 여인은 극복했습니다. 서운한 감정을 믿음으로 뛰어넘었기에 기적을 만날 수 있었던 것입니다.

18 August

마태 19,16-22 :

젊은이는 재산이 많았습니다. 그리고 계명에 충실한 삶을 살았습니다. 드문 청년입니다. 예수님께서는 기꺼이 제자로 부르십니다. 그러면서 재산을 처분해 가난한 이들에게 나누어 준 뒤에 오라고 하십니다. 물질 때문에 마음이 흔들릴 것을 아셨던 것이지요. 하지만 청년은 망설입니다. 예수님은 미래를 보시지만 젊은이는 현실의 벽을 넘지 못합니다.

'재물이 없으면 어떻게 힘을 쓴단 말인가? 누가 나를 지켜 주겠는가? 무엇으로 앞날의 불안을 제거할 수 있겠는가?' 청년이 망설였던 이유입니다. 재물이 울타리가 되어 살아왔기에 당연한 생각입니다. 주님께서는 그 생각을 바꿔 주려 하셨건만 젊은이는 두려움을 떨치지 못합니다.

소명과 추종은 신비입니다. 부르심과 응답은 계산을 뛰어넘습니다. 전혀 예기치 않은 사람이 부르심의 삶을 삽니다. 소명의 길을 잘 가던 사람이 그만두기도 합니다. 문제는 '시각'입니다. 삶을 바라보는 눈길입니다. 누가 세상을 움직이며 어떤 힘이 운명을 좌우하는지 결정짓는 눈길입니다. 재물에 더 큰 비중을 두면 신앙도 결국엔 재물을 지키는 보조 수단으로 생각하게 됩니다.

19 August

마태 19,23-30 :

　　부자가 되는 것은 쉬운 일이 아닙니다. 그런데도 적수공권으로 출발해 부자가 된 이들이 많습니다. 대단한 분들입니다. 그분들의 공통된 이야기 중 하나가 '하늘이 도와주지 않으면 부자가 될 수 없다'는 고백입니다. 열심히 일하면 누구나 잘살 수 있다고 합니다. 하지만 사람들이 인정하는 부자는 '하늘이 정해 준다'는 논리입니다.

　　하늘을 두려워하기에 절약할 줄 압니다. 실패를 만나도 좌절하지 않습니다. 성공을 계속해도 겸손을 잃지 않습니다. 그러나 2세들은 다릅니다. 그들이 물려받으면 무너지는 가업이 의외로 많습니다. 똑똑하고 자신감 넘치고 확실한 통계로 운영하지만 결과는 석연치 않습니다. '하늘이 함께하지 않기' 때문입니다. 이유를 모르기에 부적을 찾기도 합니다. 수천만 원짜리 부적이 유행하는 이유입니다. 그까짓 종이가 무슨 힘이 있을는지요? 하늘이 함께해 주길 바라는 증표일 뿐입니다.

　　재물이 많아지면 교만해지기 쉽습니다. 노력 없이 얻어지는 재물은 '하늘과 멀어지라'고 유혹합니다. 그러기에 예수님께서는 "부자가 하느님 나라에 들어가는 것보다 낙타가 바늘구멍으로 빠져나가는 것이 더 쉽다."고 하셨습니다. 재물에 정신을 빼앗기면 구원은 힘들다는 말씀입니다.

20 August

성 베르나르도 아빠스 학자 기념일

성 베르나르도는 1090년 프랑스에서 영주의 아들로 태어났다. 출세를 위해 공부하던 중 어머니의 죽음으로 충격을 받는다. 24세에 수도회에 입회했고 훗날 아빠스(수도원장)가 되었다. 탁월한 지도력으로 수도원을 이끌었고 교회의 분열을 막고자 유럽 각지를 다니며 수많은 설교와 저술을 남겼다. 1153년 세상을 떠났고 교황 비오 8세는 '교회학자'로 선언하였다. 그는 스콜라학파 이전의 신학자이며 '마지막 교부'로 불리기도 한다.

마태 20,1-16 :

인생은 직선이 아니고 곡선입니다. 굽어 있습니다. 그렇다고 굽은 것이 나쁜 것은 아닙니다. 좋은 면도 많습니다. 세상의 모든 도로가 직선뿐이라면 얼마나 밋밋할는지요? 좋은 일만 생기는 인생이라면 얼마나 무미건조할는지요? 오늘의 고통이 내일의 기쁨으로 바뀐 예는 얼마든지 있습니다. 그러기에 어떤 삶이라도 비관해서는 안 되는 것이지요.

자신에게는 힘든 일이 타인의 눈에는 아무것도 아닌 것일 수 있습니다. 나에게는 보람 있는 일이 남에게는 동정의 대상이 될 수도 있습니다. 그러기에 주관을 지키며 산다는 것은 쉬운 일이 아닙니다. 현실은 틈만 나면 남과 비교하게 만듭니다. 눈치 보기를 피해 갈 수 없는 것이지요.

하지만 인생의 참 주인은 주님이십니다. 그분께서 삶의 설계도를 완성하셨습니다. 그러기에 재산이든 명예든, 기쁨이든 슬픔이든 어느 정도의 몫은 처음부터 정해져 있음을 기억해야 합니다. 적게 받았다는 생각은 느낌일 뿐, 아무것도 아닙니다. 뒤에 와서 잠깐 일한 사람이나 아침부터 하루 종일 일한 사람이나 주인은 똑같은 품삯을 주었습니다. 양을 따지는 습관에서 벗어나야 믿음의 참모습을 만나게 됩니다.

21 August

성 비오 10세 교황 기념일

비오 10세 교황은 1835년 이탈리아의 가난한 가정에서 태어났다. 24살에 사제가 되어 17년간 본당 신부로 사목하다 주교가 되었다. 훗날 베네치아의 추기경이 되었고 레오 13세의 뒤를 이어 교황이 되었다(1903). 교회 혁신을 과감하게 시도했고 광대한 교회법을 현대화하여 새 법전을 편찬했다. 근세를 휩쓸던 새로운 이념 속에서 교회의 보호자가 되었고 1914년 8월 20일 세상을 떠났다. 1954년 교황 비오 12세에 의해 시성되었다.

마태 22,1-14 :

사람은 자신의 앞날을 모릅니다. 알려고 애를 써도 알 수 없습니다. 하지만 미래를 알게 되면 삶의 의미는 반감되고 맙니다. 고통과 시련을 만나도 끝을 알기에 덤덤해집니다. 성공을 거두어도 결과를 알기에 싱겁습니다. 희망은 미래에 있는 것 같지만 사실은 현재에 있습니다.

임금은 아들의 혼인 잔치에 사람들을 초청합니다. 그런데 초대받은 이들은 거부합니다. 뚜렷한 이유도 없습니다. 임금을 무시한 것으로밖에 해석할 수 없습니다. 그래도 임금은 잔치를 계속합니다. 하느님께서는 계획을 바꾸는 분이 아니심을 알 수 있습니다. 우리는 하찮은 이유로 거절해도 주님께서는 끊임없이 부르신다는 것이 비유의 핵심입니다.

유다인들은 예수님의 초대를 계속 거절했습니다. 그러기에 하느님의 선택은 이제 이방인들에게 내려집니다. 그것을 알리는 예화라고 해석하는 이들도 있습니다. 어떻든 잔치는 기쁨입니다. 혼인 잔치는 신랑 신부가 새 출발을 하는 자리입니다.

그러므로 임금의 초대를 받은 우리 역시 '새 출발'을 시작해야 합니다. 그것이 잔치에 참석하는 이가 입어야 할 '예복'입니다. 모르기에 대충 살아갑니다. 현실의 삶에 최선을 다하는 것이 부르심에 대한 진정한 응답입니다.

22 August

복되신 동정 마리아 모후 기념일

1954년 비오 12세 교황은 '여왕이신 동정 성 마리아' 축일을 제정하고 5월 31일에 지내도록 했다. 이후 로마 전례력 개정에 따라 '성모 승천 대축일' 제8부인 8월 22일로 옮겨졌고 '복되신 동정 마리아 모후 기념일'이 되었다.

마태 22,34-40 :

요한 복음서는 주님을 말씀으로 표현했습니다. 그러기에 그분의 음성은 마음으로 들을 수 있습니다. 성경 말씀도 마음으로 들으면 살아 있는 목소리로 바뀝니다. 물소리도 바람 소리도 어린이의 목소리도 마음으로 들으면 주님의 음성으로 들립니다.

"네 마음을 다하고 네 목숨을 다하고 네 정신을 다하여 주 너의 하느님을 사랑해야 한다. 이것이 가장 크고 첫째가는 계명이다. 둘째도 이와 같다. 네 이웃을 너 자신처럼 사랑해야 한다는 것이다." 예수님께서는 계명을 이렇게 단순화하셨습니다. 정성으로 주님을 섬기고 이웃을 섬기며 살라는 말씀이 아닐는지요?

실연한 까투리가 있었습니다. 까투리는 솔밭에 누워 며칠을 앓습니다. 어느 날 목을 축이러 냇가로 갑니다. 그리고 무심코 물에 비친 자신의 모습을 봅니다. 퀭한 눈과 부석부석한 얼굴…. 까투리는 놀라 외치지요. "이게 무슨 짓이야! 이게 내 모습이란 말인가? 남은 탓하면서 내가 나한테 저지른 잘못은 모르고 있다니!" 까투리는 소리를 지르며 하늘로 날아갑니다. 정채봉의 우화집에 나오는 내용입니다.

하느님을 사랑한다고 하면서 자신의 삶은 미워하고 있다면 복음 정신이 아닙니다. 타인에게 봉사하면서 자신에게는 아무런 투자도 하지 않고 있다면 기쁨의 헌신이 될 수 없습니다. 먼저 자신의 삶에 애정을 가져야 합니다. 그래야 주어진 모든 것에 감사할 수 있습니다. 진정한 사랑의 생활이 가능해집니다.

마태 23,1-12 :

    스승이라 불리지 말라고 하십니다. 아버지라고도 불리지 말라고 하십니다. 어렵게 접근할 표현은 아닙니다. 예수님만이 스승님이고 아버지시라는 말씀입니다. 물론 육친의 아버지를 가리키는 것은 아닙니다. 생명의 근원이신 분을 가리키고 있습니다. 그런 아버지는 하느님뿐이라는 말씀입니다. 스승도 마찬가지입니다. 올바른 가르침은 주님께만 있다는 표현입니다.

  예수님께서는 바리사이들을 꾸짖고 계십니다. 말은 잘하면서 행동하지 않기 때문입니다. 남에게는 의무를 지우면서 본인들은 빠져나가고 있기 때문입니다. 그러면서도 윗자리를 찾고 인사받기를 좋아하며 스승 소리를 듣고 싶어 합니다. 부끄러운 행동입니다.

  바리사이들은 성경뿐만 아니라 조상들의 전통에 있는 율법까지도 지키려 했습니다. 자기들만이라도 계명에 철저한 사람들로 남으려고 했습니다. 그래야만 민족의 구원이 앞당겨진다고 믿었던 것이지요.

  '바리사이'란 말은 '분리하다, 구별하다'는 동사에서 왔다고 합니다. 민중과 분리되어 살려고 무던히 애썼기 때문입니다. 함께 살다 보면 율법에서 말하는 부정을 저지를 수 있다고 판단했던 것이지요. 알고 그랬든 모르고 그랬든 그런 행동은 율법의 '근본정신인 사랑'에 위배됩니다. 그러기에 예수님의 질책을 듣고 있습니다.

마태 16,13-20 :

"나를 누구라고 하더냐?" "예언자라고 합니다." 제자들의 답변에 스승님은 별 반응이 없으십니다. 세상의 판단보다 제자들의 생각이 궁금했던 것입니다. 베드로가 답합니다. "스승님은 하느님의 아드님 그리스도이십니다." 그러자 스승님은 칭찬하십니다. "너에게 그것을 알려 주신 분은 하늘의 아버지시다. 너에게 축복이 있기를!"

예수님을 구세주로 고백한다면 그 자체가 축복이 됩니다. 아무나 그런 고백을 할 수 없기 때문입니다. 구세주란 "세상을 구원하시는 주인"이란 의미입니다. 어떤 세상이겠습니까? 우리가 몸담고 있는 지구입니까? 아니면 우주입니까? 너무 거창하게 생각하지 말기를 바랍니다. 먼저 나 자신과 연관된 세상을 기억해야 합니다. 내가 살고 있고, 내가 책임질 사람이 있고, 내 소유와 미래가 있는 세상입니다.

예수님께서는 바로 그 세상을 구원하신다는 것입니다. 그러므로 구세주란 고백은 엄청난 신앙 행위입니다. 누구나 입술로는 고백할 수 있습니다. 문제는 마음의 승복입니다. 어떤 형태로든 주님을 만나야 승복이 가능해집니다. '너는 나를 누구라고 생각하느냐?' '그리스도라고 생각합니다.' 진심으로 이렇게 고백한다면 그분의 능력을 만나게 될 것입니다.

25 August

마태 23,13-22 :

어떤 사람이 상기된 얼굴로 불평을 시작했습니다. "당신 친구가 어떤 일을 했는지 알고나 있소?" 이에 상대방은 온화한 얼굴로 막습니다. "잠깐, 당신이 말하려는 것을 세 가지 체로 걸러 보았소?" 그가 되묻습니다. "세 가지 체라니요?" "그렇소. 세 가지 체요. 첫 번째는 진실이라는 체요. 당신 이야기가 진실이라는 증거가 있소?" "아니오. 나도 전해 들었을 뿐이오."

"그러면 두 번째 체로 걸러 봅시다. 선善이라는 체요. 당신 이야기가 진실은 아니라도 선한 것이라고 판단되오?" 그 사람은 머뭇거리다 답합니다. "아니오. 오히려 그 반대라 해야 될 것 같소." "그럼 마지막 체로 걸러 봅시다. 내게 꼭 필요한 이야기요?" "글쎄요. 꼭 필요한 것이라 할 수는 없지요." "그렇다면 잊어버립시다. 그런 일 때문에 마음고생을 할 필요가 없다고 생각합니다."

남의 말을 많이 하면 우울한 하루가 됩니다. 그런 날이 쌓이면 삶은 즐겁지 못합니다. 행복한 말을 주고받아야 행복한 인생이 됩니다. 비판과 불만만을 제시하는 지도자가 너무 많습니다. 직장에도 있고, 가정에도 있고, 교회 안에도 있습니다. 행복을 알려 주고 기쁨으로 인도하는 지도자가 그립습니다.

26 August

마태 23,23-26 :

"눈먼 인도자들아! 너희는 작은 벌레들은 걸러 내면서 낙타는 그냥 삼키는 자들이다. 너희가 잔과 접시의 겉은 깨끗이 하지만, 그 안은 탐욕과 방종으로 가득 차 있다." 예수님께서는 심하게 꾸짖고 계십니다. 무엇이 그분의 질책을 듣게 하는지요? 위선입니다. 겉으로만 착한 듯 행동하는 모습입니다. 안과 밖이 다르면 언제라도 꾸중을 듣게 되어 있습니다.

바리사이들은 조신操身했습니다. '율법에서 명하는 부정'을 저지를까 봐 두려워하며 살았습니다. 그러기에 자기들끼리 모여 살았습니다. 민중과 분리되어 살려고 노력했습니다. 그들과 어울리면 부정을 저지를 수 있다고 판단했던 것입니다. 더러는 자기들처럼 살지 않는 이웃을 멸시했습니다.

율법의 근본을 망각한 행동입니다. 하느님을 섬기고 이웃을 사랑하는 것이 율법의 본질이건만 엉뚱한 것에 매달렸습니다. 그러니 아무리 철저히 율법을 지켜도 사랑이 없으면 강제 행위에 지나지 않습니다. 그런 자세를 주님께서 원하실 리 없습니다. 바리사이들은 율법의 해악까지 알고 있었습니다. 그런데도 '율법에서 명하는 부정'에서 벗어나려고만 애를 썼습니다. 진정 '작은 벌레는 걸러 내면서 낙타는 그냥 삼키고' 있는 모습입니다.

27 August

성녀 모니카 기념일

성녀 모니카는 331년 북 아프리카에서 태어났다. 비신자인 남편과 혼인하여 3명의 자녀를 두었는데 아우구스티노는 장남이었다. 모니카는 끊임없는 기도와 인내로 남편과 시어머니를 입교시켰다. 이후 아들의 개종을 위해 밤낮으로 기도했다. 당시 아우구스티노는 이단인 마니교에 빠져 있었다. 훗날 그는 회개하여 사제가 된다. 성녀 모니카는 어머니로서 훌륭한 모범을 남기고 이탈리아에서 선종했다.

마태 23,27-32 :

좋은 향기를 풍기는 사람들이 있습니다. 밝고 환한 느낌을 주는 이들입니다. 그런 사람과는 가까이하고 싶습니다. 함께 있으면 기쁨이 남습니다. 하지만 악취를 풍기는 사람들도 있습니다. 피곤한 분위기를 띠는 이들입니다. 같이 있으면 힘들고 지겹습니다.

지식과 소유가 삶의 향기는 아닙니다. 자리와 권위도 아닙니다. 많이 배우고 재산이 많다고 좋은 향기를 절로 풍기는 것은 아닙니다. 높은 자리에서 권위 있는 삶을 산다고 악취가 물러가는 것도 아닙니다. '삶을 대하는 태도와 사람을 대하는 자세가 그대로 향기가 되고 악취가 될 뿐입니다.

예수님께서도 말씀하셨습니다. "불행하여라. 너희 위선자 율법 학자들과 바리사이들아! 너희가 겉은 아름답게 보이지만, 속은 죽은 이들의 뼈와 온갖 더러운 것으로 가득 차 있는 회칠한 무덤 같기 때문이다." 속에는 시신이 썩고 있는데 겉을 포장한다고 냄새가 없어지겠냐는 말씀입니다.

바리사이들도 열심히 살았던 사람들입니다. 다만 그들은 포장된 신심을 갖고 있었습니다. 경건이라는 회칠로 감싼 믿음입니다. 그러기에 주님의 질책을 듣습니다. 인생의 향기는 내적 문제입니다. 아무리 바깥을 꾸미고 단장해도 안에서 나는 냄새는 어찌할 수가 없습니다. 영혼이 바뀌어야 냄새도 바뀝니다.

28 August

성 아우구스티노 주교 학자 기념일

아우구스티노 성인은 북아프리카의 타가스테에서 태어났다. 부친은 이교도였고 어머니는 성녀 모니카다. 젊은 시절 철학에 심취했고 마니교를 10년간 신봉하다 회의를 느껴 로마로 이주했다. 밀라노에 정착하여 그곳 주교로 있던 암브로시오 성인의 영향으로 입교하였다. 고향으로 돌아와 사제가 되었고 5년 뒤 주교로 선출되어 강론과 저술로 사람들을 가르쳤다. 교회를 혼란케 하던 여러 이단을 반박하는 저서를 많이 남겼다. 430년에 세상을 떠났고 중세 초기부터 교회 학자로 존경받았다.

마태 24,42-51 :

복음 말씀은 주인을 기다리는 종의 비유입니다. 한 사람은 충실했고 다른 이는 불충실했습니다. 무엇이 두 사람을 갈랐겠습니까? 기다림의 자세입니다. 충실했던 종은 평소와 똑같이 행동했을 뿐입니다. 어떤 상황에 있건 그는 최선을 다했던 것입니다.

그러므로 '깨어 있는 삶'은 준비만 하는 삶이 아닙니다. "지금 이 순간, 잘 살고 있는 것"을 뜻합니다. 있을 자리에 정확하게 있어야 합니다. 몸으로 때울 곳에는 반드시 가야 합니다. 줄 것은 주고 내야 할 것은 미루지 않는 삶입니다. 충실과 불충실의 구분도 한 번에 결정되는 것이 아닙니다. 매일 자신을 돌아보며 사는 이는 불충실한 종이 될 수 없습니다.

'주인이 늦어지는구나.' 생각하기에 깨어 있지 못했습니다. 충실한 종은 주인에 대한 판단을 아예 하지 않았습니다. 우리 역시 충실한 종입니다. 주님께서 어떤 모습으로 오시든 받아들일 사람들입니다. 그러니 축복에는 감사를 드리고 시련에는 인내를 청해야 합니다. 결국엔 그분께서 깨달음을 주시기 때문입니다.

한결같은 마음은 반드시 삶을 바꿉니다. 사람이 달라졌다고 하지만 인간의 본질은 바뀌지 않습니다. 삶을 대하는 자세가 달라졌기에 그렇게 보였을 뿐입니다. 마음을 바꾸면 모든 것이 달라집니다.

성 요한 세례자의 수난 기념일

마르 6,17-29 :

    복음의 헤로데는 예수님이 계실 당시 갈릴래아를 다스리고 있던 '헤로데 안티파스'입니다. 기원전 4년에 헤로데 임금이 죽자 로마 황제 '아우구스투스'는 아들이었던 그를 갈릴래아 지방의 왕으로 임명합니다. 그때까지 그의 아내는 인접 국가 '나바테아'의 공주였습니다.
  왕이 되자 그는 아내와 이혼하고 이복동생의 아내였던 '헤로디아'와 재혼합니다. 엄연한 모세 율법의 위반입니다. 권위는 즉시 추락했고 비난은 멈추지 않았습니다. 그 선봉에 섰던 인물이 세례자 요한입니다. 헤로디아가 더 분노하지요. 그녀는 헤로데를 부추겨 요한을 감옥에 가두고 제거할 기회를 찾기 시작합니다.
  세례자 요한은 이렇게 해서 억울한 죽음을 당합니다. 그렇지만 기꺼이 받아들입니다. 예수님의 죽음을 미리 보여 주는 것과 같습니다. 그의 일생은 철저하게 구세주의 앞날을 예고하는 삶이었음이 입증된 것입니다.
  잘못을 지적해 주는 사람은 필요합니다. 불이익을 각오하며 말하는 사람이 많을수록 건강한 사회입니다. 세례자 요한은 그런 삶을 살다가 희생되었습니다. 훗날 로마 황제 칼리굴라는 헤로데 안티파스의 영지를 빼앗고 그를 이스라엘 밖으로 추방합니다. 헤로디아 역시 남편과 함께 떠돌다 비참한 최후를 맞이합니다. 의인의 죽음을 선동한 대가였습니다.

30 August

마태 25,14-30 :

구원은 삶의 결과입니다. '어떻게 살았느냐?'에 대한 하느님의 판단입니다. 그러기에 구원은 오직 주님께만 유보된 사항입니다. 삶의 한복판에서 '나는 구원받았다.'고 외치는 것은 잘못된 일입니다. 죽지 않았는데 어떻게 '삶의 결과'를 알 수 있겠습니까? 더구나 구원을 감정적인 차원에서 느낌만으로 이야기하는 것은 위험한 일입니다.

복음에서 말하는 탈렌트는 글자 그대로 '각자의 능력'입니다. 주님께서 주시는 '능력'입니다. 험난한 현실에서 기쁨을 만들며 살라는 창조주의 배려입니다. 그러니 누구든 하나 이상의 능력을 받았습니다. 기쁨으로 사는 능력입니다. 그것을 어떻게 사용하고 있는지요? 진정 기쁨을 만들며 살고 있는지요? 아니면 그냥 썩히고 있는지요? 구원을 결정짓는 날 주님께서 질문하시겠다는 말씀입니다.

누군가 인생을 카드 게임에 비유했습니다. 게임에서는 누구나 패를 받습니다. 그리고 그 패로 최선을 다해야 합니다. 주어진 패보다 '받았어야 할 패'를 주장한다면 그는 실패자입니다. 받았어야 할 패, 곧 '나' 라는 사람이기 때문에 받았어야 할 패가 어디에 있겠습니까?

마태 16,21-27 :

"사탄아, 내게서 물러가라. 너는 하느님의 일은 생각하지 않고 사람의 일만 생각하는구나!" 베드로를 꾸짖으시는 예수님의 말씀입니다. 예수님의 수난 앞에서 인간적인 안타까움을 드러내다 혼이 나는 장면입니다. 아무리 그렇기로서니, 베드로가 몰랐기로서니 '사탄'이라는 표현은 너무하신 것 아닌가 하는 생각도 듭니다.

하지만 단호한 말씀 속에는 분명한 가르침이 있습니다. 주님께서 하시는 일을 인간적 감정으로 판단하지 말라는 것입니다. 그렇습니다. 한치 앞도 못 보는 인간이면서 베드로는 간섭했습니다. 인간적 애정으로 스승님의 앞날에 참견했습니다. 동기는 순수했지만 베드로가 나설 일은 아니었던 것입니다.

세상은 갈수록 인간 중심으로 바뀌고 있습니다. 당연한 일입니다. 그렇지만 신앙의 중심은 인간이 아니라 하느님입니다. 사람이 하느님을 섬기는 것이지 주님께서 사람을 섬기는 것은 아닙니다. 믿음을 인간 중심으로 생각하면 착각에 빠지기 쉽습니다. 신앙은 단지 재앙을 피하고 복을 얻는 수단일 뿐이라는 착각입니다. 점치고 굿하는 기복 신앙과 다를 바 없습니다. 우리는 어떤 믿음인지요? 주님께서 중심이 되는 믿음인지, 자기 자신이 중심이 되는 믿음인지 늘 돌아봐야 합니다.

365일 복음 묵상 **가해**

9월

순교란 신앙을 위해 목숨을 바치는 행위다. 믿음 없이는 불가능한 일이다. 하느님과 내세에 대한 철저한 믿음이다. 순교자들은 기도와 희생을 통해 이 믿음을 지키려고 무던히도 애썼다. 그러기에 늘 은총의 이끄심을 체험했다. 그들이 기꺼이 순교할 수 있었던 이유다.

9월은 이 땅의 순교자들을 기억하는 달이다. 103위 한국 순교 성인들을 비롯하여 성인 반열에 오르지 못한 초기 순교자들을 위해 기도하는 달이다. 특별히 1만여 명으로 추산되는 무명 순교자들의 삶을 찾아내어 알리는 달이다.

한국 교회에서 순교자 성월이 시작된 것은 1925년 7월 5일 로마에서 거행된 '조선 순교자 79위 시복식'이 계기가 됐다. 이듬해 8월 한국 교회는 9월 26일을 '한국 치명 복자 79위 첨례'로 정했다. 이날은 79위 복자들이 가장 많이 순교한 날이었기 때문이다. 그리고 자연스럽게 9월을 '복자 성월'로 지내게 했다. 1984년 103위 순교 성인 시성식 이후 복자 성월은 '순교자 성월'로 이름이 바뀌었다.

순교는 하루아침에 일어나는 일이 아니다. 순교자들은 하느님을 체험하며 살았기에 목숨을 내놓을 수 있었다. 그분들의 순교 영성은 매일 자신의 십자가를 기꺼이 지는 것이었다. 그것이 순교의 기본 자세다. 오늘의 우리도 매일 기도와 선행 그리고 성사 생활에 충실함으로써 그분들의 삶을 실천할 수 있다.

01 September

루카 4,16-30 :

　예수님께서는 고향으로 가시어 '희년'을 선포하십니다. 50년마다 실시하던 1년간의 휴식 기간이 '희년'입니다. 노예를 해방시키고 재산을 나누던 구약의 대축제입니다. 그분께서는 이사야 예언서를 인용하시며 진정한 의미의 희년은 이제 시작된다고 선언하십니다.

　돈과 재물을 풀어놓으며 하시는 말씀이 아닙니다. 사람들이 놀라도록 기적 가운데서 외치신 것도 아닙니다. 그저 조용한 음성으로 호소하셨습니다. 그러기에 사람들은 감동합니다. 하지만 몇몇은 증거를 요구합니다. "카파르나움에서 행한 기적을 여기서도 해 보이시오. 그러면 믿겠소." 그들은 이렇게 분위기를 망치고 있습니다.

　주님께서 기적을 베푸셨다면 그들이 정말 믿었을까요? 그건 아닙니다. 호기심으로 다가가는 이들은 끊임없이 요구합니다. 충분히 받아들일 수 있는데도 계속 요구합니다. 받아들이면 은총이 함께하는데도 그렇게 하지 못합니다. 마음을 열지 않기 때문입니다.

　고향 사람들도 그랬습니다. 그러기에 나중에는 예수님을 제거하려 듭니다. 무서운 전개입니다. 호기심의 끝은 늘 위험합니다. 멈출 줄 아는 이에게만 지혜가 됩니다. 눈먼 이가 다시 보고 억압받는 이가 해방된다고 하셨습니다. 말씀을 받아들이면 언제라도 '희년'은 내 안에서 시작됩니다.

루카 4,31-37 :

마귀를 몰아내시는 예수님의 모습은 성경 여러 곳에서 발견됩니다. 그만큼 예전에는 마귀 들린 사람들이 많았습니다. 모르는 병에 걸려도 마귀의 소행으로 여겼습니다. 갑자기 재앙을 만나도 마귀의 간섭이라고 생각했습니다. 그래서 누구나 두려워했습니다. 악한 영이 들이치지 않기를 바라며 살았습니다. 오늘날도 마찬가지입니다. 고사를 지내고 부적을 붙입니다. 명당을 찾고 길일吉日을 택합니다. '보이지 않는 악한 기운'이 두렵기 때문입니다.

예수님께서는 마귀 들린 사람 하나를 고쳐 주십니다. 그는 예수님의 정체를 폭로하며 초를 치고 있습니다. 그렇지만 말씀 한마디에 물러가고 맙니다. 두려운 마귀도 예수님 앞에서는 아무것도 아님을 보여 주신 것입니다. 사람들이 무서워하는 '악한 영'도 주님 앞에서는 아무런 힘도 발휘할 수 없음을 가르치고자 하신 것입니다.

무엇을 두려워하며 살고 있는지요? 질병입니까? 사고입니까? 예기치 못한 이별입니까? 주님의 계획 아래 있음을 늘 기억해야 합니다. 무엇이 우리를 악하게 만들고 있는지요? 그곳에 주님의 힘과 기운을 모셔 와야 합니다. 어떤 처지에 있든 우리는 그분의 보호를 받고 있습니다. 이 믿음은 은총입니다. 악한 기운으로부터 우리를 보호해 주는 하느님의 이끄심입니다.

03 September

성 대 그레고리오 교황 학자 기념일

그레고리오 1세 교황은 540년경 로마에서 정부 관리의 아들로 태어났다. 부유한 환경에서 충분한 교육을 받고 공직 생활을 시작했지만, 이내 그만두고 평소 바라던 수도원에 들어갔다. 590년 9월 3일 교황이 되었고 교회 쇄신과 복음화를 위해 일생을 바쳤다. 신앙과 윤리에 관한 많은 저서를 남기고 604년에 세상을 떠났다.

루카 4,38-44 :

예수님께서는 수많은 병자들을 고쳐 주셨습니다. 치유의 기적을 통해 하느님의 능력을 드러내신 것입니다. 그리하여 무서운 질병도 주님 앞에서는 아무것도 아님을 보여 주셨습니다. 사람들로 하여금 하느님을 믿고 따르도록 하기 위해서였습니다.

예나 지금이나 인간의 질병은 신비에 속합니다. 병에서 완전히 벗어난 사람은 있을 수 없습니다. 크고 작은 차이가 있을 뿐 누구나 조금씩은 병을 갖고 있습니다. 질병도 '인간 본질'의 한 부분인 까닭입니다. 피할 수 없는 '인간 조건'의 하나인 것이지요.

그러므로 주님께서는 병자의 건강만을 회복시켜 주신 것은 아닙니다. 상처받은 마음까지 회복시켜 주셨습니다. 병 때문에 부정적으로 바뀐 시각을 바로잡아 주신 것이지요. 치유 받은 사람 중에는 좌절이나 포기를 체험한 사람들이 많았기 때문입니다.

육체의 아픔만이 치유의 대상이 되는 것은 아닙니다. 몸은 멀쩡해도 마음과 정신이 황폐해진 사람들이 의외로 많습니다. 그들에게도 주님의 개입이 절실합니다. 그분께서 치유해 주셔야 새로운 방향으로 삶이 전개될 수 있습니다. 병자를 낫게 하신 예수님께서는 성경 안에만 계시는 분이 아닙니다. 지금 우리와 함께, 우리 곁에 살고 계시는 분입니다.

04 September

루카 5,1-11 :

　　돈 많은 사업가가 바닷가를 여행하다 작은 어촌에 들렀습니다. '장사가 될 만한 것이 없을까?' 하며 그는 사방을 둘러봤습니다. 그러다 배 옆에서 햇볕을 즐기고 있는 어부들을 만났습니다. "왜 고기잡이를 나가지 않습니까?" 부자는 의아해서 물었습니다.

　　"오늘 몫은 넉넉히 잡았소이다." 어부들은 건강한 웃음으로 답했습니다. "아니, 그렇더라도 잡는 김에 더 많이 잡을 수 있지 않소?" 부자는 한심하다는 표정으로 되물었습니다. "더 잡아서 뭘 하게요?" 어부들은 귀찮다는 말투로 대답했습니다. 부자는 이해할 수 없었습니다. "많이 잡으면 돈을 더 벌지 않소. 그 돈으로 더 큰 배를 마련할 수 있고 그러면 더 많은 돈을 벌고, 잘하면 여러 척의 배를 거느리며 부자가 될 수 있지 않습니까?"

　　"그러고는 뭘 하게요?" 어부들은 관심 없다는 표정으로 답했습니다. "뭘 하다니요. 그런 뒤에는 편히 앉아 쉬며 삶을 즐길 수 있지 않습니까?" 부자는 소리를 높였습니다. 그러자 나이 많은 어부가 웃으며 답했습니다. "당신은 지금 우리가 뭘 하고 있다고 생각하시오?" 안소니 드 멜로 신부님의 예화를 각색해 봤습니다.

　　바다와 살면서 탐욕을 버린 어부들의 모습이 생생합니다. 예수님께서는 그런 어부들을 첫 제자로 부르셨습니다. 그러니 주님의 제자로 살아가려면 욕심에서 자유로워지는 훈련을 해야 합니다. 탐욕에서 벗어나면 주님의 부르심을 느끼게 되어 있습니다.

05 September

루카 5,33-39 :

단식은 음식을 끊는 행위입니다. 먹기 싫어 그러는 것이 아니라 먹고 싶지만 참는 것입니다. 그러므로 동기가 중요합니다. 예수님께서는 '신랑을 빼앗겼을 때 단식하라고 하십니다. 신랑은 예수님입니다. 그분의 수난과 십자가에 동참하기 위해 단식하라는 말씀입니다.

사람은 본능을 참을 때 변화를 느낍니다. 하늘의 이끄심을 체험합니다. 그러기에 모든 종교는 음식의 절제를 강조해 왔습니다. 절제를 통해 인간의 본능을 훈련했던 것이지요. 단식 역시 '본능의 조절'을 연습하는 수단일 뿐입니다. 아무런 이유 없이 음식을 못 먹게 한다면 오히려 인간을 괴롭히는 것이 됩니다.

예부터 많은 종교들은 음식에 대해 까다로웠습니다. 지금도 '못 먹는 음식'을 규정한 종교는 많이 있습니다. 그러나 음식 자체는 선도 아니고 악도 아닙니다. 그것을 취하는 인간에게 책임이 있습니다. '먹기만 하면 선이 되는 음식'은 없습니다. 그런 음식이 있다면 매일 먹기만 하면 됩니다. 마찬가지로 '먹기만 하면 악이 되는 음식'도 세상에는 존재하지 않습니다.

음식의 절제는 자유로움을 줍니다. 음식의 노예 상태에서 벗어나면 그만큼 삶은 기쁨으로 바뀝니다. 본능을 절제함으로써 예수님의 수난에 동참할 수 있습니다. 이것이 단식에 숨겨진 가르침입니다.

06 September

루카 6,1-5 :

밀밭 사이를 지나던 제자들은 밀 이삭을 손으로 비벼 먹었습니다. 배가 고파 그랬던 것은 아닙니다. 심심해서 간식 삼아 그랬을 것입니다. 그분들의 동심을 엿볼 수 있습니다. 그런데 바리사이들은 율법을 어겼다고 따집니다. 안식일에 추수를 하면 안 되는데 손으로 비벼 먹은 것을 추수 행위로 간주한 것입니다. 제자들은 어안이 벙벙했을 것입니다.

예리한 눈길로 보고 있는 바리사이들을 예수님께서는 어떤 눈빛으로 대하셨을까요? 그분께서는 담담하게 말씀하십니다. '다윗 일행의 예화'를 들어 그들에게 답변하십니다. 말씀의 요지는 '율법의 유연성'을 잃지 말라는 것이었습니다.

나무는 보면서 숲을 보지 못하면 열심히 사는 것이 아닙니다. 하느님을 섬기는 생활이 힘들고 딱딱한 것이 된다면 곤란한 일입니다. 예수님께서는 하지 말라는 율법을 '하라는 율법'으로 바꾼 분이십니다. '밀 이삭 하나 비벼 먹는 것'으로 상징되는 하찮은 일 때문에 기쁜 신앙을 어둡게 만들고 있는 것은 아닌지 늘 돌아봐야 합니다.

부모는 모든 자녀를 사랑합니다. 별난 자식에게는 더 많은 애정을 기울입니다. 주님께서도 마찬가지입니다. 당신 앞에 두려움을 가지는 것을 좋아하실 리 없습니다. 세상에 어떤 부모가 벌벌 떠는 자식을 좋아할는지요? 하느님은 사랑이십니다.

07 September

마태 18,15-20 :

예수님은 형제가 잘못하거든 단둘이 만나 타일러 주라고 하십니다. 한두 번은 가능합니다. 그렇지만 계속 그렇게 하기는 쉬운 일이 아닙니다. 용서는 마음먹는다고 할 수 있는 일이 아니기 때문입니다. 용서는 순간의 결정처럼 보이지만 사실은 시간을 두고 쌓는 덕입니다.

그렇습니다. '용서는 덕'입니다. 누구나 덕에 도달하기 위해서는 수행의 과정을 거쳐야 합니다. 그런데도 사람들은 마음만 먹으면 언제라도 용서할 수 있다고 생각합니다. 착각입니다. 용서를 감정적인 차원에서 해석한 착각입니다.

순간에 생긴 미움은 순간의 용서로 잊을 수 있습니다. 하지만 오랜 세월 동안 쌓인 미움은 순간의 용서로는 감당이 되지 않습니다. 미움이 쌓인 시간만큼 수련과 극기가 필요합니다. 그것이 무엇일는지요? '작은 용서'입니다. 혼자만이 알고 있는 작은 용서를 수없이 실천하는 것입니다. 작은 용서가 몸에 배야 큰 용서가 가능해집니다.

예수님은 형제가 잘못하면 만나서 타일러 주라고 하셨습니다. 일차적으로 형제는 가족입니다. 그들을 먼저 받아 주라는 말씀입니다. 가까운 사람을 이해하지 못하면 멀리 있는 사람도 이해할 수 없는 법입니다.

08 September

복되신 동정 마리아 탄신 축일

성모님의 탄신 축일은 동방 교회에서 먼저 시작했다. 예루살렘에 세워진 '마리아 대성당'의 봉헌일인 9월 8일을 탄생일로 잡으면서 이 축일이 시작되었다. 성경에는 성모님의 탄생에 대한 언급이 없다. 그렇지만 성모님에 대한 신심은 초대 교회 때부터 중요한 신심 가운데 하나였다. 외경인 야고보 복음서에는 성모님의 탄생 기록이 남아 있다.

마태 1,1-16.18-23 :

요셉은 착한 남자입니다. 마리아의 잉태를 알았을 때 가만히 헤어지려 합니다. 약혼녀가 자신도 모르는 아기를 가졌는데 당황하지 않을 남자가 어디 있을는지요? 그는 조용한 해결을 선택합니다. 그런 결단이 있기까지 얼마나 고뇌했겠습니까? 고뇌 없이 큰일은 이루어지지 않습니다. 아기 예수님의 보호자가 된다는 것은 요셉의 운명을 바꾸는 일입니다.

성령께서 함께하셨기에 가능한 일입니다. 그분께서 함께하시면 모든 일은 기쁨으로 마무리됩니다. 이것을 망각하면 안 됩니다. 하지만 기쁨이 오래가면 당연한 것으로 여기게 됩니다. 내가 잘나서 그런 거라고 착각하며 자만에 빠지기 쉽습니다.

그러기에 요셉의 고뇌는 은총이었습니다. 아픔을 통해 겸손해지라는 하느님의 배려였습니다. 우리 역시 '무늬만 다른 요셉'입니다. 고뇌 없이 아버지가 되고 남편이 되려고 해서는 곤란합니다. 누구라도 고통을 두려워하면 의심이 생깁니다. 편한 것만 추구하면 이기적으로 바뀝니다.

중요한 남자는 숨어 있는 남자입니다. 자신을 드러내지 않지만 '있어야 할 자리에 꼭 있는 남자'입니다. 모든 것을 알고 있지만 '아무것도 모르는 듯' 덮어 주는 남자입니다. 요셉 성인 안에서 그 모습을 봅니다.

09 September

루카 6,12-19 :

　　예수님의 열두 제자 명단입니다. 자격이 넘치거나 뛰어나서 뽑힌 이들은 없습니다. 모두가 평범한 사람들입니다. 언제나 주님의 선택이 먼저였습니다. 그러므로 사도들의 축일은 평범한 사람들의 축일입니다. 보통 사람이지만 주님께서 뽑으신 이들을 기억하는 축일입니다.

　　우리 역시 평범합니다. 그리고 주님의 선택을 받았습니다. 당연히 감사의 삶이 먼저입니다. 학생들에게 감사하는 교사는 어긋나지 않습니다. 국민에게 감사하는 정치인은 거만하지 않습니다. 교우들에게 고마움을 느끼는 성직자는 목에 힘을 주지 않습니다. 사도들 역시 그런 삶을 살았습니다. 겸손과 감사로 신자들을 섬겼습니다. 예수님의 모범을 따른 것입니다.

　　교회 안에서도 업적을 남기고 싶어 하는 이들이 있습니다. 주님 앞에 업적이 무슨 소용 있는지요? 사랑하는 마음과 감사하는 마음을 남기면 됩니다. 제자들 가운데 기록이 남아 있는 분은 불과 몇 분에 지나지 않습니다. 베드로, 야고보, 요한 정도입니다. 나머지 분들은 그저 이름만 남아 있을 뿐입니다. 그런데도 그분들은 존경받고 있습니다. 요즘은 업적과 이름을 남기는 데 너무 매달립니다. 많은 것을 포기하겠다고 약속한 사람들이 그러고 있습니다. 되돌아볼 일입니다.

루카 6,20-26 :

'참 행복'에 관한 예수님의 말씀은 루카 복음서와 마태오 복음서에 나란히 등장합니다. 그러나 '불행 선언'은 루카 복음서에만 있습니다. 예수님께서는 '불행 선언'도 말씀하셨을 것입니다. 마태오 복음서의 작가는 이 사실을 몰랐거나 편집 과정에서 빠뜨렸을지도 모릅니다.

그가 겨냥한 독자는 이스라엘 사람들입니다. 유다인을 상대로 복음을 기록했던 것입니다. 그들은 이방인에 비해 부유했습니다. 안정된 이들이 많았습니다. 그러나 루카 복음서 작가는 가난한 이들을 염두에 두고 편집합니다. 그러기에 루카 복음서에는 소외된 이와 약자들의 이야기가 유난히 많습니다. 루카 역시 이방인 출신이었습니다.

불행 선언의 내용은 단순합니다. 부유한 사람들이 '참 행복'을 이루지 못하는 이유를 지적하고 있습니다. 그들의 '나누지 않는 삶'과 '자만에 사로잡힌 삶'을 꾸짖는 말씀입니다. 예나 지금이나 가진 자들은 쉽게 나누려 하지 않습니다. 많이 가질수록 더 갖고 싶어 합니다. 나중에는 명예까지 욕심냅니다.

소유가 많고 적음은 '인간 사회의 구분'일 뿐입니다. 주님 앞에서는 그런 구분이 통하지 않습니다. 그분께는 '있는 이나 없는 이나' 똑같은 존재입니다. 아무리 많이 가졌던들 죽을 때는 두고 가야 합니다. 평범한 이 사실을 외면하면 정말 불행한 사람이 됩니다.

11 September

루카 6,27-38 :

예수님은 '원수를 사랑하고 남을 심판하지 말라'고 하십니다. 그렇게 할 수 있다면 성인입니다. 아니, 남을 심판하지만 않아도 성인 반열에 들 수 있습니다. 원수는 '한이 맺힐 정도로 해를 끼친 사람'입니다. 그런 사람은 많지 않습니다. 그런 사람을 두고 하는 말씀도 아닙니다.

하지만 미운 사람은 자주 만납니다. 미운 짓을 하는 이들입니다. 말과 행동으로 상처를 남긴 사람들입니다. 그들에 대해서는 나쁜 감정이 있습니다. 그러기에 '나쁜 소문'을 내고 싶어집니다. 그럴 기회도 자주 옵니다. 그럴 때 판단하지 말라는 것입니다. 그러면 용서가 시작된다고 하십니다.

용서는 덕입니다. 평생 쌓아야 할 덕입니다. 그런데 사람들은 한순간에 용서하려 듭니다. 이것이 실패하는 이유입니다. 기회가 오면 늘 '좋게 말해야 합니다. 그런 훈련을 해야 합니다. 그럴 수밖에 없었음을 이해해야 합니다. 억지로라도 노력해야 합니다. 그러면 상대가 조금은 좋아 보입니다. 헐뜯고 비난하는 것보다 마음이 편해집니다. 은총이 나를 바꾸는 것이지요.

사랑은 이렇게 시작됩니다. 서서히 조금씩 '좋게 생각하는 것'이 사랑의 시작입니다. 용서 역시 그렇습니다. 상대의 입장에 서 주는 자세가 용서의 출발입니다. 사랑과 용서에는 계획이 없습니다. 지금 사랑하고 지금 용서하면 그것이 시작입니다.

12 September

루카 6,39-42 :

박제가朴齊家는 조선 후기의 실학자입니다. 그는 청나라 수도인 연경을 다녀온 뒤 선진 문물에 크게 감명 받습니다. 그리하여 기술 도입과 제도 개선의 시급함을 깨닫고 쓴 책이 「북학의北學議」입니다. 당시로서는 파격적인 내용을 담고 있습니다. 장사와 제조업의 장려, 신분 차별 타파와 해외 통상까지 주장하고 있습니다. 다음은 「북학의」에 나오는 한 구절입니다.

"집에서 물건을 만들거나 시장에 내다 파는 것을 수치로 여긴다. 자尺와 먹통, 칼과 끌을 갖고 남의 집 품팔이하는 것을 부끄러워하고 사람들은 그들을 우습게 여긴다. 그런 일 하는 이 중에는 혼인길마저 끊어진 사람도 많다."

오늘날도 별반 다르지 않습니다. 마땅한 직업이 없어 혼인길이 난감한 젊은이들이 많아지고 있습니다. 직장 때문에 부모들은 골머리를 앓고 있습니다. 그런데도 외국인 노동자들이 판을 칩니다. 너무 좋은 직장만 원하고 있는 것은 아닌지요? 직업에 관한 한 내 눈의 들보는 못 보고 있는 것은 아닐는지요?

박제가는 서자 출신으로 출셋길이 막혀 있었습니다. 11살에 부친을 잃었고 가난에 허덕였습니다. 악조건을 이겨 내기 위해 그는 닥치는 대로 일했습니다. 그런 고생이 있었기에 세상에 대해 눈뜰 수 있었습니다. 자녀들의 고생을 막아서는 안 됩니다. 맹목적인 사랑은 자식을 망칩니다.

13 September

성 요한 크리소스토모 주교 학자 기념일

성 크리소스토모는 4세기 안티오키아에서 군인의 아들로 태어나 어머니의 신앙을 물려받았다. 사제가 된 뒤에는 위대한 설교가로 변신했다. 콘스탄티노플의 주교가 되어 교회 쇄신을 위해 전력을 쏟았다. 그의 설교와 개혁은 부자와 권력자의 분노를 샀고 두 차례 유배 생활을 해야 했다. 407년 9월 14일 유배지에서 선종했다. 그리스어로 '황금의 입金口'이라는 별명을 얻었다.

루카 6,43-49 :

"좋은 나무는 나쁜 열매를 맺지 않는다." 오늘 복음의 말씀입니다. 무엇이 좋은 나무를 결정짓겠습니까? 뿌리입니다. 좋은 나무와 나쁜 나무를 결정짓는 것은 보이지 않는 뿌리입니다. 잎이 아무리 무성해도 뿌리가 멍들면 머지않아 시들고 맙니다. 서서히 나쁜 나무가 되는 것이지요.

신앙생활도 마찬가지입니다. 기초가 튼튼하면 흔들리지 않습니다. '반석 위에 집을 짓는 사람'이 됩니다. 믿음의 기초는 행동입니다. 실천하는 믿음입니다. 그런 사람은 박해가 몰려와도 떠내려가지 않습니다. 순교자들이 목숨을 바칠 수 있었던 이유입니다.

순교 성인 김성우(안토니오)는 한강 기슭의 구산 마을에서 태어났습니다. 갈대숲에 싸여 있어 피난 교우들이 많이 살았다고 합니다. 그의 집에는 유방제 신부도 머물렀고 모방 신부도 그곳에서 조선말을 익혔다고 합니다. 그만큼 신심이 깊었습니다. 그는 기해박해 때 붙잡혀 혹독한 심문과 숱한 매를 맞았습니다. 그러나 배교하라는 독촉에 "나는 천주교인이오. 살아도 천주교인으로 살고 죽어도 천주교인으로 죽을 것이오."라는 유명한 말씀을 남겼습니다. 1841년 당고개에서 교수형을 받고 순교했습니다. 김성우 성인은 '반석 위에 집을 지은 분'입니다. 그분의 무덤이 있는 곳이 '구산 성지'입니다.

14 September

성 십자가 현양 축일

전승에 따르면 예수님의 십자가는 콘스탄티누스 황제의 어머니 헬레나 성녀의 노력으로 찾게 되었다고 한다. 이를 기념하기 위해 황제는 335년에 대성전을 지어 봉헌하였다. 예루살렘에 있는 예수님의 무덤 곁이었다. 이후 십자가 경배는 널리 전파되었고 제2차 바티칸 공의회 후에 9월 14일로 이 축일이 고정되었다.

요한 3,13-17 :

십자가는 어디에나 있습니다. 제일 큰 십자가는 성당에 있습니다. 작은 십자가는 집에 걸어 둡니다. 목걸이와 반지에도 십자가를 새깁니다. 하지만 십자가의 의미를 깨닫지 못하면 모든 것은 장식에 지나지 않습니다.

십자가는 고통입니다. 시련입니다. 억울함입니다. 마침내 죽음입니다. 예수님은 모든 것을 받아들이셨습니다. 우리 역시 그래야 합니다. 누군가를 위한 희생으로 받아들여야 합니다. 그렇게 하라고 십자가를 모셔 두는 것입니다. 십자가를 이해하지 못하면 삶은 방황이 됩니다. 왜 이 고통을 주시는지? 어찌하여 이러한 시련에 부대껴야 하는지? 이렇게 불평하게 됩니다.

이스라엘 사람들은 광야 생활에 싫증을 느낍니다. 보잘것없는 음식과 계속되는 여정에 넌더리를 내며 항의합니다. 고생하며 '시달려야 하는 이유'를 몰랐던 것이지요. 그러자 '불 뱀'의 습격이 있었습니다. 불평하는 이들은 뱀에 물려 죽어 갔습니다. 사람들이 뉘우치자 모세는 '구리 뱀'을 만들어 달아 올립니다. 그것을 쳐다보는 이들은 살아날 수 있었습니다(민수 21장).

우리 역시 십자가를 보면서 힘을 얻습니다. 삶의 어려움을 헤쳐 나갈 은총을 받습니다. 그러기에 하루에도 여러 번 십자가를 그으며 기도합니다. 십자가를 삶의 중심으로 고백하고 있는 것입니다.

15 September

고통의 성모 마리아 기념일

'고통의 성모 마리아 기념일'은 16세기 '마리아의 종 수도원'에서 시작되었고 17세기 초에 대중 신심으로 정착되었다. 1668년 교황 인노첸시오 11세 때 축일이 제정되었고 1908년 교황 비오 10세는 '성 십자가 현양 축일' 다음 날인 9월 15일로 날짜를 확정하였다. 예수님과 함께 십자가의 삶을 사셨던 성모님의 고통을 묵상하고 그 의미를 기념하기 위해 이 축일이 제정되었다.

요한 19,25-27 :

성모님께서는 천사의 방문을 받는 순간부터 평범한 여인의 길을 포기해야 했습니다. "저는 주님의 종입니다. 말씀하신 대로 저에게 이루어지기를 바랍니다." 이 말씀 속에는 그러한 결단이 숨어 있었습니다. 특별한 신분으로 사는 것은 고통스런 일입니다. 그만큼 의무가 주어지고 신분에 맞는 삶을 살아야하기 때문입니다

시메온의 예언은 그것을 뒷받침합니다. "보십시오. 이 아기는 이스라엘에서 많은 사람을 쓰러지게도 하고 일어나게도 하며, 또 반대를 받는 표징이 되도록 정해졌습니다. 그리하여 당신의 영혼이 칼에 꿰찔리는 가운데, 많은 사람의 마음속 생각이 드러날 것입니다."

성모님께서는 평생 아버지와 예수님을 뜻을 기다리며 사셨습니다. 잘 모르더라도 끝까지 예수님의 뒤를 따라가셨습니다. 왜 그런 삶을 사시는지? 왜 사람들에게 반대를 받아야 하시는지? 기적의 능력을 지닌 분이 어찌하여 죽음의 길을 가시는지? 잘 모르셨지만 따라가셨습니다. 그리고 마지막 길이 예수님의 십자가 아래였습니다.

아들의 죽음을 보는 어머니의 마음은 고통스럽습니다. 억울한 죽음이 분명한 것을 알면서도 보는 것은 고통 이상입니다. 그런데도 성모님께서는 받아들이십니다. 그러기에 예수님께서는 고통의 순간에도 어머니에 대한 애정을 드러내셨습니다. 신앙인은 성모님의 길을 걸어야 합니다. 그러면 예수님께서 그를 보살펴 주십니다.

16 September — 성 고르넬리오 교황과 성 치프리아노 주교 순교자 기념일

성 고르넬리오는 로마 박해 시대의 교황이다. 교회를 지키며 교우들을 옹호하던 그는 체포되어 유배되었고 그곳에서 고문의 후유증으로 선종했다. 성 치프리아노 역시 같은 시대의 주교다. 북아프리카에서 태어난 그는 교사 생활을 하다 사제가 되었고 훗날 카르타고의 주교가 되었다. 박해 속에서 저술과 설교로 교우들의 힘이 되었지만 로마 군인들에게 체포되어 참수형을 받고 순교했다.

루카 7,11-17 :

예수님께서는 나인이라는 고을을 지나시다 과부의 외아들을 살려 주십니다. 아들을 잃은 어머니의 슬픔에 동참하신 것입니다. 상복을 입은 여인의 모습에서 성모님의 모습을 함께 보셨을 것입니다. 갑작스런 기적 앞에서 사람들은 하느님의 힘을 실감합니다. 죽음까지도 지배하시는 그분의 권능에 놀라고 두려워합니다.

예수님의 기적을 모셔 온 것은 어머니의 애절한 모습입니다. 그러기에 아무도 청하지 않았지만 젊은이를 살려 주셨던 것입니다. "주님께서는 그 과부를 보시고 가엾은 마음이 드시어 '울지 마라.' 하고 이르시고는, 앞으로 나아가 관에 손을 대시자…." 오늘 복음의 한 구절입니다.

김대건 신부님의 어머니는 '고 우르술라'입니다. 그분의 세속 이름은 알려져 있지 않습니다. 1836년 소년 김대건이 신학생으로 발탁되자 어머니는 즉시 그를 보냅니다. 그의 뒷모습을 보면서 무엇을 다짐했겠습니까? 기도와 희생이었을 것입니다. 이후 어머니는 한 번도 아들을 보지 못했습니다.

1846년 사제가 된 아들을 잠깐 만나지만 몇 달 뒤에는 영원히 헤어지는 아픔을 겪습니다. 어머니는 아들의 무덤 곁을 지키다 1864년 66세로 선종하지요. 지금은 아들이 잠든 '미리내 성지'에 함께 계십니다. 오늘날 김대건 신부님은 부활하여 우리 곁에 살아 있습니다. 부활의 한 자락에는 어머니 '고 우르술라'의 헌신적인 기도가 있었음을 잊지 말아야 합니다.

17 September

루카 7,31-35 :

"우리가 피리를 불어도 너희는 춤추지 않고, 우리가 곡을 하여도 너희는 울지 않았다." 예수님 시대의 동요였던 모양입니다. 그분께서는 사람들의 변덕을 아이들의 노래에 빗대어 말씀하고 계십니다. 그 시대 사람만 그랬던 것은 아닙니다. 자신에게 좋으면 관심을 갖고 싫으면 외면하는 것이 인간입니다. 인간의 본능입니다.

하지만 신앙은 사람 중심이 아닙니다. 하느님 중심입니다. 그런데도 바리사이들은 자신들이 중심인 듯 행동합니다. 군중이 자기들만 따라 주기를 원합니다. 그러기에 요한은 안 먹는다고 시비를 걸고 예수님께서는 많이 잡수신다고 시비를 겁니다. 어디에나 있는 위험한 지도자들입니다.

예수님께서는 그들의 비위를 맞추지 않으십니다. 언제나 아버지의 뜻을 따라 행동하십니다. 정답을 보여 주신 것입니다. 이것이 오늘 복음의 가르침입니다. 남들이 믿기에 믿는 것이 아닙니다. 내가 좋아서 믿는 것입니다. 남이 '하라고 해서' 하는 신앙생활이 아닙니다. 내가 '좋아서 선택한' 신앙생활입니다. '어쩔 수 없는 신앙'이 아니라 '자발적인 믿음'입니다. 떠밀려 가는 운명이 아니라 끌고 가는 운명입니다. 생각한 대로 살지 않으면 사는 대로 생각하게 됩니다.

18 September

루카 7,36-50 :

복음에 등장하는 '죄 많은 여인'은 누구인지 모릅니다. 다만 그 여인은 예수님 앞에 나와 자신이 마음먹은 일을 합니다. 한마디 말도 없습니다. '눈물로 발을 적시고 머리카락으로 닦고 향유를 부어 드릴 뿐'입니다. 아무나 그렇게 못합니다. 예수님께 대한 지극한 정성이 아니면 할 수 없는 일입니다.

함께 자리한 바리사이는 엉뚱한 생각을 합니다. 죄 많은 여인이 만졌으니 부정함이 전해졌을 것이라 여깁니다. 그러자 예수님께서는 '죄와 연관된 믿음보다 사랑과 연관된 믿음'이 더 중요하다고 하십니다. 그것이 '빚진 사람의 예화'입니다. 얼마나 많은 죄를 지었느냐가 아니라, 얼마나 많이 용서받았는가를 기억하라는 가르침입니다. 하지만 그는 시큰둥합니다.

죄를 짓지 않을 순 없습니다. 살면서 잘못을 저지르지 않는 사람이 어디 있겠습니까? 죄를 지었다고 주님께서 오지 말라고 하신 적은 없습니다. 그분 앞에는 큰 죄도 없고 작은 죄도 없습니다. 그것은 우리의 구분일 뿐입니다. 주님께서는 모든 허물을 용서해 주는 분이십니다. 진정 우리는 많이 용서받았습니다. 그러므로 많이 사랑해야 합니다. 복음의 여인은 우리의 모습입니다.

19 September

연중 제24주간 금요일

루카 8,1-3 :

'마리아 막달레나'는 "막달라 출신 마리아"라는 의미입니다. '막달라'는 갈릴래아 호반의 휴양 도시입니다. 그곳에서 예수님을 만나 일생일대의 변화를 체험했기에 이런 이름이 붙었을 것입니다. 아무튼 그분은 예수님을 따르던 여성 가운데 언제나 첫 번째로 언급되고 있습니다. 그만큼 예수님을 사랑하고 가까이했던 분입니다.

성경에는 '일곱 마귀'가 떨어져 나간 여인으로 표현되어 있습니다. 일곱은 완전함을 상징하는 숫자입니다. 그러기에 '일곱'이라는 숫자에 얽매일 이유는 없습니다. '강렬한 악의 세력'에 붙잡혔던 분으로 해석하면 됩니다. 아무튼 그분은 예수님을 만나 '전혀 새로운 여인'으로 다시 태어납니다. 그리고는 일편단심 예수님만 섬기며 삽니다. 사랑받은 만큼 사랑을 되갚는 생활이었습니다. 예수님이 십자가에서 돌아가실 때도 끝까지 지켜본 분입니다.

성녀 막달레나는 '악의 세력'에서 벗어났습니다. 그것이 구체적으로 무엇인지는 모릅니다. 그렇지만 그것에서 벗어나자 엄청난 변화를 체험합니다. 평생 감사하며 살만큼 은혜로운 변화입니다. 우리에게는 '악한 기운'이 없는지요? 우리의 삶을 어둡게 하는 '악의 세력'을 느낀다면 오늘은 기도해야 합니다. 막달레나 성녀에게 도우심의 은총을 청해야 합니다.

20 September

성 김대건 안드레아와 성 정하상 바오로와 동료 순교자 대축일

임진왜란 때 예수회 세스페데스 신부는 경남 진해에서 선교를 시도했지만 뜻을 이루지 못했다. 병자호란 때 중국에 볼모로 있던 소현 세자 역시 천주교에 호감을 가졌지만 죽음으로써 결실을 맺지 못했다. 18세기 말 몇몇 학자들이 학문적 연구로 천주교를 접했다. 그 중 '이승훈'이 북경에서 세례를 받음으로써 한국 천주교회는 시작되었다. 그러나 신해박해(1791)를 시작으로 병인박해(1866) 때까지 1만여 명이 순교했다. 그 가운데 103위가 1984년 성인 반열에 들었다. 이를 계기로 9월 26일이던 '한국 순교 복자 대축일'을 9월 20일로 옮겨 '성 김대건 안드레아와 성 정하상 바오로와 동료 순교자 대축일'로 지내고 있다.

루카 9,23-26 :

순교란 신앙을 위해 목숨을 바치는 행위입니다. 확실한 믿음 없이는 불가능한 일입니다. 하느님께서 살아 계신다는 믿음입니다. 죽음 다음에 분명한 내세가 있다는 믿음입니다. 그런 믿음을 지녔기에 기쁨 가운데 순교할 수 있었습니다. 고문과 협박에도 인내할 수 있었습니다. 믿음은 힘을 줍니다. 확실한 믿음일수록 주님의 은총도 확실하게 함께합니다.

그렇지만 모든 순교자들이 처음부터 그런 믿음을 가진 것은 아닙니다. 배교했다가 다시 순교한 분들도 많이 있습니다. 믿음과 용기는 기도와 희생 속에서 만들어집니다. 순교자들은 죽음의 자리에서도 기도했고 동료들을 위해 빌었습니다. 그들의 청원을 어찌 주님께서 외면하실 수 있었겠습니까?

목숨을 바치는 것만이 순교는 아닙니다. 오늘날의 순교는 본능의 유혹 앞에서 참는 것을 뜻합니다. 가족을 위해 희생으로 견디는 것을 뜻합니다. 억지로가 아니라 사랑으로 한다면 아무리 작은 노력이라도 훌륭한 순교가 됩니다.

기록이 없는 순교자들이 대부분입니다. 그분들은 기록에 관심이 없었습니다. 그런 순교자들을 더욱 깊이 묵상해야겠습니다. 우리 역시 그분들처럼 초연한 마음으로 살아야겠습니다.

21 September

마태 20,1-16 :

　복음의 말씀은 쉽게 알 수 없는 내용입니다. 어떤 사람이 포도밭으로 일꾼들을 데리고 옵니다. 일당은 모두 '한 데나리온'입니다. 아침에 오는 사람이나 낮에 오는 사람이나 저녁에 오는 사람이나 모두 같은 일당을 약속합니다.

　일이 끝나고 일당을 지불하자 아침에 와서 일한 사람이 저녁에 와서 잠깐 일한 사람 때문에 불평을 합니다. 자기와 똑같은 일당을 받는 것에 이의를 제기합니다. 어떻게 같은 일당을 받을 수 있느냐는 이야기입니다. 우리가 생각해도 일리 있는 지적입니다. 그러나 곰곰이 생각하면 그렇지 않습니다. 원래 주인은 일당으로 '한 데나리온'을 약속했습니다. 다만 늦게 온 사람에게는 자비를 베풀어 한 데나리온을 모두 준 것에 불과합니다.

　비유의 교훈은 간단합니다. 주님께서 하시는 일을 '인간의 판단 기준'으로 속단하지 말라는 것입니다. 우리는 너무 쉽게 하느님의 일을 '우리 식'으로 생각하려 합니다. 하지만 오늘 복음은 그렇게 해서는 안 된다는 것을 알려 줍니다. 하느님께서는 모든 일을 사랑으로 하시는 분이기 때문입니다. 그러므로 결국엔 우리에게 유익한 것이 됩니다. 신앙인은 이것을 믿고 따르는 이들입니다.

22 September

루카 8,16-18 :

등불을 켜서 침대 밑에 두는 이는 없습니다. 방을 밝히려고 불을 켜는 것이지 폼으로 그러는 것은 아닙니다. 밝은 것은 드러나기 마련입니다. 애쓰지 않아도 결국 알려집니다. 빛은 조금만 있어도 어둠을 이기기 때문입니다. 무엇이 등불을 켜는 행동일는지요? 선행입니다. 착한 마음으로 올리는 기도입니다.

누구나 밝은 사람을 좋아합니다. 그렇다고 그저 허허거리며 웃는 이가 밝은 사람은 아닙니다. 밝은 사람은 '몸에서 밝은 기운이 나오는 사람'입니다. 끊임없이 선행을 베풀며 착한 마음으로 기도하는 사람입니다. 자신을 위해 부끄러운 행동을 하지 않는 사람입니다.

3개월 이상 '깁스'를 풀지 않으면 근육은 급속히 둔화된다고 합니다. 몸을 움직여 주지 않기에 뼛속의 무기물이 남아 있을 이유를 찾지 못하고 빠져나가기 때문입니다. 약골이 되는 것이지요.

같은 이치입니다. 기도와 선행이 없으면 냉담하게 되어 있습니다. 점차 신앙생활의 필요성을 망각하게 됩니다. 성당 다니는 일이 귀찮아집니다. 영적 기운이 빠져나가고 있는 것이지요. 다시 등불을 켜야 합니다. 그러지 않으면 다른 사람의 등불도 꺼 버리는 존재가 될 수 있습니다.

23 September

피에트렐치나의 성 비오 사제 기념일

성 비오 사제는 1887년 이탈리아 피에트렐치나에서 태어나 '카푸친 작은형제회'에 입회하였다. 1910년에 사제가 된 그는 끊임없는 기도와 겸손으로 하느님을 섬기며 살았다. 1918년부터 세상을 떠난 1968년까지 50년 동안 '예수님의 오상'을 몸에 간직하며 살았다고 한다. 교황 요한 바오로 2세는 2002년 6월 16일에 그를 성인품에 올렸다.

루카 8,19-21 :

"내 어머니와 내 형제들은 하느님의 말씀을 듣고 실행하는 이 사람들이다." 어떻게 들으면 냉정한 말씀입니다. 그렇다고 그분께서 어머니를 무시하는 말씀을 남기신 것은 아닙니다. 혈연관계 못지않게 영적 관계도 중요하다는 말씀입니다.

'아버지의 말씀'을 따르는 것이 그분의 영적 관계에 동참하는 일입니다. 누구라도 아버지의 뜻을 실천하면 예수님과 가까워집니다. 그만큼 그분께서는 주님의 뜻을 중요하게 여기셨습니다. 그러므로 복음 말씀의 취지는 혈연관계에 얽매이지 말고 아버지의 뜻에 충실하라는 것입니다.

'아버지의 뜻'은 예수님의 가르침입니다. 사랑으로 요약되는 가르침입니다. 차가운 율법이 아니라 '베푸는 사랑'입니다. 자신에게는 계명의 거울을 들이대고 타인에게는 따뜻함의 잣대를 들이대는 노력입니다. 그렇습니다. '베풀려는 관점'에서 보면 모두가 어머니며 형제입니다. 부모와 가족으로 모셔야 할 분들은 우리 주위에 너무나 많이 있습니다.

심장은 암에 걸리지 않는다고 합니다. 끊임없이 베풀기 때문입니다. 한순간도 쉬지 않고 따뜻한 피를 공급하기에 암세포가 붙을 여유가 없다는 것입니다. 베풀면 악한 기운이 붙지 못하는 것이지요. 베푸는 삶이 아버지의 뜻입니다.

24 September

루카 9,1-6 :

선교는 어려운 일입니다. 사막을 맨발로 걷는 일입니다. 누군가의 도움 없이는 불가능한 일입니다. 그런데도 주님께서는 '아무것도 갖고 가지 말라'고 하십니다. 도움에 목매지 말라는 말씀입니다. 사람들의 지원보다 하느님의 이끄심에 기대를 걸라는 말씀입니다. 물질을 믿으면 실망이 돌아옵니다. 잡음이 생깁니다. 주님께 매달려야 안정과 평화가 함께합니다.

선교는 사람이 하지만 에너지는 주님께서 주십니다. 그러므로 '하느님의 힘'을 지녀야 올바른 선교가 됩니다. 사람들의 지원이 많아지면 그분의 지원은 줄어듭니다. 사람들의 격려를 찾다 보면 그분의 힘을 외면하게 됩니다. 그러기에 '아무것도 가지지 말라'고 하셨습니다.

사람들은 봄과 가을에만 아름다운 꽃들이 피는 줄 압니다. 그러나 여건이 갖추어지면 언제라도 피어나는 것이 꽃입니다. 다만 봄가을에 피는 꽃이 유난히 아름다운 것은 겨울의 추위와 여름의 더위를 견뎌 냈기 때문입니다. 선교도 마찬가지입니다. 부족함 속에서 오히려 단단한 결실이 맺어집니다.

결과에 기대를 걸기에 업적을 남기려 합니다. 발자취를 남기려고 애를 씁니다. 곁에서 보기에 안타까운 선교입니다. 선교의 본질은 하느님을 전하는 것임을 늘 잊지 말아야 합니다.

25 September

루카 9,7-9 :

어느 날 예수님께서 제자들에게 물으십니다. "사람들이 나를 누구라고 하느냐?" 그때 나온 답변 중 하나가 '죽은 세례자 요한이 다시 살아났다'는 것이었습니다. 오늘 복음에서 헤로데는 자신이 요한을 죽였다며 예수님을 만나고 싶어 합니다. 다시 살아난 요한인지 확인하고 싶었던 것입니다.

헤로데는 율법에 어긋나는 결혼 생활을 하고 있었습니다. 요한이 잘못을 지적하자 감옥에 가두었습니다. 그리고 아내의 간계에 넘어가 그를 죽게 했습니다. 의로운 사람인 줄 알면서도 어쩔 수 없다며 방관했습니다. 예수님의 무고함을 알면서도 십자가의 처형을 묵인하는 빌라도와 닮았습니다. 이런 지도자는 어느 시대에나 있습니다. 명분과 체면의 틀을 깨지 못하는 지도자들입니다.

베드로는 예수님을 구세주로 고백했습니다. 그러기에 온몸으로 추종합니다. 호기심이 아니라 진심입니다. 명분과 체면이 아니라 열정과 희망으로 함께합니다. 이제 정치는 민중의 것이 되었습니다. 정치적 발언을 하는 이들도 많아졌습니다. 의로운 지도자들도 많아질 것이라 여겨집니다. 헤로데가 아니라 베드로와 같은 지도자들입니다.

26 September

루카 9,18-22 :

"군중이 나를 누구라고 하느냐?" 예수님의 질문에 베드로는 "하느님은 그리스도이십니다." 하고 대답합니다. 일생 동안 베드로는 그 마음을 바꾸지 않고 살았습니다. 그리고 로마의 박해 시대에 '구원의 그리스도'를 증거하며 순교하였습니다. 이 땅의 순교자들 역시 베드로와 같은 응답을 하며 순교의 길을 갔습니다. 숱한 고문과 형벌 속에서도 '구원의 그리스도'를 외치며 목숨을 바쳤습니다.

순교자 현계흠은 서울에서 약방을 운영하며 신앙생활을 하고 있었습니다. 그러다 신유박해가 일어나자 '황사영 백서 사건'에 연루되어 체포됩니다. 심한 고문을 받았지만 그리스도를 증언하며 서소문 밖에서 참수됩니다. 그에게는 다섯 살 난 아들과 여덟 살 된 딸이 있었습니다.

성 현석문(가롤로)과 성녀 현경련(베네딕타)입니다. 훗날 현경련은 여회장이 되어 선교사를 돕습니다. 기해박해 때 체포되어 동생과 선교사의 피신처를 알아내려는 형리들에게 여덟 차례나 문초를 받았습니다. 그러나 혹독한 고문 속에서도 그리스도를 증언하다가 순교합니다.

현석문은 샤스탕 신부가 입국하자 그의 봉사자가 되어 전국을 누빕니다. 기해박해로 선교사들이 모두 순교하자 「기해일기」를 남겼습니다. 포졸들에게 잡혀 가혹한 형벌을 받았지만 그 역시 '구원의 그리스도'를 증언하며 새남터에서 순교했습니다. 가족 모두 베드로의 길을 걸어간 것입니다.

27 September

성 빈첸시오 드 폴 사제 기념일

성 빈첸시오 사제는 1581년 프랑스에서 농부의 아들로 태어났다. 사제가 된 뒤에는 파리에서 본당 신부로 일했다. 한때 그는 이슬람 해적들에게 잡혀 노예 생활을 한 것으로 알려져 있다. 이 일을 계기로 일생을 자선 활동에 바칠 것을 결심하게 된다. 이후 성직자들의 영신 수련과 가난한 이들의 구제를 목적으로 하는 수도회를 세웠다. 1737년 교황 클레멘스 12세에 의해 시성되었고 교황 레오 13세는 그를 자선 단체의 수호성인으로 선포했다.

루카 9,43-45 :

예수님께서는 당신의 수난과 죽음을 예고하십니다. 하지만 제자들은 알아듣지 못합니다. 왜 그랬을까요? 건성으로 들었기 때문입니다. '설마' 하고 들었기 때문입니다. 하느님의 능력을 지니신 분이 그렇게 당하지는 않을 거라고 생각했던 것이지요. 마귀를 쫓아내고 숱한 병자들을 고쳐 주신 스승님인데 허무하게 가실 거라고는 생각할 수 없었던 것입니다. 인간적인 판단입니다. 자신에게 유리한 쪽으로만 생각한 결과입니다.

열심히 신앙생활을 하던 사람이 있었습니다. 어느 날 빈민촌으로 봉사 활동을 갔습니다. 어렵고 힘겹게 사는 이들을 보면서 그는 기도 중에 따지기 시작했습니다. '주님, 이들은 왜 비참하게 살아야 합니까? 무슨 잘못으로 아무런 기쁨도 없이 살아야 합니까? 이들보다 더 불행하게 사는 이들은 세상에 없을 것입니다. 당신께서는 정녕 못 본 체하십니까?' 푸념이 끝나자마자 주님의 음성이 들렸다고 합니다. '그래서 내가 너를 그곳에 보내지 않았느냐.'

누군가 지어낸 이야기입니다. 하느님께 비판의 화살을 보내는 인간을 풍자하고 있습니다. 그러니 자기식대로 판단하고 따지는 것은 쉬운 일입니다. 누구나 빠질 수 있는 유혹입니다. 예수님의 제자들도 자신의 생각을 벗어나지 못하고 있었습니다. 예상 밖의 말이라도 건성으로 듣기 시작하면 자신의 생각에 갇히게 됩니다.

마태 21,28-32 :

큰아들은 아버지의 명령을 거절하지만 나중에는 따릅니다. 작은아들은 따른다고 해 놓고 실제로는 모른 체합니다. 인간의 변덕입니다. 누구에게나 이런 모습은 있습니다. 변덕은 본능인 탓입니다. 그러기에 자신의 변덕에는 너그럽지만 타인의 변덕에는 날카로워집니다.

하느님께서는 변덕스런 분이 아니십니다. 인간의 마음이 왔다 갔다 하기에 주님께서도 그러려니 생각하지만 그것은 유혹입니다. 변덕은 인간의 용어이지 주님께 적용되는 말이 아닙니다. 부모들은 자식이 변덕을 부린다고 선뜻 등을 돌리지 않습니다. 하물며 사랑이신 주님께서 인간의 변심을 못 참아 주실 리 없습니다. 그분의 사랑은 한결같습니다. 인간의 변덕을 주님께 적용하지 말라는 것이 복음의 가르침입니다.

예수님께서는 세리와 창녀들을 두둔하는 말씀을 하십니다. 당시 세리는 남자들이 경멸하던 직업이었습니다. 창녀 역시 여자들 가운데 가장 비천한 신분이었습니다. 말단의 그들이 주님의 말씀을 따르는데 기존의 신앙인들은 아직도 헤매고 있느냐는 말씀입니다.

신앙인은 성경의 큰아들입니다. 세례성사 때 아버지의 말씀대로 살겠다고 결심했던 사람들입니다. 그때의 다짐으로 돌아가야 합니다. 그리고 그 첫 길이 변덕을 부리지 않는 마음입니다.

29 September

성 미카엘·가브리엘·라파엘 대천사 축일

교회는 제4차 라테라노 공의회(1215)에서 천사들의 존재를 신앙 교리로 선언하였다. 그렇지만 학자들의 여러 학설에 대해 유권적인 해석을 하지는 않았다. 미카엘·가브리엘·라파엘 대천사의 이름만 인정하였고 다른 천사들의 이름은 사용하지 못하게 했다. 그리고 천사들의 축일도 세 명의 대천사 축일과 '수호천사 기념일'(10월 2일)만 허용하였다.

요한 1,47-51 :

복음의 나타나엘은 예수님께 질문합니다. "저를 어떻게 아십니까?" "필립보가 너를 부르기 전에 네가 무화과나무 아래에 있는 것을 내가 보았다." 예수님의 이 말씀에 그는 "스승님은 하느님의 아드님이십니다." 하고 고백합니다. 예수님의 말씀에 충격을 받았던 것입니다. '무화과나무 아래'는 아마도 그의 지난날을 상징하는 표현일 것입니다. 나타나엘은 자신의 과거를 꿰뚫고 계시는 분을 체험했던 것입니다.

그렇습니다. 하느님의 위대하심을 알려 주는 분이 있다면 그가 바로 천사입니다. 선한 마음으로 바르게 살도록 깨우쳐 주는 분이 있다면 그도 역시 천사입니다. 믿음으로 인도하는 모든 사건은 천사의 손길입니다.

이렇듯 천사는 '영적 세계'로 안내합니다. 그러므로 돌 하나도 천사가 될 수 있고 나무 한 그루도, 새 한 마리도 천사가 될 수 있습니다. 삶의 신비를 돌아보게 하는 것은 모두가 천사입니다. 하느님의 다스림을 깨닫게 하는 것은 무엇이든 천사의 모습이 됩니다.

믿는 이는 천사의 삶을 살아야 합니다. 누군가에게 다가가 천사가 되어 주어야 합니다. 그러기에 예수님께서는 나타나엘을 부르셨습니다. 인간이 인간에게 아름다운 마음을 가지게 한다면 그가 바로 천사입니다.

30 September

성 예로니모 사제 학자 기념일

성 예로니모는 크로아티아의 부유한 가정에서 태어났다. 일찍부터 로마에서 공부했고 정부 관리가 되었지만 수도 생활에 관심이 더 많았다. 한때 사막에서 은수 생활을 했고 이후 사제가 되었다. 교황청의 지시로 성경을 라틴어로 번역하였다. 신약 성경은 그리스어 원문을, 구약 성경은 히브리어 원문을 직접 번역했다. 419년 9월 30일 베들레헴의 수도원에서 72세 때 선종했다. 그는 라틴어와 그리스어, 히브리어를 자유자재로 구사했다고 한다. 서방 교회 4대 교부 중 한 분이다.

루카 9,51-56 :

사마리아 사람들은 예수님을 맞아들이지 않습니다. 그럴 만한 이유가 있습니다. 그들은 역사의 희생자들입니다. 기원전 721년 아시리아는 '북 이스라엘'을 멸망시킵니다. 수도 사마리아는 끝까지 저항했지만 역부족이었습니다. 지도자들은 처형되었고 주민들은 포로로 끌려갔습니다.

아시리아는 사마리아에 다른 민족을 강제로 이주시켰습니다. 남은 유다인들은 그들과 어울려 살아야만 했습니다. 세월이 흐르자 예루살렘 중심의 남쪽 지파들은 사마리아 사람들을 이방인으로 생각하기 시작했습니다. 민족의 순수성을 더럽힌 집단으로 여겼고 유다인으로 인정하지도 않았습니다. 당연히 사마리아인들도 증오심으로 대했고 독자적인 종교 예절을 취했습니다.

제자들은 사마리아 사람들의 푸대접에 분개합니다. "주님, 저희가 하늘에서 불을 불러 내려 저들을 불살라 버리기를 원하십니까?" 본인들에게 그럴 만한 능력도 없으면서 말을 쏟아 내고 있습니다. 그렇지만 예수님께서는 불평하거나 꾸짖지 않으십니다. 다만 다른 곳으로 돌아가자고 하십니다. 사마리아인들의 마음을 이해하신 것입니다. 그분의 깊은 배려입니다.

365일 복음 묵상 가해

10월

묵주 기도의 기원에는 여러 설이 있다. 그중에서도 중세 때, 수도자들이 바치는 성무일도에서 유래했다고 보는 견해가 일반적이다. 성무일도는 주로 시편을 노래한다. 150편의 시편을 빠짐없이 바치기 위해 숫자를 헤아리는 도구를 사용했다고 한다. 수도원 근처의 교우들은 이를 본받아 주님의 기도를 150번씩 바치다가 성모 신심의 부흥으로 성모송을 바치는 묵주 기도로 발전하였다는 것이다.

16세기 이슬람 제국이 로마를 침공했을 때 비오 5세 교황은 연합군을 조직해 대항하였다. 그러면서 묵주 기도를 통해 성모님의 도우심을 청했다. 1571년 10월 7일 연합군은 '레판토 해전'에서 대승을 거두며 이슬람의 침공을 막아 냈다. 비오 5세는 이를 기념하여 '승리의 성모 축일'을 제정하였고 훗날 '묵주 기도의 복되신 동정 마리아 기념일'로 이름이 바뀌었다. 1883년 9월 교황 레오 13세는 10월을 '묵주 기도 성월'로 선포하였다.

한편, 1926년 비오 11세 교황은 신자들의 선교 의식을 고취시키기 위해 10월의 마지막 전 주일을 '전교 주일'로 정하고 선교를 위한 기도와 활동의 날이 되도록 했다. 한국 교회는 이에 부응하여 1970년부터 10월을 '전교의 달'로 정하고 선교에 더욱 관심을 갖도록 했다. 전교 주일 특별 헌금은 교황청 전교기구로 보내져 전교 지역의 교회를 돕는 데 쓰인다.

01 October

선교의 수호자 아기 예수의 성녀 데레사 동정 학자 대축일

아기 예수의 성녀 데레사는 1873년 프랑스 파리의 외곽 도시 알랑송에서 태어났다. 일찍 가르멜 수도원에 들어가 혼신의 노력으로 수도 생활에 임했다. 영혼들의 구원과 선교사들을 위해 남모르는 기도와 희생을 봉헌하며 살았다. 성녀는 자서전을 세 권 남겼는데 일부는 우리나라에서도 번역되었다. 1925년에 시성되었고 비오 11세 교황은 성녀를 '선교의 수호자'로 선포하였다. '소화小花 데레사' 성녀로 널리 알려져 있다.

마태 18,1-5 :

1997년 6월 10일 교황 요한 바오로 2세는 성녀 데레사를 '교회 학자'로 선포했습니다. 전문 교육을 받은 적도 없고 하느님에 관한 어떤 연구도 학문적으로 다룬 적이 없는 분입니다. 그런데도 그분을 교회 박사로 선언했습니다. 하느님은 학문의 대상이 아닌 탓입니다. 성녀께서는 가장 단순한 '직관'으로 하느님을 아버지로 알아보았기 때문입니다.

'소화 데레사'로 더 많이 알려진 성녀는 1873년 프랑스 북서부의 작은 도시 알랑송에서 태어납니다. 그리고 1888년 어린 나이에 노르망디의 리지외에 있는 가르멜 수도원에 들어가 평범하게 살다 생을 마감합니다. 이미 그곳에는 친언니 두 분이 수도자로 있었습니다.

9년 동안의 수도 생활 중 특별한 삶은 전혀 없었습니다. 언제나 하느님의 사랑을 잊지 않았으며 작고 보잘것없는 희생이라도 누군가를 위한 봉헌으로 바쳤습니다. 하지만 바로 이 삶이 그분이 개척한 '작은 영성의 길'이었습니다. 특별히 성녀는 선교사들을 위해 자신의 희생을 즐겨 봉헌했습니다.

1895년 데레사 수녀는 자신의 지난날을 회상하는 글을 쓰도록 지시받습니다. 이것이 그분의 자서전인 「한 영혼의 이야기」입니다. 우리나라에도 번역되어 있습니다. 1897년 24살의 나이로 선종하였고, 1925년 비오 11세 교황에 의해 시성되었습니다.

02 October

수호천사 기념일

수호천사는 사람을 보호하는 임무를 맡은 천사다. 교회 전승에 의하면, 사람이 태어나면 주님께서는 천사 한 분을 정해 주시어 그를 지키고 도와주게 하신다. 하느님의 사랑이다. 그러므로 주님께로 인도하는 존재는 모두가 천사다. 수호천사는 우리가 알지 못하는 모습으로 언제나 우리 곁에 계신다.

마태 18,1-5.10 :

무시당하면 반발심이 생깁니다. 얕잡는 말을 하는데 가만있을 사람은 없습니다. 업신여김을 당하면 누구라도 불쾌한 감정을 드러내게 되어 있습니다. 그런데도 깔보는 말을 예사로 합니다. 무시하는 행동을 쉽게 합니다. 왜 그럴까요?

배려하는 마음이 부족한 탓입니다. 당하는 사람의 입장을 좀 더 생각한다면 쉽게 그럴 수 없는 일입니다. "너희는 이 작은 이들 가운데 하나라도 업신여기지 않도록 주의하여라." 그러면서 예수님께서는 그들의 천사들이 하늘에서 보고 있다고 하십니다. 하찮게 보이는 사람일지라도 그를 보호하는 수호천사가 있다는 말씀입니다.

남을 무시하면 언젠가 나도 무시당합니다. 남을 업신여기면 언젠가 나도 업신여김을 당합니다. 늘 그렇게 생각하며 살아야 합니다. 실제로 우리의 말과 행동을 수호천사들은 모두 기억하고 있을 것입니다. 그러니 무시하는 말보다는 격려하는 말이 더 쉽게 나오도록 살아야 합니다.

'칭찬 한마디가 인생을 좌우한다.'고 했습니다. 기쁨을 주는 말과 행동은 서로를 천사로 만듭니다. 불만을 갖고 바라보기에 무시하는 감정에 휩싸입니다. 감사하는 마음으로 대한다면 업신여기는 말이 나타날 수 없습니다.

03 October

루카 10,13-16 :

코라진과 벳사이다와 카파르나움은 예수님 시대의 신흥 도시로 빠르게 발전하고 있었습니다. 시리아와 인접한 국경 도시로 사통팔달 연결되어 있었기 때문입니다. 특히 카파르나움에는 가나안 지역을 통괄하는 로마의 부대가 주둔하고 있었기에 더욱 번창했습니다.

로마 군인들이 상주하면 사람들이 몰려듭니다. 이교 문화와 장사꾼들로 넘쳐납니다. 이스라엘도 예외가 아니었습니다. 사람들은 들떠 있었고 조용했던 시골에는 돈이 풍족해졌습니다. 미래가 온통 희망적으로 보였을 것입니다. 그런 그들에게 예수님의 말씀이 귀에 들어올 리 없습니다. 기적도 호기심의 대상으로만 여겨졌을 것입니다.

예수님께서는 그들을 꾸짖으십니다. "불행하여라. 너 코라진과 벳사이다야! 너희에게 베푼 기적을 티로와 시돈에서 베풀었더라면, 그들은 벌써 회개하였을 것이다." 기적 앞에서도 마음을 바꾸지 않는 완고함을 '불행'이라고 지적하셨습니다.

언제까지나 햇볕만 내리쬐이는 땅은 없습니다. 햇볕만 받으면 땅은 서서히 갈라지고 맙니다. 언제까지나 비바람만 맞는 땅도 없습니다. 바람의 땅도 언젠가는 숲이 됩니다. 예나 지금이나 평범한 이 진리를 사람들은 쉽게 잊어버립니다.

04 October

아시시의 성 프란치스코 기념일

프란치스코 성인은 1182년 이탈리아의 작은 도시 '아시시'에서 상인의 아들로 태어났다. 젊은 나이에는 자유롭게 살았고 전쟁에 참가하여 포로가 되기도 했다. 어느 날 심한 병에 걸려 죽음 직전까지 갔지만 회복된다. 이후 복음적 생활을 시작했다. 1210년 '가난한 삶을 시작한 그와 11명의 동료들'은 교회의 인정을 받았다. 프란치스코 수도회 '작은형제회'의 출발이다. 1225년 유명한 '태양의 찬가'를 지었고 1년 뒤 세상을 떠났다. 1232년에 시성되었고 이탈리아의 수호성인으로 선포되었다.

루카 10,17-24 :

일흔두 제자는 돌아와 보고합니다. '예수님의 이름'으로 마귀를 쫓아낸 사실을 알립니다. 그들은 놀랐던 것입니다. 스승님의 이름을 내세우자 마귀가 복종했으니 놀랄 수밖에 없었을 것입니다. 예수님의 이름에는 힘이 있습니다. 위대한 능력이 있습니다. 제자들은 그것을 체험했던 것이지요.

누구라도 마음을 모아 예수님께 매달리면 악한 기운은 물러갑니다. 경건하게 그분의 이름을 부르면 영적 기운이 함께합니다. 그러기에 교회는 오랜 전통으로 성호경을 바쳐 왔습니다. '아버지와 아들과 성령의 이름'으로 모든 일을 하게 했습니다. 악의 세력에서 지켜 주시길 청했던 것이지요.

마귀는 '파멸로 이끄는 힘'입니다. 모르는 사이에 몸과 마음속에 들어와 자리합니다. 그리하여 일치보다는 분열을, 긍정보다는 부정을, 기쁨보다는 우울을 먼저 보게 합니다. 예수님의 힘과 기운을 모셔 와야만 사그라집니다. 그분의 이름을 불러야 하는 이유입니다.

풀 한 포기, 나무 한 그루에도 예수님의 모습은 있습니다. 무심코 지나치는 모든 것에서 그분의 능력을 보는 훈련을 해야 합니다. 그것이 그분의 이름으로 사는 일입니다. 예수님의 힘을 보는 사람은 언제라도 행복한 사람입니다.

05 October

마태 21,33-43 :

복음 말씀은 어이없는 내용입니다. 어떤 지주가 포도밭을 일구고 포도주 공장까지 차린 뒤 세를 놓았습니다. 그런데 사용료를 내지 않는 것입니다. 돈을 받으려고 하인들을 보냈더니 오히려 그들을 죽이고 포도원을 가로채려 했습니다. 은혜를 원수로 갚는 자들입니다. 이스라엘의 행동 역시 그렇다는 말씀입니다. 예언자를 죽이고 예수님마저 없애려 한다는 지적입니다.

오늘의 우리는 은혜를 망각하며 살고 있는 것은 아닌지요? 주님께서는 우리에게도 예언자를 보내 주셨습니다. '사건과 만남'이라는 예언자입니다. 그분께서는 얼마나 많은 사건을 통해 말씀을 남기셨습니까? 고통스런 사건일수록 그분의 말씀은 강렬했습니다.

만남 역시 마찬가지입니다. 우연인 것 같아도 '분명한 뜻'이 담겨 있는 만남이 얼마나 많았습니까? 하지만 지나고 나면 잊어버립니다. 그때의 느낌과 깨달음을 묻어 버리고 맙니다. 복음 말씀은 이런 삶을 돌아보라는 질책입니다.

포도밭은 미래를 상징합니다. 생명과 함께 맡겨 주신 우리의 한평생을 뜻합니다. 그러니 인생의 소작료는 내야 합니다. 시간을 바치고 소유를 바치고 정열을 바치는 것입니다. '기도 생활과 봉사 생활'은 다만 그 방법일 뿐입니다. 그러므로 기도와 봉사는 의무입니다. 할수록 은총을 만나게 되는 의무입니다.

06　October

루카 10,25-37 :

"스승님, 제가 무엇을 해야 영원한 생명을 받을 수 있겠습니까?" 율법 학자는 몰라서 묻는 것이 아닙니다. '영원한 생명'에 이르는 쉬운 길이 있는지 알고 싶었던 것입니다. 예수님께서는 '율법에 무엇이라고 쓰여 있는지' 되물으십니다. 율법 학자는 '마음과 정신과 힘을 다해 하느님과 이웃을 사랑하는 것'이라고 답합니다. 예수님께서는 그렇게 할 것을 명하십니다. 쉬운 길은 없다는 말씀입니다.

그러기에 '사마리아 사람의 비유'가 등장합니다. 강도를 만나 반쯤 죽게 된 어떤 이를 살려 주는 내용입니다. 그가 누구인지 모릅니다. 사마리아 사람과 관계가 있는 것도 아닙니다. 온전히 모르는 사람을 그는 최선을 다해 살려 냅니다.

누가 이렇게 할 수 있을는지요? 현실에서는 불가능한 일입니다. 마음먹고 결심한다고 되는 일도 아닙니다. 일생을 노력해도 될까 말까 하는 일입니다. 하지만 그렇게 하라고 하십니다. 삶의 목표를 그렇게 설정하며 살라는 것이지요. 이것이 복음의 교훈입니다.

보이는 이웃을 외면하면 '보이지 않는 하느님'도 외면하게 됩니다. 이웃이 싫어지더라도 하느님 때문에 가까이해야 합니다. 이웃이 나를 싫어하더라도 하느님 때문에 이해하려고 노력해야 합니다. 인간적으로 어려운 일이지만 그렇게 훈련하면 주님의 사랑을 만나게 됩니다.

07 October

묵주 기도의 복되신 동정 마리아 기념일

16세기 중엽 이슬람 제국은 세력 확장을 위해 유럽을 침공했다. 당시 교황 비오 5세는 연합군을 조직해 대항했다. 1571년 10월 7일 연합군은 '레판토 해전'에서 대승을 거두며 이슬람의 침공을 막아 냈다. 도미니코 수도회 출신이었던 비오 교황은 이를 기념하여 '승리의 성모 축일'을 제정하였다. 훗날 '묵주 기도의 복되신 동정 마리아 기념일'로 이름이 바뀌었다.

루카 10,38-42 :

    우리는 어디로 가고 있습니까? 홍수처럼 쏟아지는 차량 속에서, 날만 새면 생겨나는 빌딩 속에서 우리는 어디를 향하고 있습니까? 인간은 영과 육으로 이루어진 존재입니다. 육체가 성장하면 영혼도 성숙해져야 합니다. 몸의 요구는 채우면서 영의 목마름을 외면한다면 영적 갈증은 당연합니다.

    불안과 초조가 그것입니다. 때로는 허무함이요, 때로는 자신만을 챙기는 이기심으로 나타납니다. 그러기에 갈증을 채우려고 본능에 탐닉하고 재물에 젖어듭니다. 세상이 폭력과 환락으로 얼룩지는 이유가 여기에 있습니다. 그러나 갈증은 여전히 남습니다. 몸의 갈증이 아니라 영혼의 갈증이기 때문입니다. 그런데도 사람들은 그것을 모릅니다.

    "필요한 것은 한 가지뿐이다. 마리아는 좋은 몫을 선택하였다." 예수님의 말씀처럼 가끔은 조용히 있어야 합니다. 모든 것을 제쳐 두고 십자가의 예수님을 바라봐야 합니다. 그렇습니다. 조용히 있을 줄만 알아도 '갈증의 늪'은 힘을 잃습니다. 예수님을 바라보기만 해도 '영적 목마름'은 멀리 느껴집니다. 누구나 주님으로부터 귀한 삶을 받았습니다. 조용히 감사하며 살아야 합니다. 때때로 '마리아의 모습'이 되어 주님의 은총을 묵상해야 합니다.

08 October

루카 11,1-4 :

"주님, 저희에게도 기도하는 것을 가르쳐 주십시오." 제자들의 청에 예수님께서는 '주님의 기도'를 남기셨습니다. 아버지의 나라가 오기를 청하며 매일의 양식을 간구하는 기도입니다. 누구나 주님의 기도를 바칩니다. 하루에도 몇 번씩 바칩니다. 생각 없이 외우는 날도 있고 마음을 가다듬고 바친 날도 있습니다.

어린이들은 '주님의 기도'를 잘 외웁니다. 아버지라는 단어 때문일 것입니다. 아버지에 대한 좋은 기억을 갖고 있기에 편하게 외우는 것 같습니다. 그러므로 우리 역시 주님의 기도를 바칠 때 아버지이신 주님을 먼저 기억해야 합니다.

주님은 멀리 계시지 않습니다. 성경에만 계시는 분도 아닙니다. 그랬더라면 예수님께서 아버지라고 부르게 하지 않으셨을 것입니다. 우리의 일상사와 무관한 분으로 생각하는 것은 언제라도 유혹입니다. 그러기에 유혹에 빠지지 말게 해 달라는 구절이 있습니다.

하느님께서는 따뜻한 아버지십니다. 허물을 알면서도 은총으로 덮어 주는 분이십니다. 그런 주님을 기억한다면 '우리에게 잘못한 이웃'을 용서하지 않을 수 없습니다. 나의 애정과 헌신을 잊어버린 채 살아가는 자녀이며 친구이며 예전의 동료들입니다. 그들을 다시 아버지의 마음으로 생각해야 합니다. 주님의 기도에 담긴 교훈입니다.

09 October

루카 11,5-13 :

　　예수님께서는 하느님을 아버지로 부르셨습니다. 어떤 기록보다도 가깝고 생생하게 하느님을 표현한 것입니다. 주님에 대해서는 완벽하게 알 수 없습니다. 하지만 아버지라 했을 때는 느낌을 구체화할 수 있습니다. 아버지라는 가르침은 어떤 신학 이론보다도 설득력 있고 친근감이 있습니다.

　　"너희 가운데 어느 아버지가 아들이 생선을 청하는데, 생선 대신에 뱀을 주겠느냐? 달걀을 청하는데 전갈을 주겠느냐?" 이렇듯 오늘 복음은 아버지이신 하느님의 마음을 전해 주고 있습니다. 그런데도 아직 '벌주는 하느님'에서 벗어나지 못하고 있다면 '어린이의 신앙'에 머물고 있는 것이 됩니다.

　　죄의식 때문에 하느님을 감히 아버지로 보지 못할 수 있습니다. 주님 앞에서 뻔뻔스러울 수는 없습니다. 하지만 지나친 위축도 바른 자세가 아닙니다. 부모 앞에서 벌벌 떠는 자녀를 좋아할 아버지가 어디 있겠습니까? 우리는 죄를 짓는 인간입니다. 하지만 그에 앞서 주님의 자녀임을 잊어서는 안 됩니다. 그러기에 끊임없이 기도합니다. 두드리면 아버지께서는 반드시 열어 주십니다. 많은 경우 우리는 두드리다 마는 것은 아닌지 돌아봐야 합니다.

루카 11,15-26 :

사람들은 예수님의 기적을 보고 있습니다. 마귀 때문에 말문이 닫힌 어떤 이를 고쳐 주시는 장면입니다. 벙어리 마귀를 물리치시자 그 사람은 말을 합니다. 눈물을 글썽이며 감사의 말을 되풀이했을 것입니다. 하지만 청중 가운데 일부는 엉뚱한 생각을 합니다. '저자는 마귀 두목의 힘을 빌려 마귀를 쫓아내고 있는 것이 분명해!'

억장이 무너질 입니다. 주님의 기적을 '사탄의 행동'으로 보고 있기 때문입니다. 얼마든지 좋게 볼 수 있는 장면입니다. 그런데 그 사람은 비뚤어진 생각을 합니다. 하지만 예수님께서는 차분한 이론으로 잘못을 지적해 주십니다. "어느 나라든지 갈라서면 망하는 법이다. 사탄도 서로 갈라서면 그 나라가 어떻게 버티어 내겠느냐?"

기적을 만난 사람은 하느님의 은혜를 입은 사람입니다. 당사자든 목격자든 모두가 같은 은총을 체험한 것입니다. 그러니 겸손과 봉사로 살아야 합니다. 언제나 감사하며 살아야 합니다. 그러지 않으면 '내가 누구인데.' 하는 유혹에 평생 휩싸이게 됩니다.

사탄이 '자기보다 더 악한 영 일곱'을 데리고 들어와 자리를 잡는다고 했습니다. 일곱은 그냥 숫자일 뿐입니다. '완전하고 강하다'는 것을 상징하는 숫자입니다. '겸손과 봉사와 감사'의 생활이 악한 영의 출입을 차단합니다. 하늘의 힘이 숨어 있기 때문입니다.

11 October

루카 11,27-28 :

"선생님을 배었던 모태와 선생님께 젖을 먹인 가슴은 행복합니다." 군중 속의 여인은 예수님의 어머니를 찬미하고 있습니다. 그녀 역시 어머니였을 것입니다. 어머니의 가슴이 어떤 가슴인지 알고 있는 여인이었을 것입니다.

모든 어머니는 따뜻한 가슴을 지녔습니다. 자녀에 관한 한 어떤 상황이 되더라도 따뜻함을 잃지 않는 것이 어머니의 마음입니다. 어머니는 내면에 발전소를 지니고 있기 때문입니다. 사랑의 발전소입니다. 자식이 아무리 마음 아프게 하고 상처를 주더라도 전기를 일으켜 그것을 이겨 냅니다.

"하느님의 말씀을 듣고 지키는 이들이 오히려 행복하다." 예수님의 답변 역시 따뜻합니다. 행복하게 살 수 있는 쉬운 길을 알려 주기 때문입니다. 그렇습니다. 말씀을 듣고 따르면 행복이 옵니다. 그분의 말씀인 '사랑하며 사는 것'을 실천하면 행복이 찾아옵니다. 평범하면서 쉬운 가르침입니다. 하지만 어렵고 힘든 길이기도 합니다.

화려한 네온사인도 전기가 들어와야 빛을 냅니다. 전기가 들어오지 않으면 차가운 유리 조각에 불과합니다. 전기는 따뜻함입니다. 어머니의 마음을 닮는 행동입니다. 타인을 기쁨으로 대하면 자신의 운명에도 기쁨이 함께합니다. 짧은 인생에서 차갑게 살아야 할 이유가 무엇일는지요?

12 October

마태 22,1-14 :

임금은 혼인 잔치에 손님을 초대합니다. 그런데 그들은 거절합니다. 있을 수 없는 일입니다. 화가 난 임금은 그들을 벌주고 아무나 데려오라고 합니다. 그런데 몇몇은 평상복 차림으로 갔다가 벌을 받습니다. 임금의 초대를 받았다면 단정하고 깨끗한 옷차림은 필수적입니다.

임금의 초대를 거절한 이들은 이스라엘 백성이며 뒤에 초대받은 이들은 이방인이라고 합니다. 웬만큼 성경을 읽은 사람이면 금방 눈치 챌 수 있는 내용입니다. 유다인들도 율법에서 벗어나고 싶어 했습니다. 그들 역시 편하고 욕망에 부합되는 사상을 원했습니다. 그들이 우상 숭배에 빠진 이야기는 성경에 자주 등장합니다. 임금의 초대를 거절했다는 내용입니다.

누구에게나 신앙의 길은 열려 있습니다. 우리 모두는 주님의 잔치에 초대받았기 때문입니다. 생명을 받은 것 자체가 그분의 초대입니다. 그러니 기쁘게 살아야 합니다. 그런 뜻에서 잔치의 예복은 '기쁨으로 사는 인생'을 뜻합니다.

신앙의 길도 마찬가지입니다. 기쁨으로 가고 있는지 늘 돌아봐야 합니다. 아무런 기쁨 없이 억지로 가고 있다면 그가 바로 '예복을 입지 않은 사람'입니다. 그러니 삶이 멍에로 느껴진다면 '기쁨의 예복'을 묵상해야 합니다. 십자가가 무겁기만 하다면 원인을 찾아봐야 합니다. 주님은 우리를 초대하셨습니다. 기쁨을 갖고 사는 인생인지 다시 한 번 돌아보라는 것이 복음의 교훈입니다.

루카 11,29-32 :

요나는 '요나 예언서'의 주인공입니다. 그는 하느님의 부르심을 받지만 외면합니다. 이방인 도시인 '니네베'로 가서 회개를 외치라는 명령을 거부하고 도망을 갑니다. 하느님을 피하기 위해 세상 끝에 있다는 도시 '타르시스'로 가는 배를 타지요. 하지만 그게 가능한 일이겠습니까?

가는 도중 폭풍을 만나 배가 뒤집힐 지경이 됩니다. 그러자 함께 타고 있던 사람들이 외칩니다. "자, 제비를 뽑아서 누구 때문에 이런 재앙이 우리에게 닥쳤는지 알아봅시다."(요나 1,7) 제비를 뽑으니 요나가 걸렸습니다. 그들은 어쩔 수 없이 요나를 바다에 던졌고 이후 풍랑은 멈추게 됩니다.

하지만 요나는 하느님에 의해 물고기 뱃속에서 사흘을 지내다 육지로 나오게 됩니다. 이후부터 요나는 옛날의 요나가 아닙니다. 전혀 새로워진 요나입니다. 이전의 요나는 바다에 던져질 때 죽었습니다. 물고기 뱃속에서 그는 하느님의 사람으로 다시 태어났던 것입니다.

그러므로 요나의 표징은 부활을 뜻합니다. 아니, 부활한 모습으로 사는 것을 뜻합니다. 복음의 예수님께서는 그렇게 살지 못하는 이스라엘을 꾸짖고 계십니다. 니네베 사람들은 요나로 인해 회개했는데, 어찌 전능하신 분의 말씀을 듣고도 미적거리고 있느냐는 말씀입니다.

14 October

루카 11,37-41 :

식사 전에 손 씻는 것이 무어 그리 중요할는지요? 그런데 바리사이들은 그것을 문제 삼습니다. 율법을 거스른 것으로 간주했기 때문입니다. 율법의 정신은 감사에 있었습니다. 귀한 음식을 주신 감사의 표시로 손을 씻게 했습니다. 그러니 정작 중요한 것은 감사하는 마음입니다. 근본은 외면한 채 손 씻는 행위에만 매달린다면 껍데기를 붙잡는 것과 같습니다.

벼는 익을수록 고개를 숙입니다. 익지 않은 벼는 고개를 숙이고 싶어도 숙일 수가 없습니다. 알맹이가 차지 않았기 때문입니다. 알맹이가 차면 낟알은 저절로 고개를 숙입니다. 사람도 마찬가지입니다. 영적으로 빈곤하기에 겉모습에 매달립니다. 내적으로 허전하기에 법을 따지고 듭니다. 감사하고 만족하는 삶이라면 너그럽지 않을 수가 없습니다.

손 씻는 것은 율법의 핵심이 아닙니다. 깨끗하게 씻은 손으로 먹는다고 영혼까지 정결해지는 것은 아닙니다. 마음을 씻지 않으면 아무리 손을 씻고 또 씻어도 그저 형식일 뿐입니다. '겉을 만드신 분께서 속도 만드셨다'고 했습니다. 겉과 속을 함께 다독거리라는 말씀입니다. 속은 변변치 못하면서 겉치레에 마음을 쓰고 있는 것은 아닌지 돌아봐야겠습니다. 언제라도 중요한 것은 겉이 아니라 속입니다.

15 October — 예수의 성녀 데레사 동정 학자 기념일

예수의 성녀 데레사는 1515년 스페인의 작은 도시 '아빌라'에서 태어났다. 가르멜 수도회에 입회하여 수도회 개혁과 발전을 위해 한평생 헌신했다. 성녀는 수도 생활과 영성 생활에 관한 많은 저서를 남기고 1582년에 세상을 떠났다. 1622년 교황 그레고리오 15세 때 시성되었고 1970년 교황 바오로 6세는 성녀를 '교회 학자'로 선포하였다. '아빌라의 데레사' 성녀로 알려져 있다.

루카 11,42-46 :

가끔씩 사람들이 질문합니다. 어떻게 하면 신앙생활을 잘할 수 있겠느냐고 말입니다. 믿음의 길을 쉽게 갈 수 있는 방법은 없냐고 묻는 것입니다. 성당에 안 가자니 그렇고, 가자니 재미없다는 표정입니다. 어쩌다 기쁨이어야 할 믿음이 멍에가 되고 있는 것인지요? 대부분의 경우 끌려가는 신앙이기에 그렇습니다.

간단한 변신은 기쁨으로 참례하는 주일 미사에 있습니다. 한 번이라도 억지로가 아니라 기다렸다는 듯 열정으로 미사에 참례한다면 믿음의 새로움을 체험할 수 있습니다. '끌려가는 신앙'을 '앞서가는 믿음'으로 바꾸는 것이지요. 누구라도 주일 미사에 건성으로 참례한다면 기쁨의 신앙을 만나기는 어렵습니다.

'불행하여라. 십일조는 내면서 의로움과 하느님 사랑은 아랑곳하지 않다니!' 복음 말씀은 경고입니다. 사랑의 십일조가 이루어지지 않으면 물질의 십일조도 소용없다는 경고입니다. 그러니 하루 중 몇 시간은 사랑을 위해 떼어 놓아야 합니다. 일주일에 하루는 주님과 가족을 위한 시간으로 남겨 둬야 합니다. 그러기 위해 주일이면 손과 발을 절제해야 합니다. 꼭 가야 할 모임이 아니라면 참는 것이지요. 꼭 해야 할 일이라면 미사 후에 하는 것이지요. 물질의 십일조도 중요하지만 시간의 십일조도 그에 못지않게 중요합니다.

16 October

루카 11,47-54 :

예언자는 하느님의 말씀을 전하는 사람입니다. 때로는 군중과 맞서야 했고 죽음을 각오해야 했습니다. 그러기에 거부한 이도 많았고 예언자가 싫어 도망친 사람도 있었습니다. 하지만 결국엔 주님 앞으로 나왔습니다.

모든 예언자는 부르심의 초기부터 힘든 삶을 삽니다. 끊임없이 고통을 견디어 내는 생활입니다. 기도와 희생과 은총만이 버팀목이 됩니다. 그러한 시련을 통해 비로소 주님의 말씀을 받아들이게 됩니다. 누구라도 말씀을 받지 못하면 전할 수 없는 법입니다.

이렇듯 예언자의 삶은 고통입니다. 하지만 고통이 싫어 피하려 들면 말씀을 전할 수 없게 됩니다. 그런 삶이 길어지면 결국 자신의 말을 전하려 합니다. 나중에는 자신의 말을 하느님의 말인 양 착각하게 만들기도 합니다. 무서운 일입니다. 예수님께서는 바리사이와 율법 학자들을 꾸짖고 계십니다. 거짓 예언자로 바뀐 그들의 실체를 폭로하고 계신 것입니다. 그러기에 그들은 예수님을 제거하려 합니다.

예언자는 있어야 합니다. 어느 단체든 조직이든 예언자는 존재해야 합니다. 그들을 통해 주님께서는 당신의 가르침을 내려 주시기 때문입니다. 예언자가 사라지기에 불안한 조직이 됩니다. 신앙인들이 예언자의 삶을 피하려 들기에 악한 기운이 교회를 떠나지 않고 있습니다.

17 October — 안티오키아의 성 이냐시오 주교 순교자 기념일

성 이냐시오 주교는 시리아의 '안티오키아'에서 태어나 110년경 로마의 콜로세움에서 순교하였다. 그는 안티오키아 교회의 주교로서 오랫동안 활동하였다. 안티오키아는 사도 바오로가 복음을 전하던 선교의 중심 도시로, 로마와 함께 초대 교회의 두 기둥이었다. 이냐시오 주교는 107년경 체포되어 로마로 압송되는 도중, 인근 교회에 일곱 통의 편지를 보냈다. 이 편지들은 초창기 교회 조직과 교우들의 생활에 관한 귀중한 자료로 평가되고 있다.

루카 12,1-7 :

참새는 흔한 새입니다. 어디서나 볼 수 있는 작은 새입니다. 마음만 먹으면 쉽게 잡을 수 있습니다. 이스라엘에서도 곳곳에 그런 새들이 있었나 봅니다. 그리고 사람들은 그런 새를 잡아 팔곤 했나 봅니다. "참새 다섯 마리가 두 닢에 팔리지 않느냐? 그러나 그 가운데 한 마리도 하느님께서 잊지 않으신다." 한낱 미물인 참새도 주님의 허락 없이는 잡히지 않는다는 말씀입니다.

두 닢을 요즘 가치로 '2천 원' 정도라고 해 봅시다. 그러면 참새 한 마리는 500원이 못 됩니다. 적은 금액입니다. 하지만 생명이기에 주님께서는 붙잡아 주십니다. 그런데 사람의 생명은 돈으로 환산할 수 없습니다. '2천 원' 정도가 아니라 엄청난 돈입니다. 더구나 예수님의 피로 구원된 존재입니다. 주님께서는 결코 사람을 함부로 대하시지 않습니다.

그러니 두려움은 복음의 정신이 아닙니다. 어떤 경우에도 두려워하며 사는 것은 예수님의 가르침이 아닙니다. 공포를 조장하고 겁을 주는 믿음이라면 한 번 점검해 봐야 합니다.

태양과 바람이 내기를 했습니다. 누가 먼저 나그네의 겉옷을 벗길 수 있겠냐는 것이었습니다. 바람은 거센 광풍을 일으킵니다. 그러자 나그네는 옷깃을 꼭 부여잡습니다. 하지만 태양이 열기를 더하자 나그네는 스스로 옷을 벗습니다. 이솝 우화에 나오는 이야기입니다.

18 October

성 루카 복음사가 축일

루카 복음사가는 시리아의 안티오키아에서 태어났다. 이교도였던 그는 그리스도교로 개종한 뒤 바오로 사도의 선교 여행에 두 번 동참했다. 바오로가 로마에 수감되었을 때도 함께 있었고 바오로의 순교 후 그리스로 건너가 그곳에서 살았다. 기원 후 70-90년 사이에 루카 복음서를 그리스에서 기록했으며 사도행전 역시 그가 기록한 것으로 알려져 있다. 그는 그리스인이며 의사였고(콜로 4,14 참조) 80세가 넘어 선종한 것으로 전승되어 오고 있다.

루카 10,1-9 :

'일흔두 제자'의 정체는 밝혀지지 않고 있습니다. 하지만 성경에 등장하고 있기에 열두 제자는 아니라도 예수님을 추종했던 분들로 보고 있습니다. 어쩌면 루카 역시 처음에는 그런 부류의 사람이었는지 모릅니다. 예수님께서는 그들에게도 선교를 명하고 계십니다.

"어떤 집에 들어가거든 먼저 '이 집에 평화를 빕니다.' 하고 말하여라." 이렇듯 선교의 첫 작업은 평화를 전하는 일입니다. 예수님의 평화를 알리는 일입니다. 그러니 평화를 비는 사람답게 살아야 합니다. 선교에 앞서 그런 삶을 훈련해야 합니다. 선교를 지향하는 사람이 평화는커녕 투쟁과 싸움에 휩싸여 있다면 어떻게 되겠는지요?

선교를 방해하는 세력은 언제나 분열을 일으켰습니다. 비난하고 헐뜯게 했습니다. 그렇게 해서 갈라져 나가게 했습니다. 사람들이 이런 모습을 본다면 어찌 주님을 믿으려 할는지요? 그들이 외치는 소리에 누가 귀를 기울일 것인지요?

신앙인은 평화롭게 살아야 합니다. 그런 모습으로 살려고 애써야 합니다. 사람들이 '저 사람은 평화로운 사람이다.', '평화로운 분위기를 지녔다.'고 느끼도록 해야 합니다. 그런 자세로 살아가기만 해도 훌륭한 선교가 됩니다. 악을 쓰며 '예수를 믿으시오!'라고 외친다고 선교가 되는 것은 아닙니다. 그런 시대는 이미 지나갔습니다.

19 October

민족들의 복음화를 위한 미사

교회는 전교 사업에 종사하는 선교사와 전교 지역의 교회를 돕고자 1926년부터 시월 마지막 주일의 앞 주일을 '전교 주일'로 정하여 모든 신자들에게 교회 본연의 사명인 선교에 대한 의식을 일깨우고 있다. 전교 주일의 특별 헌금은 '교황청 전교회'에 보내져 전 세계 전교 지역의 교회를 돕는 데 쓰인다.

마태 28,16-20 :

예수님께서 돌아가시자 제자들은 숨어 있었습니다. 그들은 넋을 잃었던 것입니다. 모든 것을 걸고 따랐는데 이제는 무엇을 해야 하는가? 실망 때문에 제자들은 집 밖을 나올 수가 없었습니다. 그런 그들 앞에 부활하신 스승님께서 나타나셨습니다. 예전 모습으로 다시 오신 것입니다. 그리고 제자들에게 말씀하십니다. "보라, 세상 끝 날까지 언제나 너희와 함께 있겠다."

전교란 예수님을 전하는 일입니다. '세상 끝 날까지 무슨 일이 있어도 함께 계실 예수님'을 전하는 것이 전교의 핵심입니다. 세상은 갈수록 불안해지고 있습니다. 돈만 있으면 괜찮다고 했던 이들도 이제는 불안을 느낍니다. 그들에게 예수님을 알려야 합니다. 그분의 힘과 능력을 전해야 합니다.

그러기 위해서는 먼저 믿음을 확고히 해야 합니다. 믿지 않으면 확신에 찬 말이 나올 수 없습니다. 자신은 망설이면서 어찌 남을 움직일 수 있을는지요? 믿음이 약했기에 선교도 약했던 것입니다. '믿는다는 것'은 예수님을 '삶의 주인'으로 섬기는 것을 말합니다. 운명과 소유의 진짜 주인은 당신이고 나는 관리자일 뿐이라고 고백하는 것을 뜻합니다. 전교 주일을 기억하며, 예수님을 내 삶의 주인으로 다시 한 번 고백하는 날이 되도록 해야겠습니다.

루카 12,13-21 :

　돈이 최고의 가치가 되었습니다. 돈을 위해 가족을 희생시키고 친구를 배반하고 부모까지 모른 체하는 세상이 되었습니다. 경제가 최고의 가치가 되었습니다. 경제를 위해 모든 것을 희생하자고 합니다. 자연도 서슴없이 파괴하고 사회 질서도 금방 바꾸려 듭니다. 이것이 현실입니다. 그렇게 하면 진정 행복한 세상이 오는 것인지요?

　어리석은 행동이라고 예수님께서는 말씀하십니다. "어리석은 자야, 오늘 밤에 네 목숨을 되찾아 갈 것이다. 그러면 네가 마련해 둔 것은 누구 차지가 되겠느냐?" 그런데도 우리는 어리석은 행동을 되풀이하고 있습니다.

　돈이 최고라고 말해서는 안 됩니다. 돈을 칭찬하고 돈에 목을 매고 살면 점점 돈으로부터 멀어집니다. 돈을 우습게 보고 멸시해야 곁에 와서 아양을 떱니다. 이것이 돈의 속성입니다. 넓은 의미의 경제입니다. '너 없으면 죽는다.' 하면 돈은 비웃습니다. '너 없이도 얼마든지 살아왔다.' 해야만 곁에서 떠나려 하지 않습니다.

　남에게 베풀고 도와주면 언젠가 되돌아옵니다. 자신만을 위해 숨겨 두면 어느새 틈이 생겨 빠져나가는 것이 물질입니다. 그것을 깨닫지 못함을 성경은 이야기하고 있습니다. 어리석은 부자, 어리석은 부모, 어리석은 지도자가 되어서는 안 될 일입니다.

21 October

루카 12,35-38 :

    어떤 삶이 깨어 있는 삶이겠습니까? 이웃과의 관계를 떼어 놓고는 생각할 수 없습니다. 가족과는 잘 지내는데 이웃과는 잘못 지낸다고 합니다. 그것은 가족이 그를 봐주고 있기 때문입니다. 사랑과 인내로 대해 주고 있기 때문입니다. 이제는 삶의 태도를 바꾸어야 합니다. 가족이 자신에 대해 주듯 이웃을 대해야 합니다. 그것이 깨어 있는 삶의 시작입니다.

    성경에 의하면 인간은 두 얼굴을 지녔습니다. 선한 얼굴과 악한 얼굴입니다. 한없이 참을 줄 알면서도 건드리면 터지는 시한폭탄과 같습니다. 너그러우면서 쩨쩨하고, 어질면서 옹졸하고, 푸근하면서 치사합니다. 이런 이중적 존재가 인간의 본질입니다. 타고난 천성이기에 아무도 예외일 수 없습니다. 어떻게 그들과 잘 지낼 수 있을는지요? 인내와 사랑밖에 없습니다.

    예수님은 '주인이 밤중에 오든 새벽에 오든' 그렇게 잘 지내라고 하십니다. 물론 이 말씀은 종말을 염두에 둔 말씀으로 해석하기도 합니다. 하지만 종말을 위해 우리가 사는 것은 아닙니다. 평소의 삶이 그대로 종말의 삶이 되는 것이지요. 종말은 삶의 결과일 뿐입니다.

    훌륭하게 산 사람이 허망한 종말을 맞이할 리 없습니다. 평소 믿음의 길에 열심이었던 사람이 구원에서 제외될 리도 없습니다. 그러니 미래는 주님께 맡기고 인내와 애정을 갖고 살아야 합니다. 이것이 깨어 있는 삶입니다.

루카 12,39-48 :

　복음에서 주님께서는 "주인은 자기의 모든 재산을 그에게 맡길 것이다." 하셨습니다. 그는 충실한 종입니다. 고대 사회에는 종들이 유난히 많았습니다. 대부분 전쟁에서 잡힌 포로들입니다. 로마는 인구의 3분의 1이 노예였다는 기록이 있습니다. 종과 노예는 주인에게 충실해야 했습니다. 그런 노력으로 살았기에 주인의 재산을 관리하는 이들도 있었을 것입니다.

　그들은 주인의 재산을 자기 목숨보다 소중히 다루었습니다. 주인을 위해 학문에 힘쓰기도 했고 자녀들을 가르치기도 했습니다. 주인의 이름으로 작품도 남겼고 책을 쓰기도 했습니다. 이솝 우화를 남긴 '이솝'도 그리스 출신의 노예였다고 합니다.

　신앙인인 우리 역시 '주님께서 맡겨 주신 것'을 소중히 대해야 합니다. 내게 속한 '모든 소유와 관계'가 그것입니다. 풍성한 소유와 좋은 관계는 쉽게 주님께서 주신 것으로 여길 수 있습니다. 하지만 초라한 소유와 고통스런 관계를 주님께서 주신 것으로 여기기는 쉽지 않습니다.

　그렇지만 그렇게 여기며 받아들이라고 하십니다. 그러면 주님께서 당신의 재산을 맡길 것이라고 하셨습니다. 하느님의 은총이 함께할 것이라는 말씀입니다. 소유와 관계에 변화를 일으키는 하늘의 힘과 기운입니다. 아무것도 두렵지 않은 삶이 시작되는 것이지요.

23 October

루카 12,49-53 :

"내가 세상에 평화를 주러 왔다고 생각하느냐? 아니다. 오히려 분열을 일으키려 왔다." 알아듣기 힘든 말씀입니다. 어찌 분열을 일으키려 왔다고 하시는지요? 그토록 일치와 평화를 말씀하시던 주님이 아니시던가요? 그런데 평화가 아니고 분열이라니요?

역사 안에는 예수님 때문에 생긴 분열이 많습니다. 가정이 갈라지고 가문이 쪼개진 예도 있습니다. 신앙을 받아들인 사람과 받아들이지 못한 사람이 있었던 것이지요. 하지만 결국 예수님을 선택한 쪽이 우세했습니다. 다른 쪽을 포용했습니다. 하늘의 기운이 그들을 감싸고 있었기 때문입니다.

"아버지가 아들에게, 아들이 아버지에게, 어머니가 딸에게, 딸이 어머니에게 맞서 갈라지게 될 것이다." 역시 어려운 말씀입니다. 하느님께 가는데 가족이 걸림돌이 될 수 있다는 말씀이기 때문입니다.

누구나 가족에 대해서는 애정을 갖고 있습니다. 원하는 것이 있고 바라는 것이 있습니다. 예수님께서는 그것을 승화시키라고 하십니다. 주님께 가는 데 방해가 될 정도로 집착해서는 안 된다는 말씀이지요. 그러기에 맞서라고 하신 겁니다. 싸우고 투쟁하라는 말씀이 아닙니다. '집착의 끈'을 놓으라는 말씀입니다. 그리하여 '예수님의 사랑'으로 가족을 대하라는 말씀입니다.

24 October

루카 12,54-59 :

세상일은 잘 내다봅니다. 세상이 주는 사인 역시 잘 읽습니다. 경제적 상황이나 미래의 예측 또한 정확합니다. 그런데 사람과는 잘 어울리지 못합니다. 가족과의 관계도 서툽니다. 어찌하여 이런 일이 일어나는지요? 자기중심으로 살기 때문입니다. 자신의 머리만 믿고 남의 입장은 고려하지 않기 때문입니다.

늦기 전에 삶의 태도를 바꾸어야 합니다. 그것이 사람과의 화해입니다. 가족과의 화해요, 이웃과의 화해입니다. 돈과 재물이 많다고 노년이 저절로 행복해지는 것은 아닙니다. '건강하고 똑똑하면' 가만있어도 사람들이 모여들 것이라고 생각해서도 안 됩니다. 그것은 착각입니다. 더 늦기 전에 생각을 바꾸어야 합니다. 그것이 노년과의 화해입니다.

"위선자들아, 너희는 땅과 하늘의 징조는 풀이할 줄 알면서, 이 시대는 어찌하여 풀이할 줄 모르느냐?" 오늘 복음에서 예수님께서는 군중을 꾸짖고 계십니다. 시대의 요구는 언제나 화해입니다. 어떤 상황, 어떤 처지에서건 화해는 힘이었기 때문입니다.

타인의 말에 공감하는 여유를 되찾아야 합니다. 그들의 말을 먼저 긍정적으로 받아들여야 합니다. 믿음은 들음에서 생긴다고 했습니다. 이웃의 말을 경청하기 시작하면 주님의 말씀도 들리기 시작합니다. 그러면 시대의 '아웃사이더'에서 벗어날 수 있습니다.

25 October

루카 13,1-9 :

무화과나무라고 해서 꽃이 피지 않는 것은 아닙니다. 꽃이 꽃받침 속에 숨어 있기에 보이지 않을 뿐입니다. 예수님께서는 유다인들을 무화과나무에 비유하십니다. 하느님의 꽃인 율법을 받았지만 제대로 꽃피우지 못하고 있기 때문입니다.

그들은 겉으로는 율법에 충실하지만 속마음은 위선으로 가득 차 있습니다. 말로는 진리를 외치지만 정작 진리 자체이신 예수님은 알아보지 못하고 있습니다. 열매 맺지 못하는 무화과나무는 그들을 상징합니다. 우리는 예수님을 느끼며 신앙생활을 하고 있는지요? 그렇지 못하다면 그들과 다를 바 없습니다.

동맥 경화는 혈관 벽에 이물질이 들러붙어 혈관이 좁아지기에 생기는 증상입니다. 이물질은 콜레스테롤이나 지방이 대부분입니다. 하지만 어느 정도 동맥경화가 진행되어도 별다른 증상은 없습니다. 혈관이 심하게 막혀야 비로소 증상이 나타난다고 합니다.

신앙생활의 꽃은 기쁨입니다. 기쁨의 꽃을 피우지 못하기에 형식에 젖고 위선에 빠집니다. 믿음의 동맥 경화가 시작되는 것이지요. 행동하는 신앙만이 영혼의 건강을 되찾게 합니다. 기도와 선행입니다. 누구라도 기도하지 않으면 영적으로 메말라집니다. 선행을 베풀지 않으면 열매 맺지 못하는 무화과나무가 됩니다.

26 October

마태 22,34-40 :

한 아가씨가 두 남자와 선을 봅니다. 모두 조건이 좋은 남자입니다. 첫 남자와 데이트를 했습니다. 마을 뒷산을 돌며 이야기를 나누는데 갑자기 남자가 멈춰서며 말합니다. "잠깐, 뱀이 있는 것 같군요." "어머나, 어디에요?" 아가씨는 놀라 소리칩니다. "저기 나무 밑을 보세요. 아, 죽은 것 같군요. 너무 놀라실 것 없습니다." 하지만 아가씨의 표정은 굳어집니다.

다음 날 두 번째 남자와 산책을 갑니다. 일부러 그녀는 나무 옆을 지나갑니다. 그러자 남자가 말합니다. "그냥 똑바로 가시지요." "왜요? 뭐가 있나요?" 아가씨는 퉁명스럽게 묻습니다. "안 보는 게 좋을 것 같군요. 대신 저기 들꽃을 보십시오. 얼마나 아름답습니까?"

돌아오는 길에 여자는 남자에게 묻습니다. 나무 밑에 죽은 뱀이 있었는데 왜 못 보게 했냐고. 남자가 대답합니다. "안 좋은 것은 한 사람만 보는 것으로 족하지요." 아가씨는 마음속으로 그를 선택합니다.

사람에게는 운명적으로 사랑하며 살아야 할 사람이 있습니다. 그들과 '사랑의 관계'를 유지하면 그만큼 인생은 행복해집니다. 누구나 그렇게 되기를 바라고 있습니다. 하지만 바라기만 해서는 안 됩니다. 실행에 옮겨야 합니다. 실천의 첫걸음이 좋은 소식을 전하는 일입니다. 좋은 정보와 좋은 말을 전하다 보면 저절로 사랑의 관계는 깊어집니다.

27 October

루카 13,10-17 :

어느 안식일에 예수님께서는 말씀을 가르치고 계셨습니다. 그런데 청중 속에는 18년 동안이나 병마에 시달리던 여인이 있었습니다. 여인은 허리가 심하게 굽어 몸을 펼 수가 없었습니다. 예수님께서는 그 여인을 가까이 부르시고 기적의 말씀을 건네십니다. "여인아, 너는 병에서 풀려났다." 그러시고는 머리에 손을 얹어 기도해 주셨습니다.

그 순간 여인은 허리를 펴고 곧게 섭니다. 자신도 모르는 힘을 느꼈던 것이지요. 놀란 여인은 울먹이는 목소리로 예수님께 감사를 드립니다. 사람들은 눈이 휘둥그레져 바라봅니다. 갑자기 회당 안은 술렁임으로 차오릅니다. 누구라도 당시 상황을 상상할 수 있습니다.

하지만 회당장은 안식일에 병을 고쳐 준다고 투덜거립니다. 그 역시 18년 동안이나 고통 속에 살았던 여인의 처지를 모르는 것은 아닙니다. 그렇지만 그에게는 율법 준수가 더 소중했습니다. 안식일이 아닌 날에 얼마든지 병을 고쳐 줄 수 있다고 생각했던 것이지요.

기적은 사랑입니다. 하느님께서 베푸시는 사랑의 은총입니다. 굽은 허리 때문에 숨어 지냈던 여인이지만 기적을 체험합니다. 사랑받을 자격이 있었던 것입니다. 그런데 매일 회당을 지키며 말씀을 돌보는 것이 직업이었던 회당장은 꾸중을 듣습니다. 기적을 인간의 잣대로 평가하려 했기 때문입니다. 기적은 하느님의 영역입니다.

28 October

성 시몬과 성 유다(타대오) 사도 축일

성 시몬과 성 유다는 예수님의 열두 제자에 속하는 분들이다. 시몬 사도는 카나 출신으로 열혈당원이었다가 제자로 선택되었다. 그는 페르시아 지방에서 선교한 것으로 알려져 있다. 유다 사도는 예수님을 배반한 유다 이스카리옷과 구별하여 '타대오'라고 불리기도 한다. 전승에 의하면, 그는 예수님의 친척이었고 유다 지방에서 선교하며 교회를 다스렸던 것으로 알려져 있다.

루카 6,12-19 :

오늘 복음에는 예수님의 열두 제자 명단이 나옵니다. 뛰어난 인물들이 아닙니다. 명성이 자자하거나 화려한 직업을 가진 분들도 아닙니다. 그저 평범한 사람들이었습니다. 하지만 이분들이 훗날 초대 교회를 이끌어 갑니다.

열두 제자는 똑똑해서 선택된 것은 아닙니다. 용기가 넘치거나 결단력이 뛰어나 뽑힌 것도 아닙니다. 스승 예수님께서 돌아가신 뒤에는 무서워서 숨어 있었던 사람들입니다. 그런데도 오늘의 신앙인들은 똑똑한 지도자만 원하고 있습니다. 용기 있고 결단력이 분명한 지도자가 아니면 고개를 젓습니다.

열두 제자는 예수님께 빠져 있었던 이들입니다. 그분이 좋아서 직업과 가족을 떠나온 사람들입니다. 그런 충직성을 지녔기에 선택되었습니다. 좋아하는 사람은 닮습니다. 말과 행동이 비슷해집니다. 물들어 가는 것이지요. 그렇게 해서 제자들은 사도들이 되었고 예수님의 모습을 지니게 됩니다.

오늘은 시몬과 유다 사도 축일입니다. 그분들에 대해서는 알려진 것이 별로 없습니다. 업적이 없어서 그런 것은 아닙니다. 알려지는 것 자체에 관심이 없었기 때문입니다. 교회 일은 주님만을 염두에 두어야 합니다. 사람에게 관심을 두면 잡음이 생깁니다. 사도들의 삶에서 묵상해야 할 부분입니다.

루카 13,22-30 :

어떤 사람이 예수님께 질문합니다. "주님, 구원받을 사람은 적습니까?" 무슨 마음으로 질문했을까요? 걱정이 되어 했을까요? 아니면 구원의 정보를 얻어 내려고 했던 것일까요? 아무튼 스승님께서는 '좁은 문'을 제시하십니다.

좁은 문은 '작은 문'입니다. 작아지면 누구나 들어갈 수 있는 문입니다. 하지만 작아지지 않으면 어떤 사람도 들어갈 수 없는 문입니다. 누구나 구원받기를 원합니다. 누구나 하느님 나라에 가고 싶어 합니다. 죄인으로 생을 마감하려는 이는 없습니다. 그러면서도 작아지려고는 하지 않습니다.

커져야 한다고 생각합니다. 많은 사람을 사귀고 많은 일을 하고 많은 업적을 남겨야 된다고 생각합니다. 하지만 그것은 세상의 기준입니다. 세상이 요구하는 가치관일 뿐입니다. 주님 앞에서 얼마나 많이 가져야 '많이 가진 것'이 될는지요? 그분 앞에서 얼마나 많은 일을 해야 '업적을 남겼다'고 할 수 있을 것인지요?

마지막 날에 구원받을 것이라고 생각하는 이들이 많습니다. 구원받을 자격이 충분하다고 생각하는 이들입니다. 그러나 결정은 사람이 하는 것이 아닙니다. 주님께서 하십니다. 그분께 맡기며 기쁨과 감사로 사는 것이 더 중요합니다. 구원은 삶의 결과이기 때문입니다.

루카 13,31-35 :

예수님 당시의 예루살렘 인구는 4만 명 정도였다고 합니다. 축제 날이 되면 그와 비슷한 수의 순례자들이 모여들었다고 합니다. 예루살렘은 고대 사회의 엄청난 도시였습니다. 아무도 멸망할 것이라고 생각하지 않았습니다. 그런데 예수님께서는 파멸을 내다보시며 마음 아파하십니다.

기원후 66년 로마 총독 '플로루스'는 예루살렘 성전 금고에서 돈을 빼내려 합니다. 공금으로 쓰겠다는 것이었습니다. 유다인들은 분노하며 반란을 일으킵니다. 성전을 지키던 로마 군인들을 살해하고 황제에게 올리던 제사도 금지합니다. '유다 독립운동'의 시작입니다.

반란은 쉽게 진정되지 않았습니다. 1년 뒤, 훗날 로마 황제가 되는 '티투스' 장군이 등장합니다. 그는 북쪽에서부터 반란군을 진압하며 예루살렘으로 내려가 성을 포위합니다. 5개월 만에 성벽은 무너졌고 군인들은 성안으로 들어갑니다. 유다인들은 항복을 거부하고 성전 안으로 들어가 끝까지 저항합니다.

하지만 로마 군인들은 성전마저 불태우며 반란자들을 살해합니다. 기원후 70년 8월이었습니다. 찬란했던 성전은 무참히 파괴되었고 축대의 일부만 살아남았습니다. '통곡의 벽'이라 부르는 성벽입니다. 위대한 예루살렘이었지만 주님의 보호가 떠나자 곧바로 멸망했습니다.

루카 14,1-6 :

　82살의 아버지와 52살 된 아들이 거실에 앉아 있습니다. 그때 참새 한 마리가 창가에 날아와 앉았습니다. 노인이 묻습니다. "저게 뭐냐?" 아들은 다정하게 말합니다. "참새예요, 아버지." 조금 뒤 아버지는 다시 묻습니다. "저게 뭐냐?" 아들은 말합니다. "참새라니까요."
　조금 뒤 노인은 또 묻습니다. 세 번째입니다. "저게 뭐냐?" 아들은 짜증을 냅니다. "글쎄, 참새라니까요." 한참 있다 아버지는 또 묻습니다. 네 번째입니다. "저게 뭐냐?" 아들은 그만 화를 냅니다. "참새라고요! 왜 자꾸 같은 질문을 반복하세요?" 한참 뒤였습니다. 아버지는 방에 들어가 때 묻고 찢어진 일기장을 들고 나옵니다. 그리고 일기장을 펴서 아들에게 읽어 보라고 합니다. 아들은 읽습니다. 거기에는 아들이 세 살짜리 아기였을 때의 이야기가 있었습니다.
　"오늘은 참새 한 마리가 창가에 날아와 앉았다. 어린 아들은 '저게 뭐야?' 하고 물었다. 나는 참새라고 답해 주었다. 그런데 아들은 연거푸 20번을 똑같이 물었다. 아들을 안아 주며 끝까지 다정하게 답해 주었다. 참새라고. 같은 답을 20번 해도 즐거웠다. 새로운 것에 관심을 갖는 아들이 사랑스러웠다."
　세상의 부모 마음은 모두 같습니다. 예수님께서도 부모님의 마음을 지니셨습니다. 그분께서는 '수종 앓는 이'를 아버지의 시선으로 보셨지, 심판관의 시선으로 보지 않으셨습니다.

365일 복음 묵상 가해

11월

위령 성월은 세상을 떠난 영혼들을 특별히 기억하며 기도하는 달이다. 한국 교회는 위령의 날(11월 2일)과 연관시켜 매년 11월을 '위령 성월'로 지내도록 했다. 교우들은 세상을 떠난 조상들의 영혼과 앞서간 부모, 형제, 친지들의 영혼을 위해 많은 기도를 바친다. 특별히 교회는 아무도 돌보지 않는 연옥 영혼들을 위해 기도할 것을 권하고 있다.

이러한 전통은 '영원한 삶'과 '모든 성인의 통공'에 대한 믿음에서 시작되었다. 그런 이유로 '위령의 날'과 '모든 성인 대축일'은 나란히 붙어 있다. '위령의 날'은 중세 때인 998년, 프랑스 동부에 있었던 베네딕토 수도회 소속의 '클뤼니 수도원'에서 제일 먼저 시작되어 교우들 사이로 퍼져 나갔다.

중세 때의 이런 신심이 확산되어 11월을 위령 성월로 선포하게 된 것이다. 이후 교황들은 위령 성월에 죽은 이들을 위해 기도하면 대사를 받을 수 있다고 여러 번 강조했다. 위령 성월의 신심이 널리 퍼지도록 홍보한 것이다. 오늘날 위령 성월인 11월은, 죽은 이들을 위해 기도하는 동시에 자신의 죽음도 묵상해 보는 특별한 달이 되었다.

11월이 되면 늦가을 냄새가 물씬 나면서 여기저기 낙엽이 지기도 한다. 또한 전례력으로도 연중 마지막 시기에 속하므로 종말에 관한 성경 말씀을 많이 듣게 된다. 앞서간 이들을 위해 기도하며 자신의 죽음도 돌아볼 수 있는 은총의 시기인 것이다.

01 November

모든 성인 대축일

오늘은 천상의 모든 성인들을 기념하는 날이다. 특별히 전례력에 축일이 기재되지 않은 성인들에게 더 많은 관심을 갖는 날이다. 이 축일은 동방 교회에서 먼저 지냈고 로마 교회는 609년 교황 보니파시오 4세부터 지내기 시작했다. 영국에서는 중세 때부터 '모든 성인의 날All Hallows'을 큰 축제일로 지냈다. 전날에는 할로윈Halloween이라는 전야제를 벌였다. 오늘날 할로윈은 미국의 대표적인 어린이 축제로 자리 잡았다.

마태 5,1-12 :

다섯 살 소녀가 병으로 죽어 가고 있었습니다. 그 병은 소녀보다 세 살 많은 오빠가 얼마 전에 걸렸다가 나은 병이었습니다. 소녀가 살 수 있는 길은 항체가 생긴 오빠의 피를 수혈하는 것뿐이었습니다. 의사는 오빠를 불러 말했습니다. "네 피를 수혈해야만 동생을 살릴 수 있단다. 네 피를 동생한테 줄 수 있겠니?" 그러자 소년의 눈에 겁이 서렸습니다. 잠시 망설이던 소년은 작은 소리로 말했습니다. "네, 선생님. 그렇게 하겠어요."

수혈이 끝나고 한 시간 뒤, 소년은 머뭇거리며 물었습니다. "저, 선생님. 저는 언제 죽게 되나요?" 그제야 의사는 소년을 사로잡았던 순간적 두려움을 이해하였습니다. 소년은 자기 피를 줌으로써 동생을 위해 생명을 바치는 줄 알았던 것입니다.

행복은 본시 인간의 것이 아닙니다. 하늘의 것입니다. 그러기에 하늘이 내려 주어야만 행복해질 수 있습니다. 그렇다고 아무에게나 주어지는 것은 아닙니다. 자격을 갖추었을 때 주어집니다. 아니, 여건을 갖춘 사람이라면 어느 틈에 곁에 와 있는 행복을 느낄 것입니다.

복음 말씀은 행복으로 가는 조건들입니다. 하느님 때문에 베풀고, 희생하고, 포기하라는 말씀입니다. 지금은 슬픔과 박해이더라도 결국은 행복으로 인도된다는 말씀입니다. 참 행복은 가족 안에서 먼저 시작됩니다. 말씀을 실천하는 가정이 되어야겠습니다.

02 November

위령의 날

오늘은 연옥에서 고통 받는 영혼들이 하느님 나라로 빨리 들어가도록 기도하며 미사를 봉헌하는 날이다. 모든 사제는 세 대의 위령 미사를 봉헌할 수 있다. 이 특전은 15세기 '도미니코 수도회'에서 시작되었고, 제1차 세계 대전 중에는 전사자들을 기억하기 위해 모든 사제들에게 주어졌다. 세 대의 미사 중 한 대는 예물을 받을 수 있고, 두 번째 미사는 모든 연옥 영혼들을 위하여, 세 번째 미사는 교황의 지향에 따라 봉헌한다. 교회는 11월 1일부터 8일까지 묘지를 방문하고 세상을 떠난 이들을 위해 기도할 것을 권하고 있다.

마태 5,1-12 :

우리는 행복한지요? 행복하다고 생각해야 합니다. 그리고 행복한 사람처럼 말하고 행동하며 살아야 합니다. 그렇지만 무슨 말을 해도 "나는 행복하지 않다." "나는 행복할 수 없다." 이렇게 말하는 사람도 있을 것입니다.

아무래도 좋습니다. 하지만 행복이 느껴지지 않는 이유가 남모르는 고통과 걱정 때문입니까? 아니면 재산이나 물질의 부족함 때문에 그렇게 생각하는 것인지요? 그렇다면 잘못 생각하고 있는 것이 확실합니다. 행복은 그러한 것과는 별 상관이 없기 때문입니다.

엄청난 고통과 산더미 같은 걱정 속에 있지만 행복하게 살고 있는 이들이 많습니다. 그런가 하면 고민이나 걱정이 전혀 없는 것 같은데도 행복과 거리가 먼 생활을 하는 이들도 많습니다. 행복은 고통이나 걱정거리가 있느냐, 없느냐의 문제는 분명 아닙니다.

행복은 결과입니다. 정성을 들인 만큼 되돌아오는 꽃이며 열매입니다. 식물은 꽃을 피우기 위해 1년 동안 온갖 정성을 다합니다. 나무 역시 열매를 맺기 위해 여름과 겨울을 견디어 냅니다. 복음 말씀은 '행복에 이르는 길'을 알려 줍니다. 마음의 가난입니다. 슬픔과 억울함을 참아 내는 일입니다. 예수님을 기억하며 평화를 위해 애쓰는 일입니다. 먼 곳이 아니라 함께 부딪치며 살고 있는 가족 안에서 먼저 실천하는 일입니다.

03 *November*

루카 14,12-14 :

가난한 이들을 초대하라고 하십니다. 그들의 보답을 받지 않아야 행복할 것이라고 하십니다. 무슨 말씀인지요? 그들을 대신해 주님께서 보답하신다는 암시입니다. 그렇습니다. 주님께서 갚아 주시면 풍요로움이 넘칩니다. 부담스럽지도 않습니다.

가난한 이들을 어떻게 초대하며 도울 것인지요? 누구나 도움이란 말을 들으면 물질을 먼저 연상합니다. 돈이 있어야 도울 수 있다고 생각합니다. 하지만 꼭 그런 것만은 아닙니다. 가난한 이들이 원하는 것도 돈과 물질만은 아닙니다. 함께하는 마음이 먼저입니다.

물질의 부족만이 가난은 아닙니다. 마음의 가난, 감정의 빈곤, 지식의 부족도 가난입니다. 그런 이들을 무시하지 않는 것이 돕는 행위입니다. 그런 이들에게 '먼저 다가가는 것'이 초대하는 행위입니다. 흔히 조금 낫다고, 조금 높은 위치에 있다고 쉽게 무시하려 듭니다. 그래선 안 됩니다. 무시당하는 사람은 금방 느끼게 되어 있습니다.

어떤 경우에도 가난한 이들의 자존심을 상하게 해서는 안 됩니다. 그것이 가난한 이들과 더불어 사는 지혜입니다. 그들이 보답하지 않아도 주님께서 보답하신다고 했습니다. 주님께서 우리의 내면세계를 풍요롭게 하신다는 말씀입니다. 영혼이 풍요로우면 가만있어도 행복한 느낌이 듭니다. 은총이 함께하고 있기 때문입니다.

04 November

성 가롤로 보로메오 주교 기념일

성 가롤로 보로메오 주교는 1538년 이탈리아에서 태어났다. 그의 외삼촌이 비오 4세 교황이었다. 신심 깊은 가정에서 어린 시절을 보냈고 일찍부터 학문적인 수업을 받았다. 성직자가 된 뒤에는 교회 개혁에 크게 이바지하였다. 특히 가난하고 소외된 이들을 위한 제도적인 지원책을 마련하여 널리 보급시켰다. 1584년 11월에 세상을 떠났고, 1610년 11월 교황 바오로 5세에 의해 시성되었다.

루카 14,15-24 :

잔치에 초대받은 이들은 핑계를 대고 가지 않습니다. 특별한 사정이 있는 것도 아닙니다. 밭을 샀는데 확인해 봐야겠다는 겁니다. 겨릿소 다섯 쌍을 샀는데 부려 봐야겠다는 겁니다. '겨리'는 두 마리의 소가 끄는 쟁기입니다. 다섯 쌍이면 열 마리입니다. 꽤 부자인 셈입니다. 틀림없이 그는 소를 사기 전에 시험해 봤을 것입니다. 그러니 핑계입니다.

복음 말씀은 바리사이들을 꾸짖는 내용입니다. 그들은 예수님의 가르침을 거부하고 있습니다. 아집 때문에 거절하고 있습니다. 기적을 보고도 하느님의 능력을 깨닫지 못하고 있습니다. 하지만 가난하고 병든 이들은 예수님의 행동에서 주님의 모습을 보고 있습니다. 그러기에 눈멀고 다리 절고 가난한 이들이 기적의 은총을 받았습니다. 하늘나라의 체험입니다. 천상 잔치의 음식을 먹고 마신 것입니다.

우리는 바리사이들이 아닙니다. 성한 눈과 몸을 지녔습니다. 예수님의 말씀과 행동에서 하느님의 모습을 찾아내야 합니다. 기적은 늘 믿고 바라는 이들에게 주어집니다. 신앙생활에서도 이유와 핑계를 대지 않으면 주님께서는 당신의 풍요로움으로 반드시 인도해 주십니다. 삶이 허전하고 영적 가난이 느껴지고 있다면 천상 잔치에 초대해 주시길 청해야 합니다.

05 November

루카 14,25-33 :

예수님은 "아버지와 어머니, 아내와 자녀, 형제와 자매, 심지어 자기 목숨까지 미워하지 않으면 내 제자가 될 수 없다."고 하십니다. 가족을 '최고의 가치'로 여기며 살아왔다면 이제는 그 자리에 예수님을 모시라는 말씀입니다. 자신의 출세를 '삶의 이유'로 생각하고 있었다면, 이제는 예수님의 가르침으로 바꾸라는 말씀입니다.

가족은 소유가 아닙니다. 주님께서 맺어 주신 '관계'입니다. 그러므로 언제나 그분의 뜻이 먼저입니다. 자신의 판단을 고집하고 싶을 때 주님의 가르침을 더 많이 생각해 봐야 합니다. 그러면 은총이 함께합니다. 하늘의 기운이 안내해 줍니다. 하지만 어렵습니다. 여간해서는 자기 판단을 꺾으려 하지 않습니다. 그러기에 주님께서는 십자가를 지라고 하신 것입니다. 가족 안에 있는 '자기 몫의 십자가'를 인정하라는 말씀입니다.

십자가의 끝은 부활입니다. 부활은 전혀 예기치 않던 '상황의 반전'입니다. 아무도 상상할 수 없는 일이 일어난 것입니다. 가족 안에서도 부활 사건은 얼마든지 가능합니다. 우리는 그런 부활을 희망하며 살고 있습니다. 그러므로 '십자가를 줄이거나 없애 달라'고 청해서는 안 됩니다. 오히려 십자가를 지고 갈 수 있는 힘을 달라고 기도해야 합니다. 십자가를 져야만 주님의 제자가 될 수 있기 때문입니다.

루카 15,1-10 :

회개는 처음으로 돌아가는 행위입니다. 시작할 때의 마음가짐으로 되돌아가는 것이 회개의 본질입니다. 그러므로 다시 시작한다는 것은 언제나 은총입니다. 첫 마음만큼 선하고 바른 마음은 없기 때문입니다. 죄인의 회개란 다른 무엇이 아닙니다. 죄를 짓기 이전의 마음으로 되돌아가는 것을 뜻합니다.

잘못을 저지른 자만이 회개하는 것은 아닙니다. 회개는 누구에게나 필요한 조건입니다. 일상의 삶을 사는 이에게 '처음으로 돌아감'이 가끔은 요구됩니다. 결혼한 부부는 신혼의 느낌을 되살리는 것이고 직장인은 처음 입사할 때의 열정을 되찾는 연습입니다. 오래된 교우라면 세례 받을 때의 순수함을 되찾는 노력입니다.

쉬운 일은 아닙니다. 그러기에 계기가 주어집니다. 나무는 봄이 되면 다시 시작합니다. 가을에 나뭇잎을 모두 떨어뜨렸기 때문입니다. 우리 역시 '서운한 일'을 만날 때면 다시 출발하는 계기로 삼아야겠습니다. 복음에서 예수님께서는 잃어버린 '한 마리 양'을 이야기하십니다. 엉뚱한 길로 가는 양은 어떻게든 데려오실 것이라는 암시입니다. 그러니 목자이신 예수님께 기도해야겠습니다. 처음 다짐했던 마음으로 새롭게 시작하는 은총을 달라고 청해야겠습니다. 오늘은 이 기도만을 바쳐야겠습니다.

07 November

루카 16,1-8 :

집사는 주인집 살림을 맡아 보는 사람입니다. 재물을 관리하고 있었기에 유혹이 많았습니다. 복음의 집사 역시 재산을 축내다 발각됩니다. 주인이 쫓아내려 하자 잔꾀를 부리지요. 빚진 사람들의 문서를 조작해 훗날에 대비한 것입니다. 평범한 집사도 장래가 불안해지니까 살아남을 궁리를 했습니다. 영생을 바라며 살고 있는 우리는 얼마만큼 노력하고 있는지요? 복음이 던지는 질문입니다.

첫 번째 노력은 기도 생활입니다. 기도가 있기에 축복이 있습니다. 그러므로 기본적인 기도에 힘써야 합니다. 아침 기도, 저녁 기도, 묵주 기도입니다. 기초가 튼튼하면 무너지지 않습니다. 두 번째는 선행입니다. 우리 격언에 '적선을 하면 귀신도 어찌지 못한다.'는 말이 있습니다. 선행 앞에서는 악의 세력도 힘을 못 쓴다는 표현입니다. 세 번째는 성사 생활입니다. 성사를 통해 필요한 은총을 만납니다. 자주 성체를 모시는데 어찌 삶이 바뀌지 않을 수 있겠는지요?

성공한 사람들의 공통 요소는 노력입니다. 성인들도 마찬가지입니다. 겉보기에는 별반 노력하지 않는 듯 보여도 그렇지 않습니다. 노력했기에 성인이 되었고 순교자가 될 수 있었습니다. 복음의 집사는 멀리 있지 않습니다. '노력 없이 은총과 축복을 바라고 있다면' 누구나 그런 모습이 됩니다.

08 November

루카 16,9-15 :

예수님은 "재물로 친구들을 만들어라." 하고 말씀하십니다. 나누는 삶을 실천하라는 가르침입니다. 나누면 커집니다. 나누는 재물은 훗날 '전혀 다른 모습'으로 되돌아옵니다. 체험해 본 사람은 압니다. 내 것이라고만 생각하면 내놓는 데 힘이 듭니다. 주님께서 주신 것이라고 여겨야 한결 쉬워집니다. 실제로 그분께서 주셨기에 모든 것이 존재합니다.

십자가를 지면 부활을 체험합니다. 부활은 '전혀 새로운 상황의 반전'입니다. 내놓는 것은 어떤 형태로든 십자가입니다. 작은 아픔입니다. 바라지 않고 내놓는다면 더 아름다운 십자가가 됩니다. 그런 이에게 부활의 상황은 반드시 옵니다. 그렇게 체험한 부활을 우리는 많이 듣고 있습니다.

재물을 쥐고 쌓기만 하면 섬기는 것이 됩니다. 그러기에 하느님과 재물을 동시에 섬길 수 없다고 하셨습니다. 주님을 섬기는 사람은 나누는 사람입니다. 재물을 섬기는 사람은 나누지 않는 사람입니다. 하느님을 섬기면 '일용할 양식'은 언제나 곁에 있습니다.

그러니 주 하느님을 모시는 훈련을 해야 합니다. 젊은 나이 때부터 나누는 연습입니다. 작은 것부터 나누지 않으면 큰 것은 나누어지지 않습니다. 가난한 시절에 베풀어 보지 않은 사람은 부자가 되어도 쉽게 베풀려 하지 않습니다.

09 November

라테라노 대성전 봉헌 축일

기원후 313년 로마 황제 콘스탄티누스는 밀라노에서 그리스도교를 공인하는 칙서를 발표한다. '밀라노 칙령'이다. 이로써 로마의 박해는 종식된다. 그리고 황제는 자신의 별궁이었던 라테라노 궁전을 교회에 기증했다. 이것이 라테라노 대성전이다. 이후 교황들은 이곳에 거주했으며 착좌식도 이곳에서 거행되었다. 지금의 베드로 대성당이 세워지기 전까지 로마에서 가장 중요한 성당이었다.

요한 2,13-22 :

복음은 성전을 정화하시는 예수님의 모습을 들려줍니다. 예수님은 "아버지의 집을 장사하는 집으로 만들지 마라." 하고 말씀하십니다. 우리 역시 성당에 들어서면 기도보다 엉뚱한 생각을 자주 합니다. 때로는 기도와 전혀 다른 생각에 젖거나 위험한 상념에 빠지기도 합니다. 왜 그럴까요? 습관입니다. 좋지 않은 습관입니다.

좋은 습관을 몸에 익혀야 합니다. 그러면 나쁜 습관은 저절로 고쳐집니다. 그러니 성당에서는 언제나 선한 생각을 먼저 해야 합니다. 가끔은 아무 생각 없이, 아무런 상상 없이 십자가를 바라보며 기도해야 합니다. 그러면 내 안에서 말씀하시는 '낮은 목소리'를 들을 수 있습니다. 성전은 이렇듯 주님의 목소리를 듣는 장소입니다. 그분의 목소리를 듣지 못하기에 엉뚱한 생각에 빠지곤 합니다.

장사하지 말라고 해서 '좋은 목적으로 물건을 파는 것'까지 하지 말라는 것은 아닙니다. 성당에서까지 세상일과 번뇌에 사로잡혀서는 안 된다는 말씀입니다. 주님께서는 '채찍을 만드시어' 장사하는 이들을 몰아내셨습니다. 우리 역시 잘못된 습관은 과감히 바꾸어야 합니다. 예수님께서는 당신 몸을 성전이라 하셨습니다. 우리의 몸도 성전이라는 말씀입니다. 그러니 성당에서만큼은 착하고 선한 생각을 더 많이 해야 합니다.

10 November

성 대 레오 교황 학자 기념일

성 레오 교황은 390년 중부 이탈리아에서 태어나 51세에 교황이 되었다. 당시 로마 제국은 동서로 분리되어 있었고, 서로마는 게르만족의 끊임없는 침공에 시달리고 있었다. 교회 역시 여러 이단과 싸워야 했다. 이런 시기에 로마를 안정시키고 교회를 수호한 인물이 레오 교황이었다. 그는 아프리카에도 선교사를 파견하였고, 동방 교회와도 대화를 시도한 최초의 교황이었다. 1754년 교황 베네딕토 14세에 의해 교회 학자로 선언되었다.

루카 17,1-6 :

눈은 마음의 창이라고 했습니다. 알 수 없는 마음이지만 눈빛 속에는 마음의 한 모습이 담겨 있다는 말입니다. 어린이는 쉽게 용서합니다. 금방 잊어버리고 빨리 적응합니다. 그러기에 어린이의 눈빛은 맑습니다. 미움과 의심이 사라진 눈빛입니다. 누구나 어린 시절 이런 눈빛을 지니고 있었습니다.

사람의 욕망이 눈빛을 흐리게 합니다. '욕망이라는 이름의 전차'는 타협을 모르기 때문입니다. 휴식도 양보도 없습니다. 전진과 소유만이 있습니다. 가로막는 것은 무엇이든 장애물로 여기게 합니다. 범죄는 이렇게 해서 생겨납니다.

복음에서 예수님께서는 '남을 죄짓게 하지 말고 형제의 잘못을 용서하라.'고 이르십니다. 당연한 말씀입니다. 하지만 쉽지 않습니다. 욕망의 조절 없이는 불가능하기 때문입니다. 그러기에 제자들은 "저희에게 믿음을 더하여 주십시오."라고 간청했습니다.

주님께서는 얼마나 많은 일을 했으며 어떤 업적을 남겼는지 따지지 않으십니다. 얼마만큼의 믿음으로 어떻게 살았느냐에 더 큰 가치를 두십니다. 그러니 죄짓게 하지 말아야 할 상대는 '늘 만나는 이웃'입니다. 주님께서 '맡겨 주신 사람들'입니다. 언제라도 깨끗한 눈빛으로 그들에게 다가가야 합니다. 그리고 그것이 욕망을 조절하는 길입니다.

11 November

투르의 성 마르티노 주교 기념일

성 마르티노는 헝가리 서부 지역인 판노니아에서 군인의 아들로 태어났다. 그 역시 군인이 되어 로마에 거주하였고 그곳에서 세례를 받았다. 제대 후 사제가 되었고 고향으로 돌아가 많은 사람들을 교회로 인도하였다. 360년 성 힐라리오 주교의 도움으로 프랑스에서 수도 공동체를 시작하였고 훗날 '투르'의 주교로 임명되었다. 그는 순교자가 아니면서 성인이 된 최초의 인물이며 프랑스의 수호성인 중 한 분으로 공경받고 있다.

루카 17,7-10 :

오늘 기념하는 성 마르티노 주교는 지금의 헝가리 서부 지역인 판노니아에서 군인의 아들로 태어납니다. 판노니아는 헝가리와 오스트리아, 유고슬라비아가 부딪치는 국경 지대로 옛날부터 전쟁에 시달렸던 지역입니다. 젊은 마르티노 역시 군인이 되었고 로마에 거주하면서 예비 신자가 되었습니다.

337년 어느 겨울날, 그는 추위서 벌벌 떨며 구걸하는 걸인 한 사람을 만납니다. 그에게는 입고 있던 옷과 무기밖에 없었습니다. 그는 망토를 벗어 걸인에게 줍니다. 그날 밤 꿈속에서 마르티노는 예수님을 만납니다. 자신이 걸인에게 준 망토를 입고 계시는 예수님께서 말씀을 걸어오신 겁니다. '아직 예비 신자인 마르티노가 이 옷을 나에게 입혀 주었구나.' 이 신비 체험 후 마르티노는 세례를 받았고 제대한 뒤 사제의 길로 들어섭니다.

성직자가 된 뒤에는 많은 이들을 교회로 인도했지만 핍박도 많았습니다. 수차례 목숨의 위협을 받기도 했습니다. 이후 그는 프랑스로 건너가 은수자가 되었고 수도 공동체를 시작합니다. 그리고 그곳에서 투르의 주교로 임명됩니다. 투르는 파리 근교에 있던 도시입니다. 그는 순교자가 아니면서 최초로 성인 반열에 오른 분입니다. 자신의 많은 업적에도 불구하고, 주님의 종으로서 '할 일을 했을 뿐'이라며 겸손과 감사로 생을 마감한 분입니다.

12 November

성 요사팟 주교 순교자 기념일

성 요사팟은 1584년 우크라이나에서 귀족의 아들로 태어났다. 부모는 그가 위대한 상인이 되기를 바랐지만 그는 영혼 문제에 관심이 많았다. 25살 되던 해 부모의 유산을 포기하고 수도원에 들어갔고 이후 사제가 되었다. 훗날 러시아의 주교가 되어 교회 일치를 위해 많은 정성을 쏟았지만 반대자들에 의해 목숨을 잃었다. 요사팟 주교는 1867년 교황 비오 9세에 의해 시성되었다. 그는 동방 교회의 주교였지만 최초로 서방 교회의 성인이 된 분이다.

루카 17,11-19 :

"아버지가 문둥이올시다. / 어머니가 문둥이올시다. / 나는 문둥이 새끼올시다. / 그러나 정말은 문둥이가 아니올시다. / 하늘과 땅 사이에 / 꽃과 나비가 / 해와 별을 속인 사랑이 / 목숨이 된 것이올시다. / 세상은 이 목숨이 서러워서 / 사람인 나를 문둥이라 부릅니다."

천형의 시인이라 불렸던 한하운의 시 '나는 문둥이가 아니올시다'의 한 부분입니다. 일생을 나환자라는 멍에 속에 살다 간 그의 한이 유리 조각처럼 아프게 박혀 있습니다. 그러나 그의 한과 설움은 오늘날의 현실만은 아닙니다. 역사적으로 이 병의 출발은 기원전까지 거슬러 올라갑니다. 얼마나 많은 사람들이 죽음보다 더한 삶을 살았는지 모릅니다. 생각할수록 마음이 무거워집니다.

레위기 13장에는 병의 증상이 나타난 사람이 있으면 '7일간 격리 수용하라'고 했습니다. 그 후 다시 검진을 받아 병세가 호전되지 않았다면 '7일간 한 번 더 수용된 뒤' 가족에게 돌아갈 수 있었습니다. 그러기에 예수님께서도 '사제에게 가서 네 몸을 보이라'고 하셨던 것입니다.

나병 환자들은 예수님을 만날 수 있었기에 기적을 체험했습니다. 예수님께서도 그들의 아픔을 아셨기에 치유의 은총을 베풀어 주셨습니다. 그런데 감사를 드린 사람은 한 사람뿐이었습니다. 그토록 애원했건만 은혜를 망각한 것입니다. 너무 기뻐서 잠시 모든 것을 잊어버렸을 것입니다. 그들의 모습은 우리의 모습입니다. 지금이라도 받은 은혜에 감사드려야 합니다.

13 November

루카 17,20-25 :

　예수님께서는 "하느님의 나라는 너희 가운데에 있다."고 하십니다. 하지만 우리는 깨닫지 못하고 있습니다. 우리에게 문제가 있는 것이 아닌지요? 세상일에만 관심을 쏟고, 나에게 필요한 것만 신경 쓰고 있기에 못 보고 있는 것은 아닌지요?

　'하느님의 나라'는 분명 이 세상에 있습니다. 아가와 눈을 맞추며 환하게 웃는 엄마의 얼굴에서 느낄 수 있습니다. 마당을 뛰어다니는 어린이의 모습에서도 읽을 수 있습니다. 길가의 풀잎 속에서도, 그 위를 맴도는 잠자리와 새들의 지저귐 속에서도 '하느님의 나라'는 모습을 드러내고 있습니다.

　복음에서 바리사이들은 예수님께 '하느님의 나라가 언제 오느냐'고 질문합니다. 그들은 천사들이 팡파르를 울리면서 화려하게 등장하는 하늘나라를 생각했을 것입니다. 그렇게 와야만 사람들이 인정할 거라고 여겼을 것입니다. 율법을 잘 지켰고 신심이 깊었던 사람들인데도 그렇게 생각한 것입니다. 우리 역시 그렇게 받아들이고 있는 것은 아닌지요?

　믿음의 눈으로 세상을 보면 '하느님의 나라'는 이미 와 있습니다. 감사하는 눈길로 세상을 바라보면 '현실의 천국'을 느낄 수 있습니다. 하느님의 나라는 믿음과 감사로 사는 이들에게는 어떤 형태로든 그 모습을 드러냅니다.

14 November

루카 17,26-37 :

예수님께서는 그날 옥상에 있는 사람은 세간을 꺼내러 내려오지 말라고 하십니다. 들에서 일하던 사람도 돌아올 생각을 말라고 하십니다. 그날은 '종말의 날'입니다. 생각지도 않은 때에 갑작스레 찾아올 종말의 날입니다. 하지만 아직까지 오지 않고 있습니다.

그런데 갑자기 죽는 사람은 많습니다. 아침에 웃으며 나갔던 사람이 시신이 되어 돌아옵니다. 어제까지 멀쩡했던 사람이 병원 영안실에 있다는 소식을 듣습니다. 생각지도 않았던 죽음을 우리는 가끔씩 만납니다. 복음에서 말하는 '그날'입니다. 언젠가 맞이하게 될 종말의 '또 다른 모습'입니다.

모든 것은 갑자기 옵니다. 주님께서 허락하시면 한순간에 이루어집니다. 그러니 늘 준비하며 살아야 합니다. 결국은 두고 갈 것이라고 마음먹으며 살아야 합니다. 일상의 모든 것을 맡기며 살아야 합니다. 맡긴다는 것은 그분께서 주시는 것으로 여기며 사는 것을 말합니다.

이것이 종말을 준비하는 삶입니다. 사람들은 건강하고 돈과 재물이 있으면 저절로 행복한 노년이 될 거라고 믿습니다. 하지만 아닙니다. 노년 역시 '주님께서 주셔야 가능합니다. 그분께서는 '종말의 삶'을 살고 있는 이들에게는 분명 행복한 노년을 주실 것입니다. 준비하며 사는 이들에게는 이 세상에서 이미 '은혜로운 종말'이 시작되었습니다.

15 November

루카 18,1-8 :

점을 보고 굿을 하는 사람들이 줄어들지 않습니다. 한 장에 천만 원이 넘는 부적도 있다고 하니 놀랄 일입니다. 그까짓 종이 한 장에 무슨 힘이 있을는지요? 그런데도 사람들은 매달립니다. '참된 믿음'을 모르기 때문입니다. 하느님의 힘과 기운을 체험해 보지 못했기 때문입니다. 그러기에 거액을 투자합니다. 그렇게 정성을 쏟으면 좋은 결과가 올 거라고 자신에게 최면을 거는 것이지요.

과거를 족집게처럼 알아맞히는 점쟁이가 있다면서 놀라워합니다. 하지만 그들이 집어내는 과거는 모두 '아픈 과거'입니다. 행복한 사람보다 불행한 사람의 과거를 더 잘 알아냅니다. 그런 뒤에 그들이 내리는 처방은 대개 비슷합니다. '곧 문제가 해결될 것이다. 머지않아 큰돈이 생길 것이다. 좋은 인연이 나타날 것이다.' 그러면서 조건을 다는 것이지요.

지난 일을 점쟁이에게 물어볼 이유가 없습니다. 과거는 본인이 더 잘 알고 있기 때문입니다. 미래 역시 마찬가지입니다. 인생의 앞날은 언제나 '본인의 몫'입니다. 성공과 실패는 누구에게나 주어지는 공평한 주사위입니다. 그러니 늘 기도해야 합니다. 끊임없이 하느님의 힘과 기운을 청해야 합니다. 주님의 은총이 나와 함께 있으면 어떤 난관도 뚫고 나갈 수 있습니다. 중단 없는 기도만이 '하느님의 보호'를 체험하게 합니다.

마태 25,14-30 :

탈렌트는 이스라엘의 화폐 단위입니다. 노동자 한 사람이 20년간 벌어야 되는 큰돈이라고 합니다. 예수님께서는 엄청난 돈을 비유에 등장시키신 것입니다. 두 탈렌트 이상을 받은 사람은 장사를 해서 이윤을 남겼습니다. 그런데 한 탈렌트를 받은 사람은 가지고 있다가 주인에게 돌려줍니다. 왜 그랬을까요? 너무 적어서 그랬을까요?

누구나 탈렌트를 받았습니다. 한 탈렌트도 엄청난 돈입니다. 아무것도 받지 않은 인생은 없다는 뜻이 됩니다. 그러니 자신의 탈렌트를 찾아내야 합니다. 그리고 그것을 활용하는 삶을 펼쳐 가야 합니다. 이것이 복음의 가르침입니다.

살다 보면 부정적 시각에 익숙해지기 쉽습니다. 삶의 만족은 어려운 일입니다. 부족함은 눈에 잘 띄지만 만족은 쉽게 보이지 않습니다. 탈렌트의 비유는 이러한 시각에 변화를 일으키라는 말씀입니다. 최소한 하나 이상의 탈렌트를 받았으니 실제로 사용해 보라는 말씀입니다. 하나를 받은 사람은 그대로 방치했기에 주인이 거두어 갔던 것입니다.

남들은 많은데 자기만 하나인 것에 불만을 품었기에 방치했을 것입니다. 타인과 비교하면 부족함은 느끼게 되어 있습니다. 그러니 자신에게 주어진 탈렌트를 빨리 찾아내야 합니다. 누가 뭐라 해도 '나의 것'이며 주님께서 주셨을 때는 이유가 있기 때문입니다.

17 November

헝가리의 성녀 엘리사벳 수도자 기념일

엘리사벳 성녀는 1207년 헝가리의 공주로 태어나 14세 때 독일 중부의 튀링겐 왕국으로 시집갔다. 세 명의 자녀를 두며 행복하게 살았지만 6년 뒤 남편 루트비히는 십자군 전쟁에서 사망한다. 이후 성녀는 자신의 전 재산을 가난한 이들에게 나누어 주며 자선 활동에 전념했다. 성녀는 1231년에 선종했고 4년 뒤 '헝가리의 성녀 엘리사벳' 이란 이름으로 시성되었다. 오늘날 '작은 형제회 재속회'의 수호성인으로 큰 공경을 받고 있다.

루카 18,35-43 :

이집트를 떠나 광야를 방황하던 이스라엘은 마침내 가나안 땅에 정착합니다. 그들은 여호수아의 인도로 '예리코 성'을 공격합니다. 요르단 강이 사해로 들어가는 입구에 있던 오아시스 도시입니다. 해수면보다도 지면이 낮기에 무덥지 않았고 물과 과일이 풍부해 부자들의 별장이 많았습니다. 헤로데 임금도 기원전 4년 이곳에서 숨을 거둡니다. 원래 요르단 영토였는데 1967년 '6일 전쟁' 때 이스라엘이 점령했고 현재도 이스라엘이 관장하고 있습니다.

예수님께서는 그 예리코에서 어떤 소경의 눈을 뜨게 하십니다. 그는 길가에 앉아 구걸하고 있었습니다. 그러다가 예수님께서 지나가신다는 소리를 듣습니다. 그때부터 그는 막무가내로 외칩니다. "예수님, 다윗의 자손이시여, 저에게 자비를 베풀어 주십시오." 아무도 그를 막지 못했습니다. 예수님 외에는 그를 막을 사람이 없었습니다.

'이 순간을 놓치면 영영 눈을 뜰 수 없다.' 그는 마음이 바빴을 것입니다. 그러기에 '자비를 베풀어 주시기' 만을 청합니다. 다른 말은 생각나지 않았던 것입니다. 예수님께서는 그를 부르십니다. 보지 못해도 그는 어느 분이 예수님이신지 본능적으로 압니다. 이렇듯 기적은 소망의 결과입니다. 주님께서는 온몸으로 청하는 그에게서 '간절한 소망'을 읽으셨던 것입니다. 그러기에 "네 믿음이 너를 구원하였다."고 하셨습니다. 기적의 원인을 말씀해 주신 것입니다.

18 November

루카 19,1-10 :

사랑하는 사람은 닮습니다. 좋은 모습은 빨리 닮습니다. 사랑하면 '사랑하는 이'에게 조금씩 사로잡히기 때문입니다. 그래서 '사랑하는 것은 물들어 가는 것'이라고 했습니다. 본인도 모르는 새 서서히 물들어 가는 것이지요.

자캐오는 예수님에 관한 여러 소식을 들었습니다. 그리고 조금씩 매료되어 갔습니다. 한 번이라도 뵈올 수 있다면 얼마나 좋을까! 자캐오는 그런 날을 기다리고 있었습니다. 그러던 어느 날 자신의 고향을 지나가신다는 소식을 듣습니다. 그는 예수님을 가까이서 보려고 했지만 키가 작아 그럴 수가 없었습니다. 하지만 핸디캡을 극복하고 예수님을 만납니다.

"보십시오, 주님! 제 재산의 반을 가난한 이들에게 주겠습니다." 아무나 이 말을 할 수 없습니다. 재산이 많다고 누구나 이런 말을 할 수 있는 것은 아닙니다. 예수님께 반하고 물든 사람이 아니고서는 불가능한 일입니다. 자캐오는 이 시대 많은 사람들이 본받아야 할 인물입니다.

재물이 엄청난 사람들이 많습니다. 학식이 뛰어난 이들도 많습니다. 하지만 예수님께 물든 사람은 드뭅니다. 자캐오의 변신을 기억해야 합니다. 사람들이 감동하면 주님께서도 감동하십니다. 사람들이 귀하게 여기면 주님께서도 귀하게 여겨 주십니다. 자캐오의 열정과 순수함이 부럽습니다.

루카 19,11-28 :

'미나'는 예수님 시대의 그리스 화폐 단위로 '100데나리온'과 가치가 같았다고 합니다. 한 데나리온은 로마의 은전으로 노동자 하루 품삯이었습니다. 그러니까 한 미나는 노동자의 100일 품삯에 해당되는 큰돈입니다.

복음은 왕권을 쥐게 된 어떤 귀족이 자신의 종들에게 한 미나의 거금을 나누어 주는 비유 이야기입니다. 어떤 종은 그 돈으로 열 미나의 이윤을 남깁니다. 대단한 종입니다. 귀족은 그에게 열 고을을 맡기지요. 그럴 만한 능력이 있는 종입니다.

그런데 한 미나의 돈을 수건에 그대로 싸 두었던 종이 있었습니다. 주인은 화를 내며 그의 돈을 빼앗아 열 미나를 남긴 종에게 주라고 합니다. 우리가 생각해도 어리석은 종입니다. 주인의 말처럼 은행에 넣어만 두었더라도 이윤을 남길 수 있는 일이었습니다.

미나는 능력입니다. 주님께서 주신 능력입니다. 활용하지 않고 그대로 썩힌다면 주님의 질책은 당연한 일입니다. 미나는 또한 가족이나 친구일 수도 있습니다. 때로는 자신의 좋은 성격일 수도 있습니다. 이 역시 주님께서 주셨습니다. 기쁨을 만들며 살라고 주님께서 주셨습니다. 열 개는 아니더라도 다섯 개의 이윤은 남겨야 합니다. 그러니 자신에게 주어진 '미나'를 빨리 찾아내야 합니다. 그러면 삶은 분명히 달라집니다.

20 November

루카 19,41-44 :

예수님께서는 예루살렘의 멸망을 예고하며 눈물을 흘리십니다. 아름다운 성전이 부서지는 것을 아셨기 때문입니다. 예루살렘은 로마 군인들에 의해 파괴됩니다. 기도의 집이 '전투의 장소'로 바뀌었기 때문입니다. 유다 독립운동이 실패로 끝나자 저항군은 예루살렘 성전에서 최후를 준비합니다.

로마 군인들은 작심하고 그들을 공격합니다. 마침내 저항군은 지성소 안으로 피신했고 추격하던 군인들은 횃불을 던집니다. 이렇게 해서 성전은 불타기 시작했습니다. 이윽고 돌 위에 돌이 얹혀 있지 못할 정도로 참혹하게 불타 버리고 맙니다.

하지만 이것은 결과일 뿐입니다. 원인은 이스라엘의 독선에 있었습니다. 종교적 우월주의에 젖어 로마의 다신교를 깔봤기 때문입니다. 투쟁하면 주님께서 개입하시어 로마를 물리쳐 주실 거라고 여겼던 것이지요. 하느님을 자신들의 계획 안으로 끌어들이려는 위험한 발상이었습니다.

그러기에 비참한 결과로 끝났습니다. 그토록 자랑하던 성전이 폐허로 변해 버렸습니다. 어느 사회든 무모한 사람은 있습니다. 어느 조직이든 지나친 사람은 있기 마련입니다. 사람을 끌어들이는 지도자가 있는가 하면, 모여든 사람을 흩어 버리는 지도자도 있습니다. 사랑과 애정만이 치유책입니다. 그러기에 예수님께서는 눈물을 흘리셨습니다.

21

November　　　　　　　　　　　　　　　복되신 동정 마리아의 자헌 기념일

오늘은 마리아께서 성전에 봉헌되신 것을 기념하는 축일이다. 마리아의 양친은 나이 어린 성모님을 성전에 바쳤다고 전해 온다. 6세기 중엽 로마 황제 유스티니아누스는 예루살렘에 '마리아 봉헌 기념 성당'을 지었고 11월 21일에 축성식을 가졌는데, 이후 이날이 '동정 마리아의 자헌 기념일'이 되었다. 1472년 교황 식스토 4세에 의해 온 교회에 보급되었다.

루카 19,45-48 :

예수님께서는 성전에 들어가시어 상인들을 쫓아내십니다. 그들은 잡화상이 아닙니다. 제사 때 쓰일 물건과 제물로 바칠 동물을 팔고 있던 이들입니다. 이런 물건과 동물은 흠이 없어야 했습니다. 하지만 아무리 완벽한 것을 가져왔더라도 검사관이 '흠 있다고 하면' 사용할 수가 없었습니다. 그래서 상인들은 사제들에게 미리 검사를 받았고 합격한 물건과 동물을 팔고 있었던 것입니다.

이 과정에서 거래가 있었습니다. 그러기에 상인들은 내놓고 장사할 수 있었습니다. 예수님께서는 이런 조직을 흔드신 겁니다. 흠 없는 제물을 위한 '유통 시스템'을 부수려 하신 것입니다. 그러기에 성전에 관계된 이들은 예수님을 제거하려 했습니다. 악한 조직이 하느님의 '카리스마'를 없애려고 한 것이지요.

어찌하여 이런 일이 있었는지 한 번쯤 생각해 봐야 합니다. 누구나 성전에서는 경건해져야 합니다. 하느님을 찬미하고 그분께 감사드리고 주님의 힘과 은총을 청하는 곳이 성전이기 때문입니다. 단순한 이 목적이 선명하지 않으면 잘못 가기 쉽습니다. 주님께서 장사하는 이들을 몰아내셨듯이, 성전 안에서만큼은 세상 걱정과 사는 것에 대한 두려움을 물리칠 수 있어야겠습니다.

22 November

성녀 체칠리아 동정 순교자 기념일

성녀 체칠리아는 로마에서 태어났다. 귀족 출신으로 어린 시절부터 독실한 신앙인으로 자랐다. 순교 연대는 분명하지 않지만 로마 황제 알렉산더(225-235년 재위) 치세 때 순교한 것으로 알려져 있다. 성녀에 대한 신심은 박해 시대를 통해 전파되었고 중세 때까지 계속되었다. '체칠리아'라는 말은 "천상의 백합"을 의미한다. 흔히 비올라나 작은 오르간을 연주하는 모습으로 묘사되어 있다. 체칠리아 성녀는 음악인들의 수호성인으로 공경받고 있다.

루카 20,27-40 :

바리사이들은 부활을 인정했습니다. 하지만 그들이 믿었던 부활은 현실이 그대로 지속되는 부활이었습니다. 부자인 사람은 그대로 부자가 되고 자식이 많은 사람은 저세상에서도 수많은 자녀들을 거느리는 부활이었습니다. 당연히 가난한 사람들은 기가 꺾였습니다.

사두가이들은 부활을 인정하지 않았습니다. 현실만이 있을 뿐이라고 믿었습니다. 그러기에 현실의 최강자인 로마에 복종했고 그 그늘에서 살려고 했습니다. 그들은 부활 사상을 웃음거리로 만들고자 억지 주장을 펴고 있습니다. 일곱 형제가 한 여인과 혼인했다면 저세상에서 누구의 아내가 되겠냐고 질문한 것입니다.

신명기 25장에 나오는 내용을 빗대어 말한 것입니다. 레비라트Levirat법으로 알려진 유목 사회의 독특한 법입니다. 형제가 혼인하여 아들을 두지 못하고 죽으면 다른 형제 중 한 사람이 형수나 제수를 아내로 맞아들여야 했습니다. 그리하여 아들을 낳을 경우 그 아들을 죽은 형제의 후손으로 삼아 혈통을 잇게 해 주었습니다.

예수님께서는 혼인 생활은 이 세상에 속할 뿐이라고 말씀하십니다. 저세상의 일은 오직 하느님께만 유보되어 있다는 가르침입니다. 그러니 분명한 것은 이 세상의 삶입니다. 현실에서 평화와 기쁨으로 살지 못한다면 저세상에서도 평화와 기쁨은 요원한 것이 됩니다.

23 November

그리스도 왕 대축일

마태 25,31-46 :

우리는 예수님을 왕으로 모십니다. 미래를 주관하시는 분으로 고백합니다. 진정으로 그렇게 고백하면 그분은 내 운명의 주인이 되어 주십니다. 평범한 이 진리를 다시 기억하며 실천하라는 것이 '그리스도 왕 대축일'의 교훈입니다.

그러니 구원을 죄와 연관된 것으로만 기억해서는 안 됩니다. 죄를 짓느냐, 안 짓느냐에 구원이 달린 것은 아닙니다. 구원은 사랑에 달려 있습니다. 얼마나 사랑하며 사는가에 달려 있습니다. 그러기에 복음에서도 이웃에게 행한 것이 '예수님 당신에게 행한 것'이라고 하셨습니다.

'이웃'은 도움을 필요로 하는 사람입니다. 사랑해야 할 '작은 이웃'은 어떤 형태로든 관계를 맺고 있는 사람들입니다. 그들을 제쳐 놓고 '주님의 사랑'을 실천할 수는 없습니다. 그들에게 상처를 주면서 '사랑의 길'을 간다고 말할 수는 없습니다. 왕이신 예수님께서는 그들과 당신을 동일시하셨습니다. 가까운 사람을 사랑하는 것이 어렵고 힘들지만 그만큼 중요하다는 가르침입니다.

왕이란 딱딱한 표현입니다. 누구나 그 앞에서는 벌벌 떨었습니다. 예수님께서 그런 왕이 아니심은 분명합니다. 오히려 그분은 사랑의 왕이십니다. 오늘만큼은 그분의 사랑을 기억하며 주위의 '작은 이웃'들에게 따뜻함을 전해야겠습니다.

24 November

성 안드레아 둥락 사제와 동료 순교자 기념일

안드레아 둥락 성인은 1785년 베트남의 가난한 집안에서 태어나 사제가 되었다. 당시는 박해 시대였다. 그는 열정적으로 선교 활동을 펼치며 베트남 교회의 중추 역할을 했지만 관헌들에게 체포되어 하노이에서 참수형을 받고 1839년 순교하였다. 당시 그의 나이 54세였다. 1988년 교황 요한 바오로 2세에 의해 '안드레아 둥락 사제와 동료 순교자들'은 로마에서 시성되었다.

루카 21,1-4 :

렙톤은 그리스의 화폐 단위로 동전입니다. 빵 한 조각도 제대로 살 수 없는 적은 금액입니다. 하지만 가난한 과부의 헌금이었습니다. 적은 액수지만 정성이 담겨 있었기에 예수님께서는 눈여겨보셨습니다. 주님께서 눈여겨보시면 반드시 좋은 일이 일어납니다. 그 가난한 여인은 살아가면서 분명 주님의 도우심을 만났을 것입니다.

돈이 최고의 가치가 되었습니다. 살다 보면 누구나 돈의 위력을 실감합니다. 하지만 하느님의 위력은 그보다 더 큽니다. 체험해 본 사람은 압니다. 복음의 과부 역시 돈의 힘도 알았지만 하느님의 힘을 체험해 본 여인이었을 것입니다. 그러기에 자신의 생활비를 바칠 수 있었습니다.

'돈 있는 사람이 구원받는다'는 소리를 종종 듣습니다. 위험한 발언입니다. 지나가는 말이라도 그렇게 말해서는 안 됩니다. 돈과 구원은 아무런 상관이 없기 때문입니다. 돈은 수단일 뿐입니다. 아무리 많은 헌금이라도 정성이 빠지면 소용없는 일이 됩니다.

신앙생활에서 중요한 것은 언제라도 정성입니다. 그러니 늘 돌아봐야 합니다. 어떤 마음으로 기도하며 얼마만큼의 열정으로 사람들을 대하고 있는지 점검해 봐야 합니다. 하찮은 일이라도 정성을 쏟으면 기쁨이 찾아옵니다. 주님께서 눈여겨보시기 때문입니다.

25 November

루카 21,5-11 :

　　우리 사회에 가짜는 늘 있어 왔습니다. 언제부턴가 '짝퉁'이란 신조어까지 등장했습니다. 비슷하게 만든 모조품이란 뜻이지요. 짝퉁으로 못 만들어 내는 것이 없습니다. 최고의 짝퉁은 무엇일는지요? 가짜 그리스도입니다. 역사에는 그런 인물이 많았습니다. 복음 말씀처럼 "내가 그리스도다. 때가 왔다." 이렇게 외친 인물들이 의외로 많았습니다.

　　우리나라에서도 '휴거'라는 사건이 있었습니다. 1992년 10월 28일 예수님께서 재림하시고 구원받을 사람들은 '공중으로 들어 올려질 것'을 외쳤던 사건입니다. 하지만 일어나지 않았습니다. 미국에서도 그런 예언이 여러 번 있었지만 한 번도 실현되지 않았습니다.

　　종말은 어느 날 갑자기 일어나는 사건이 아닙니다. 종말을 알리는 '재난의 시작'은 이미 진행되고 있습니다. 우리는 종말을 향해 매일 조금씩 걸어가고 있을 뿐입니다. 그러므로 '종말의 그리스도'를 만나기에 앞서 현재 '우리 곁에 계시는 그분'을 먼저 느끼고 만나야 합니다.

　　작은 축복이라도 그분께서 주시는 것으로 여길 때 만남이 가능해집니다. 감사의 시각으로 보면 '그날'의 예수님께서는 우리와 함께 살고 계십니다. 불만을 갖고 살기에 가짜 그리스도를 보고 가짜 목소리에 현혹됩니다. 애정을 갖고 살면 '짝퉁 그리스도'보다 세상 곳곳에 계시는 '참된 그리스도'를 쉽게 뵐 수 있습니다.

26 November

루카 21,12-19 :

성 조윤호(요셉)는 조화서(베드로) 성인의 아들입니다. 병인박해가 일어났을 때 그는 신혼이라 부인과 함께 부친의 집에서 살고 있었습니다. 어느 날 포졸들이 아버지를 심문하고 있다는 소식을 듣자 즉시 달려갑니다. 그러자 아버지는 아들에게 피할 것을 당부합니다.

하지만 요셉은 외칩니다. "아버지, 어디로 가란 말씀이십니까? 저도 잡혀가는 것이 소원입니다. 제 믿음이 헛되지 않게 잡혀가는 것을 허락해 주십시오. 이날을 얼마나 기다렸는지 모릅니다." 포졸들은 부자를 함께 데려갑니다. 전주 감영에서 두 사람은 혹독한 심문과 가혹한 형벌을 받지만 서로 격려하며 신앙을 지켜 냅니다.

마침내 아버지가 먼저 사형장으로 끌려갑니다. 그는 아들에게 말합니다. "마음을 변치 마라. 언제나 진리대로 답해라. 네 마음이 변할까 봐 두렵구나." 아들은 맑은 눈으로 답합니다. "저에 대해서는 염려하지 마십시오. 하늘에서 아버님을 뵙겠습니다." 순교를 각오한 답변이었습니다. 조윤호 성인은 엄청난 매를 맞고 참수형을 당해 순교합니다. 그의 나이 19세였습니다.

"너희는 명심하여 변론할 말을 미리부터 준비하지 마라. 어떠한 적대자도 맞서거나 반박할 수 없는 언변과 지혜를 내가 너희에게 주겠다." 예수님의 말씀입니다. 박해는 옛날에만 있는 사건이 아닙니다. 믿음의 장애물을 느끼고 있다면 조윤호 성인의 짧은 생애를 묵상하며 용기를 되찾아야겠습니다.

27 November

루카 21,20-28 :

　루카 복음서는 기원후 80-90년 사이에 기록되었습니다. 그리고 예루살렘은 70년 8월 29일 함락됩니다. 루카 복음서는 성전이 불탄 뒤에 기록되었음을 알 수 있습니다. 그러기에 성전 파괴를 역사적 시각으로 보고 있습니다. 예수님의 예언이 모두 이루어진 것을 확인했던 셈입니다.

　당시 유다 지방에 살던 이들은 먼 곳으로 피해야 했습니다. 예루살렘에 사는 사람들도 빨리 빠져나가고 시골에 있던 이들은 올라올 필요가 없었습니다. 로마의 장군 '티투스'가 8만 명의 군사를 이끌고 예루살렘 포위를 시작했기 때문입니다. 상황이 이러했기에 '임신한 여인들과 젖먹이가 딸린 여자들'이 불행했던 것은 당연한 일입니다.

　전쟁은 늘 있어 왔습니다. 인류의 역사에서 전쟁이 없었던 해는 존재하지 않습니다. 오늘날에도 신무기로 무장한 군인들이 세계 곳곳에서 대치하고 있습니다. '종말의 징조'는 언제나 현실입니다. 이스라엘 사람들은 예루살렘이 함락되자 종말이 시작된 것으로 여겼습니다. 하지만 아직도 종말은 오지 않고 있습니다.

　그 사이 로마 제국은 사라졌고 이스라엘도 모습을 바꾸었습니다. 전쟁을 일으킨 사람도, 전쟁으로 상처 입은 사람도 모두 죽었습니다. 죽음을 통해 그들은 '종말의 그리스도' 앞으로 나아갔습니다. 개인의 죽음이 일차적인 종말입니다. 죽음에 대한 준비는 그대로 종말에 대한 준비가 됩니다.

루카 21,29-33 :

　　아이들은 놀고 장난칠 때는 부모님 생각을 하지 않습니다. 하지만 위험한 일을 만나면 '엄마'를 먼저 부릅니다. 어른들도 마찬가지입니다. 평소에는 자신 있게 살다가도 고통을 만나면 한풀 꺾입니다. 헤어나기 힘든 고통 앞에서는 좌절을 느낍니다. 하느님을 찾을 수 있는 기회입니다.

　　이스라엘이 이집트에 정착했을 때는 하느님을 별로 찾지 않았습니다. 그러나 파라오가 유다 민족을 말살하려 했을 때는 모두가 한마음으로 하느님께 매달렸습니다. 그러기에 위대한 능력을 지닌 모세를 만날 수 있었습니다.

　　오늘날도 마찬가지입니다. '사업이 잘되면 믿음을 가지겠습니다.', '병이 나으면 성당에 다니겠습니다.' 이렇게 청원하는 이들이 종종 있습니다. 그러나 청원이 이루어졌을 때, 정말 감사하며 신앙생활로 나아갔는지요? 별로 많지 않습니다.

　　그러나 사기를 당해 재산을 잃거나 가족이 고통 받는 일을 당하면 믿음을 다시 생각합니다. 그러한 고통으로 인해 신앙의 힘을 새롭게 찾는 것이지요. 그렇습니다. 고통의 늪을 지나 본 사람이라야 은총의 소중함을 압니다. 십자가를 지고 가다 넘어져 본 사람이라야 '살아 있는 부활'을 희망합니다. 종말은 두려움으로 끝나는 '마지막'이 결코 아닙니다. 신앙생활을 충실히 하다 보면 자연스레 주어지는 '하느님의 나라'입니다.

29 November

루카 21,34-36 :

　복음의 '그날'은 종말의 날입니다. 죽음의 날입니다. 누구나 종말을 맞이합니다. 죽지 않는 사람은 세상 어디에도 없습니다. 그런데도 죽지 않을 것처럼 살고 있습니다. 베풀지 않고 쌓기만 하는 사람들입니다. 감정이든 물질이든 쌓기만 하면 나중에는 힘든 죽음을 맞이하게 됩니다.

　우주의 종말은 언제 올지 모릅니다. 하지만 개인의 종말은 추측할 수 있습니다. 내가 죽음으로써 나는 심판 안으로 들어가는 것이 됩니다. 그러니 종말에 관한 모든 말씀은 죽음을 잘 준비하라는 말씀으로 받아들이면 됩니다.

　사람의 일생에도 가을은 있습니다. 텅 빈 가을인지, 결실이 가득 찬 가을인지는 현실이 결정짓습니다. 어떤 마음으로 사는가에 달려 있습니다. 쌓기만 하고 베풀지 않으면 사람들이 떠나갑니다. 텅 빈 노년으로 만듭니다. 나누고 베풀어야 사람들이 모여듭니다. 결실의 노년을 만들어 줍니다.

　바람이 불면 들꽃은 먼저 눕습니다. 홍수의 징조가 보이면 개미들이 먼저 이동합니다. 자연의 섭리입니다. 주님께서는 미물들에게도 그들만의 능력을 주셨습니다. 그러니 누구에게나 죽음을 잘 맞이할 수 있는 능력이 있습니다. 일차적으로 기도입니다. '사람의 아들 앞에 설 수 있는 힘'을 달라고 청하는 기도입니다.

마르 13,33-37 :

위령 성월이 끝나면 대림 시기가 시작됩니다. 한 해의 마지막 달이 대림 시기인 셈입니다. 저승과 이승이 하느님 안에서는 아무것도 아님을 느끼게 합니다. 그러니 걱정을 내려놓고 주님을 맞이할 준비를 해야 합니다. 그분을 기다리면서 세상 걱정으로 어쩔 줄 몰라 한다면 분명 잘못된 일입니다.

초대 교회 신자들은 예수님의 재림을 1년 내내 기다렸습니다. 자기들이 살아 있는 동안 오실 줄로 알았습니다. 그러면서 기다림과 함께 죽어 갔습니다. 재림의 준비는 그대로 죽음의 준비가 되었습니다. 하지만 그들은 죽음을 끝이라고 생각하지 않았습니다. 오시기로 되어 있는 예수님을 '먼저 가서 만나는 것'으로 해석했습니다. 저승으로 건너가는 다리로 봤던 것이지요.

우리도 그래야 합니다. 그렇게 대림 시기를 준비해야 합니다. 그들과 같은 마음으로 대림 시기를 맞이해야 합니다. 이것이 대림 시기의 교훈입니다. 복음은 그 준비로서 "깨어 있어라."고 하십니다. 주인이 언제 올지 모르니 '부지런한 문지기'처럼 살라고 하십니다.

그러니 하느님과 연결된 삶을 살고 있는지 돌아봐야 합니다. 매일 기도와 선행을 점검하는 일입니다. 기도와 선행을 실천해야 신앙생활이 기쁨으로 바뀝니다. 시련과 고통을 만나도 쉽게 하느님을 향하게 됩니다. 금년 대림 시기에도 '기쁨의 신앙생활'을 체험하며 지내야겠습니다.

365일 복음 묵상 가해

12월

01 December

마태 8,5-11 :

"한 말씀만 해 주십시오. 그러면 제 종이 나을 것입니다." 백인대장은 진심으로 아룁니다. 그는 로마 군대의 장교입니다. 그런 그가 예수님 앞에 엎드린 것입니다. 당시 로마 군대의 최소 단위는 100명의 보병이었습니다. 그리고 그 책임자를 흔히 '백인대장'이라고 불렀습니다. 그들은 대부분 평민 출신으로 사병에서 승진해 올라간 사람들이었습니다. 그만큼 실력 있고 리더십이 강한 지휘관들이었습니다.

예수님께서는 감동하십니다. 그러기에 기적을 베푸셨습니다. 무엇이 예수님의 마음을 움직였겠습니까? 백인대장의 겸손한 믿음과 따뜻한 애정입니다. 그는 예수님의 능력을 의심하지 않았습니다. '한 말씀만 하셔도' 종이 나을 것을 확신했습니다. 의연하면서도 겸손했던 청원이었기에 예수님께서는 기꺼이 받아 주셨던 것입니다.

그의 종에 대해서는 알려지지 않고 있습니다. 하지만 그가 애정을 베풀던 사람이었음은 틀림없습니다. 아랫사람을 아끼는 열정이 있었기에 백인대장은 스스럼없이 나왔을 것입니다. 사랑이 강하면 믿음도 강합니다. 애정이 많은 사람은 신심도 깊은 법입니다. 예수님께서는 백인대장의 모습에서 강한 애정과 깊은 믿음을 읽으셨던 것입니다. 열정이 넘치는 믿음을 백인대장은 보여 주고 있습니다.

02 December

루카 10,21-24 :

복음의 예수님께서는 제자들에게 이 말씀을 하십니다. "너희에게 말한다. 많은 예언자와 임금이 너희가 보는 것을 보려고 하였지만 보지 못하였고, 너희가 듣는 것을 들으려고 하였지만 듣지 못하였다." 이유가 무엇일는지요? 왜 그들은 못 보고 제자들은 볼 수 있었는지요?

주님께서 보여 주지 않으셨기 때문입니다. 보여 주고자 하셔도 그럴 자격이 없었거나 조건을 갖추지 못했기 때문입니다. 예언자들은 당대의 지식인들입니다. '하늘의 언어'를 구사할 수 있는 이들이었습니다. 지적으로도 뛰어난 사람들입니다. 하지만 그것이 전부는 아닙니다. '예언자답게 사는 것'이 먼저입니다. 예언자가 예언자답게 살지 않으면 사람들에게 피해를 줍니다.

임금은 권력자들을 상징합니다. 그들의 권력 역시 위임받은 것입니다. 그것도 이 세상의 권력이지 '저세상'까지 유효한 것은 아닙니다. 그러니 '위임받은 사람답게' 살아야 합니다. 그러면 주님의 은총이 함께합니다. 착각하기에 사람을 괴롭힙니다.

복음의 백부장은 한낱 종을 위해 자신을 숙였습니다. 기적을 받을 사람답게 행동했던 것입니다. 우리 역시 주님의 자녀답게 살아야 합니다. 그러면 '철부지들에게 드러내 보이시는' 주님의 뜻을 깨닫게 해 주십니다.

03 December

선교의 수호자 성 프란치스코 하비에르 사제 대축일

프란치스코 하비에르 성인은 1506년 스페인 바스크 지방에서 태어났다. 파리에서 수학하던 중 이냐시오 성인을 만나 함께 예수회를 창립했다. 1537년 로마에서 사제품을 받은 그는 인도로 가서 선교했다. 그러다가 1549년 일본 규슈의 가고시마에 상륙하여 일본의 첫 선교사가 되었다. 1552년 선교를 위해 중국으로 가던 중 광퉁의 산첸 섬에서 세상을 떠났다. 1622년에 시성되었으며, 교황 비오 10세는 그를 '선교의 수호자'로 선포하였다.

마르 16,15-20 :

믿는 이들에게는 표징이 따를 것이라고 했습니다. 기적이 함께한다는 말씀입니다. 그렇다면 얼마만큼 믿어야 '뱀을 집어들고 독을 마셔도' 아무런 해를 입지 않게 되는지요? 시험해 볼 수도 없는 일입니다. 기적은 철저하게 주님께서 허락하셔야 이루어지기 때문입니다.

'믿음의 기적'은 많습니다. 기적을 일으킨 수많은 이야기들을 우리는 잘 알고 있습니다. 중요한 것은 '나의 체험'입니다. 살면서 기적이라고 느꼈던 사건은 없는지요? 먼저 그것을 찾아내야 합니다.

다른 이들은 별것 아니라고, 우연일 뿐이라고 말하지만 본인은 기적으로 받아들였던 사건이 분명 있습니다. 다른 이들은 무심하게 보아 넘기지만 본인에게는 기적으로 다가왔던 '만남'도 있습니다. 기쁘고 다행스런 사건만이 아닙니다. 아프고 쓰라린 만남 속에서도 그런 체험은 있습니다. '사건과 만남'을 통해 인간적 성숙을 가져오고 하늘의 기운을 체험했다면 어찌 기적이라 하지 않을 수 있을는지요?

살다 보면 뱀과 같은 사람을 만나고 독을 마시는 것 같은 사건도 반드시 체험하게 됩니다. 그런데도 주님께서는 보호해 주십니다. 믿음의 자녀로 살아가기에 주님께서 함께해 주십니다. 보이지 않는 기적 속에서 우리는 살고 있는 것입니다.

04 December

마태 7,21.24-27 :

반석 위에 짓는 집은 기초가 튼튼합니다. 웬만한 지진에도, 어지간한 바람에도 끄떡하지 않습니다. 누구나 그런 집을 원합니다. 하지만 모래 위에 지은 집은 기초가 약해 쉽게 무너집니다. 일부러 그곳에 집을 지을 사람은 없습니다. 복음 말씀은 우리의 신앙생활이 '반석 위의 집'인지 '모래 위의 집'인지 돌아보게 합니다.

미래를 믿지 못하기에 사람들이 흔들립니다. 돈과 재물에 매달립니다. 건강이 최고라고만 생각합니다. 불안이 원인입니다. 평범하게 맡길 수는 없는지요? 미래도 건강도 아버지께 맡기며 살 수는 없는지요? 그렇게 하라는 것이 복음의 가르침입니다.

그렇습니다. 맡기면 보호해 주십니다. 반석 위에 집을 짓는 사람이 됩니다. 맡기지 못하기에 은총이 함께하지 않습니다. 모래 위에 집을 짓는 행동입니다. 그러므로 지혜로운 사람은 맡기며 사는 이들입니다. 자신의 힘과 능력만을 내세우는 이가 복음에서 말하는 어리석은 사람입니다.

맡긴다는 것은 '주님께서 주신 것'으로 여기는 행위입니다. 좋은 일이든 나쁜 일이든, 기쁜 일이든 슬픈 일이든 그분께서 주시는 것으로 여기며 '기꺼이 받아들일 때' 맡기는 것이 됩니다. 주님의 보호는 원하기만 해선 안 됩니다. 적극적으로 맡길 때 적극적인 보호를 받습니다.

05 December

마태 9,27-31 :

성경에는 눈먼 이들이 눈을 뜨는 기적 이야기가 많습니다. 그때마다 그들은 간절히 애원합니다. 주님께서는 그들의 심정을 아셨기에 늘 기적을 베풀어 주셨습니다. 복음의 가르침은 단순합니다. 눈먼 이들처럼 애절한 마음으로 다가가면 누구라도 '보고 듣고 깨달을 수' 있다는 사실입니다.

"내가 그런 일을 할 수 있다고 믿느냐?" 예수님께서는 눈먼 이들에게 질문하십니다. 그들을 시험하기 위한 질문은 아닙니다. 확신을 주기 위한 말씀이었습니다. 짧은 순간이지만 자신들을 돌아볼 수 있는 시간을 주기 위해 질문하셨던 것입니다. 눈먼 이들은 "예, 주님!" 하고 답합니다. 긴 말이 필요 없었습니다. 마음을 읽고 계시는 분 앞에서 애원도 호소도 이제는 소용없음을 깨달았던 것입니다.

그들은 마음을 비우고 기다립니다. 은총이 온몸을 휘감는 느낌을 받았을 것입니다. 그들은 예수님의 음성을 듣습니다. "너희가 믿는 대로 되어라." 그 순간 그들은 눈을 뜹니다. 기적을 체험하는 순간이었습니다.

우리는 무엇을 보고 싶어 하는지요? 그것이 무엇이든, 복음의 눈먼 이들처럼 '애절한 마음'으로 청하고 '단순한 마음'으로 기도한다면 주님께서는 우리의 눈과 마음도 반드시 열어 주실 것입니다.

06 December

마태 9,35-10,1.6-8 :

예수님은 "수확할 것은 많은데 일꾼은 적다."고 하십니다. 누군가 일꾼이 되어야 합니다. 그러면 주님께서 힘을 주십니다. 악한 기운을 몰아내고 병자와 허약한 이들을 고쳐 주는 '하늘의 힘'입니다. 사도들은 그런 능력을 받았습니다. 그러기에 하늘나라가 가까이 왔음을 힘 있게 선포했습니다.

우리 주위에도 '일꾼'은 많습니다. 세례를 받고 주님의 자녀가 된 이들입니다. 언변이 뛰어나고 재능이 알려진 일꾼들입니다. 그들 역시 앓는 이를 고쳐 주고 '악한 기운'을 몰아내며 기가 꺾인 이들에게 힘을 주는 능력을 받았습니다. 이제는 드러내면서 살아야 합니다. 그것이 복음의 교훈입니다.

예나 지금이나 '사는 것'은 바뀌지 않았습니다. 사람의 본질은 바뀔 수 없기 때문입니다. 무서운 병 앞에서는 어쩔 줄 몰라 하고, 두려움 앞에서는 도움을 기다립니다. 옛날의 무서운 병이 '나병'이었다면 지금은 생소한 병들이 무섭게 등장했습니다. 예전의 두려움이 '악한 영들'이었다면 오늘날의 두려움은 새로운 '폭력'들입니다. 사람들은 일꾼들을 보고 싶어 합니다. 예수님의 '힘과 기운'을 지닌 일꾼들입니다. 우리 곁에 그런 모습을 지닌 이들이 많아져야겠습니다.

07 December

대림 제2주일

한국 천주교 주교회의는 1982년부터 대림 제2주일을 '인권 주일'로 지내도록 했다. 인간의 존엄성이 무시되고 권리가 짓밟히는 현실을 개선해 보기 위해서다. 하느님의 모습을 닮은 인간이 그에 맞갖은 삶을 살아갈 수 있도록 적극적인 관심과 노력을 기울여야 할 것이다.

마르 1,1-8 :

오늘은 두 번째 맞이하는 대림 주일입니다. 요한은 광야에서 나타나 회개와 세례를 외칩니다. 당시 이스라엘에서는 죄 사함이 어려웠습니다. 속죄제는 까다로웠고 제물은 부담스러웠습니다. 이런 상황에서 세례자 요한의 외침이 나타난 것입니다.

'요르단 강물에 들어가 씻기만 하여라. 그러면 그대의 모든 죄가 사해질 것이다.' 가난하고 무지했던 보통 사람들은 놀라고 기뻐하며 그의 말을 따랐습니다. 하지만 조건이 있었습니다. 물에 들어가기 전에 회개하는 것이었습니다. 지난 날의 잘못을 버리고 새 삶을 결심하는 것이 선행되어야 했습니다. 사람들은 그렇게 했습니다. 그리고 그 단순한 동작을 통해 '사랑의 하느님'을 만날 수 있었습니다

회개는 이렇듯 은총과 연관이 있습니다. 하느님께 나아가는 예비 동작이 회개인 것이지요. 그러니 뉘우침만 의식해서는 안 될 일입니다. 새로운 시작을 더 중시해야 합니다. 인생길에서 잘못은 어쩔 수 없는 일입니다. 그 잘못을 반복하지 않는 것이 중요한 일입니다.

오늘은 요한의 회개를 묵상하며 새로운 출발을 다짐하는 날입니다. 이것이 대림 두 번째 주일의 메시지입니다. 새로운 시작은 언제라도 축복입니다. 그런 마음 자세는 아무 때나 생겨나는 것이 아닙니다. 대림 시기의 은총임을 기억해야 합니다.

08 December

한국 교회의 수호자 원죄 없이 잉태되신 복되신 동정 마리아 대축일

교회는 5세기부터 9월 8일에 '동정 마리아 탄신축일'을 지냈다. 8세기부터는 이날의 9개월 전인 12월 8일을 '원죄 없이 잉태되신 동정 마리아 축일'로 지냈다. 1476년 교황 식스토 4세 때 로마 전례력에 도입되었고, 1854년 12월 8일 교황 비오 9세는 동정 마리아께서 원죄 없이 잉태되셨음을 '믿을 교리'로 선포하였다. 1841년 교황 그레고리오 16세는 '원죄 없이 잉태되신 성모님'을 조선 교회의 수호자로 선언하였다.

루카 1,26-38 :

"은총이 가득한 이여, 기뻐하여라. 주님께서 너와 함께 계시다." 천사 가브리엘의 인사말입니다. 그는 나자렛의 마리아를 찾아가 이렇게 말했습니다. 기쁨의 원인은 은총이라는 말씀입니다. 주님께서는 언제나 '은총과 함께' 계신다는 표현입니다.

그러므로 사는 것이 즐겁지 않으면 '은총과 함께' 살고 있는지 돌아봐야 합니다. 하느님의 기운이 떠나면 누구라도 우울해집니다. 무엇을 해도 허무함이 떠나지 않습니다. 주님의 기운을 안고 살아야 '어떤 상황, 어떤 처지'에 있든 기쁨이 함께합니다. 가만있어도 마음이 환해집니다. 그러니 천사의 일을 해야 합니다. 누군가에게 다가가 천사의 역할을 해야 합니다. 그래야 주님의 기운이 떠나지 않습니다.

우리는 수없이 성모송을 바쳤습니다. 영세 후에 얼마나 많이 이 기도를 외웠는지 모릅니다. '묵주 기도'를 한 번 바치면 성모송을 53번 외우게 됩니다. 한 번 외울 때 한 사람씩만 기억해도 수많은 사람을 기억하게 됩니다. 누군가를 위해 성모송을 바친다면 그때마다 천사가 됩니다. 그러니 악한 생각이 괴롭히고 힘든 사건이 우울하게 할 때 성모송을 외워 보십시오. 정성으로 성모송을 바쳐 보십시오. 어느새 천사가 되어 있을 것입니다. 가브리엘 천사가 되어 성모님 곁에 있을 것입니다.

09 December

마태 18,12-14 :

우리 몸에 힘이 있듯이 마음에도 힘이 있습니다. '몸의 힘'은 음식을 통해 얻습니다. 하지만 '마음의 힘'은 생각을 통해 얻어집니다. 그러므로 좋은 생각을 많이 해야 건강한 마음이 됩니다. 사랑과 감사에 대한 기억은 아무리 많아도 좋습니다. 즐거운 추억과 아름다운 회상 역시 많을수록 삶을 풍요롭게 합니다.

하지만 미움과 불만에 대한 생각은 적을수록 좋습니다. 의심과 후회에 대한 집념은 포기할수록 유익합니다. 부정적인 자세는 언제라도 삶을 황폐하게 만듭니다. 본인도 모르는 사이에 마음의 건강을 해칩니다. 주님께서는 누구라도 기쁘게 살기를 원하십니다. 그러기에 '양 한 마리'가 길을 잃었을 때 만사를 제쳐 두고 찾겠다고 하셨습니다. 하나라도 잃어버리는 것은 아버지의 뜻이 아니라고 하셨습니다.

길 잃은 양은 다른 양이 아닙니다. 믿음의 길을 '억지로 가고 있는 이'들입니다. 인생의 길을 '기쁨 없이 살고 있는 이'들입니다. 그들에게 주님의 모습을 알려야 합니다. '작은 이들' 하나에게도 애정을 베푸시는 아버지의 모습을 알려야 합니다. 믿음의 길을 당당하게 걸으면 '마음의 건강'이 선물로 주어집니다. 인생의 길 역시 '기쁨과 함께' 걸으면 마음의 병은 사라지고 맙니다.

December

마태 11,28-30 :

무거운 짐을 지지 않는 인생이 있을는지요? 누구나 '힘든 짐'과 함께 살아갑니다. 그러기에 '나 혼자만 무거운 짐을 지고 있다.'는 생각은 유혹입니다. 물론 실제로 무거울 수 있습니다. 하지만 그것 역시 '마음먹기'에 달렸습니다. '지고 갈수 있기에' 주셨음을 먼저 기억해야 합니다. 힘든 짐을 지지 않으면 인생의 깊이를 알 수가 없습니다.

"밤새워 울어 보지 않았다면 삶을 논하지 말라." 어느 시인은 이렇게 말했습니다. 고뇌 없이는 깨달음도 없다는 표현입니다. 그렇습니다. 인생의 짐이 힘겹고 무겁기에 예수님을 찾습니다. 삶에 아픔이 없으면 신앙 따위는 거들떠보지 않는 것이 인간의 속성입니다. 실패하고 좌절하고, 반항하고 저항하다 가까이 계시는 주님을 만나는 것이 믿음입니다.

볼 수 없고 들리지 않는 주님의 모습입니다. 삶의 십자가를 통해서만 그분을 체험할 수 있습니다. 그러기에 자신의 십자가를 지라고 하셨습니다. 십자가를 지기에 부활이 있습니다.

"어느 봄날 / 당신의 사랑으로 / 응달지던 내 뒤란에 / 햇빛이 들이치는 기쁨을 나는 보았습니다. / 어둠 속에서 사랑의 불가로 / 나를 가만히 불러내신 당신은 / 어둠을 건너온 자만이 만들 수 있는 / 밝고 환한 빛으로 내 앞에 서서 / 들꽃처럼 깨끗하게 웃었지요. / 아, 생각만 해도 / 참 좋은 당신." 시인 김용택의 노래입니다.

11 December

마태 11,11-15 :

"하늘나라는 폭행을 당하고 있다. 폭력을 쓰는 자들이 하늘나라를 빼앗으려고 한다." 예수님의 말씀입니다. 하늘나라가 왜곡되고 있다는 표현입니다. 하느님의 나라를 '개인적인 소유물'로 전락시키고 있다는 지적입니다. 예수님의 시대에도 이런 엉터리 이론과 가르침이 있었나 봅니다.

사람들은 하늘나라를 쉽게 오해합니다. 죄짓지 않고 공로가 많은 사람들만 가는 곳으로 생각합니다. 율법을 하나도 어기지 않는 이들만 모이는 곳으로 여깁니다. 하지만 그것은 우리의 생각일 뿐입니다. 하느님의 나라는 '주님께서 허락하시는 사람들'이 가는 곳입니다. 그러므로 '천국 가기에 당연한 삶'은 없습니다. 완벽한 삶이더라도, 그것은 우리의 판단이지 주님의 판단은 아닙니다.

예수님의 가르침은 사랑입니다. 그러므로 '사랑을 실천해야' 그분의 허락을 받습니다. '사랑의 삶'이 천국으로 인도합니다. 사랑하면 삶이 달라집니다. 아름다워집니다. '사랑하고 사랑받으면' 더욱 그렇습니다. 그런 삶을 계속해야 하늘나라에 갈 수 있다는 말씀입니다. 하지만 바리사이들은 율법 준수에 모든 것을 걸었습니다. 그러기에 회개와 천국을 이야기하던 요한을 제거하려 합니다. 바리사이들은 오늘날에도 존재하고 있습니다.

12 December

마태 11,16-19 :

자폐증에 걸린 사람은 백약이 무효입니다. 가족의 사랑만이 겨우 제한 몸을 가눌 수 있게 합니다. 자폐증이 있는 자녀들을 헌신과 애정으로 바로 세운 어머니들을 우리는 잘 알고 있습니다. 그런 위대한 어머니들은 언제나 보이지 않는 모습으로 우리 곁에 있습니다.

신앙인에게는 자폐 증상이 없을는지요? 믿음에 대해 말하기 싫어하고 신자인 것을 감추고 싶어 한다면 의심해 봐야 합니다. 선교에 대해 냉소적이고 믿는 이들에 대해서도 차가운 시각을 드러낸다면 '신앙의 자폐증'을 의심해 봐야 합니다.

분명한 이유 중 하나는 신앙생활에 끌리지 않고 있기 때문입니다. 억지로 믿음의 길을 가고 있기 때문입니다. 기쁨이어야 할 신앙이 멍에가 되어 있는 셈입니다. 누군가 애정으로 다가가야 합니다. 사랑으로 다가가 '기쁘게 믿는 모습'을 보여 줘야 합니다. 간섭이 아니라 감동으로 드러내야 합니다. 따뜻함만이 차가움을 녹일 수 있습니다.

복음에서 예수님께서는 군중을 꾸짖으십니다. 그들의 '변덕스러운 모습' 때문입니다. 그러니 꾸준히 믿음의 길을 걸으면 누구나 '기쁨과 평화'를 만나게 됩니다. 주님께서는 당신의 애정을 주시고자 기다리고 계십니다. 신앙의 자폐증을 극복하면 삶의 자폐증은 저절로 사라집니다.

13 December

성녀 루치아 동정 순교자 기념일

성녀 루치아는 남부 이탈리아의 시칠리아 섬에서 귀족의 자녀로 태어났다. 신심 깊은 부모의 영향으로 일찍 세례를 받았다. 부친이 죽자 어머니는 딸의 신변을 염려해 귀족 청년과 혼담을 주선한다. 그러나 루치아는 동정을 결심하고 있었기에 혼인을 거절한다. 격분한 청년은 루치아를 신자라고 고발하였고, 성녀는 304년 시칠리아의 시라쿠사에서 순교하였다. '루치아 Lucia' 라는 이름은 "빛 또는 광명"을 의미하는 라틴 말에서 유래되었다.

마태 17,10-13 :

예언자 엘리야는 기원전 9세기에 활약했던 인물입니다. 당시 이스라엘의 임금은 '아합'이었습니다. 그는 폭군이며 가나안의 토속 신앙인 '바알 우상'에 빠져 있었습니다. 엘리아는 아합을 강렬하게 비난하지요. 이윽고 두 사람은 '카르멜 산에서 대결합니다. 어느 신앙이 옳은지 백성들 앞에서 가리는 대결이었습니다. 당연히 엘리야가 승리합니다. 하느님께서 기적으로 개입하셨기 때문입니다. 열왕기 상권 18장에 나오는 내용입니다.

이후 엘리야는 죽지 않고 '불타는 마차'를 타고 승천합니다. 그만큼 강렬한 이미지를 남긴 예언자였습니다. 그러다 종말이 되면 다시 올 것으로 믿었습니다. 구세주의 재림을 준비하기 위해 온다고 생각했던 것입니다. 그러므로 '종말의 준비'를 알려 주는 이가 있다면, 그가 바로 엘리야입니다. 예수님께서는 세례자 요한을 그런 의미에서 엘리야라고 하셨습니다.

위대한 사람 뒤에는 항상 누군가가 있습니다. 주인공을 돕는 조연들입니다. 조연이 있기에 주연이 빛납니다. 요한은 자신의 위치를 알았습니다. 그러기에 "나는 그분의 신발 끈을 풀어 드릴 자격조차 없다."고 했습니다. 진정 겸손한 사람은 자신의 위치를 아는 사람입니다. 세례자 요한은 예수님의 칭찬을 받기에 충분한 분이었습니다. 그는 행복한 조연이었습니다.

14 December

대림 제3주일

1984년, 한국 천주교 주교회의는 매년 대림 제3주일을 '자선 주일'로 지내기로 정하였다. 모든 그리스도인들이 고통 받는 이웃들에게 자선을 베풀도록 배려하기 위해서다. 신자들은 소외된 사람들을 위해 기도하며 특별 헌금을 한다. 이렇듯 자선은 하느님의 자비하심에 동참하는 행위이며 아기 예수님을 위한 기다림의 준비이기도 하다.

요한 1,6-8.19-28 :

복음에서는 요한의 정체를 묻고 있습니다. "당신은 누구요? 우리를 보낸 이들에게 답해야 하오." 요한은 '준비하는 사람'이라고 답합니다. 훌륭한 분이 오시는데, 자신은 '그분의 신발 끈을 풀어 드리기에도 부족한 사람'이라고 소개합니다. 그만큼 위대한 분이 오실 거라는 요한의 답변입니다.

대림 첫 주일의 주제는 '깨어 기다림'이었습니다. 둘째 주일은 '회개'였고 셋째 주일은 '희망'이 주제입니다. 그런데 그토록 기다렸던 예수님께서는 아기의 모습으로 오십니다. 아무것도 지니지 않은 모습입니다. 기다림의 목표를 '소유하는 것'에 두어서는 안 된다는 가르침입니다. 힘겨운 인생에서 사랑과 감사를 '희망하는 것'의 첫자리에 두라는 말씀입니다.

예로부터 신앙인은 세 가지 덕목을 갖추어야 했습니다. 신덕과 망덕과 애덕입니다. 희망은 당당하게 세 덕목 중 하나였던 것입니다. 희망을 외면하고 살아왔다면 이제라도 시도해야 합니다. 아름다운 희망을 연습해야 합니다. 이것이 대림 시기 셋째 주일의 가르침입니다.

주님께서는 만물을 칭찬하시며 은총을 주고 계십니다. 그런데 받는 우리가 실망하며 살고 있다면 곤란한 일입니다. 그분께서 은혜로 주시는데 감사하며 받지 못하는 이유를 찾아내야 합니다. 대림 제3주일의 숙제입니다.

15 December

마태 21,23-27 :

    사제들과 백성의 원로들은 예수님의 권한을 문제 삼습니다. "당신은 무슨 권한으로 이런 일을 하는 것이오? 누가 당신에게 이런 권한을 주었소?" 그들로서는 당연한 질문입니다. 예수님께서는 어디에도 소속되어 있지 않으셨기 때문입니다. 그들은 예수님의 언행이 못마땅했던 것입니다.
    주님의 일을 하시건만 '성전의 사람들'이 공격합니다. 백성을 위한 일이건만 '율법의 사람들'이 핍박을 가합니다. 세례자 요한에게도 그렇게 했고 예수님께도 그렇게 하고 있습니다. 좋은 일을 했지만 제대로 대접받지 못하는 경우가 허다합니다. 그만큼 세상은 불공평합니다. 세상에서 공평을 원하면 늘 가슴앓이를 해야 합니다. 공평함은 하늘나라에서만 가능한 일입니다.
    사제들과 백성의 원로들도 예수님의 기적 이야기를 들었습니다. 어쩌면 기적의 자리에 함께했던 이들도 있을 것입니다. 그런데도 예수님의 권한을 문제 삼고 있습니다. 무작정 찔러 보는 것입니다. 하지만 주님께서는 조용히 답하십니다. '요한의 세례'를 어떻게 받아들이냐고 반문하십니다. 그들에게 생각할 기회를 주셨던 것입니다. 예수님의 넓은 마음입니다. 그러니 세상에 대해 화내지 말고 살아야 합니다.

16 December

마태 21,28-32 :

두 아들의 비유는 마태오 복음서에만 나옵니다. 아버지는 아들에게 포도밭에 가서 일할 것을 당부합니다. 큰아들은 거절하지만 나중에 마음을 바꿉니다. 그런데 작은아들은 가겠다고 해 놓고 가지 않습니다. 예수님께서는 누가 더 순종하는 아들인지 질문하십니다. 대답하는 그대들은 어떤 아들인지를 묻고 계신 것입니다.

가겠다는 말만 하고 '가지 않은 아들'은 누구의 모습일는지요? 문맥으로 보면 바리사이들입니다. 잘 산다고 생각하는 사람들입니다. 무엇이든 "예!" 하고 답하지만 적당히 대처하는 이들입니다. 그런 이들은 오늘날에도 많습니다. 행동은 적고 요구는 많은 사람들입니다.

예수님께서는 거절했다가 '일하러 간 아들'을 '세리와 창녀'에 비유하십니다. 그들은 사회적으로 소외된 이들입니다. 율법에서는 죄인으로 간주되던 이들입니다. 그런데도 주님께서는 큰아들의 모습이라고 하십니다. 요한의 말을 듣고 회개했기 때문입니다.

비유의 메시지는 단순합니다. 세리와 창녀들도 삶을 바꾸는데 '왜 바꾸지 못하는가?' 하는 질책입니다. 바꾸어야 은총이 함께합니다. 맏아들은 싫다고 했지만 마음을 바꾸었습니다. 그러기에 순종하는 아들이 되었습니다. 무엇을 어떻게 바꾸어야 할지 도움의 은총을 청해야 합니다. 그러면 기쁨과 함께 답을 주십니다.

17 December

마태 1,1-17 :

예수님의 긴 족보를 읽습니다. 모르는 사람들이 대부분입니다. 생소한 이름도 많습니다. 히브리 발음이라 혀가 잘 돌아가지도 않습니다. 이런 이름을 읽어야 하는 이유가 무엇일는지요? 예수님 때문입니다. 오직 그 이유 하나뿐입니다.

예비 신자들이 예수님에 대해 알아보려고 마태오 복음서를 펼칩니다. 그러다 족보를 접하게 되면 금방 흥미를 잃습니다. '누가 누구를 낳고 또 낳고' 하는 말이 40번 이상 반복되기 때문입니다. 자신과 관계없는 사람들이라고 생각합니다. 우리 역시 그런 생각을 갖고 있습니다. 하지만 아닙니다.

족보에 나오는 인물들은 모두 예수님과 연관되어 있습니다. 아브라함과 예수님 사이를 연결시켜 주는 이들입니다. 따라서 족보 이야기의 핵심은 '예언의 성취'에 있습니다. 주님께서 아브라함에게 하신 약속이 예수님을 통해 이루어졌다는 것입니다. 족보의 주인공은 예수님이며 나머지는 조연들입니다. 메시아의 출현을 기다렸던 역사의 조연들이지요.

유다인의 족보에는 가문을 대표하는 남자 이름과 대를 잇는 장자의 이름만 기록됩니다. 그러나 마태오 복음서에는 여자들도 있습니다. 세 분은 분명 이방인 여인들입니다. 이렇듯 구세주의 출현에 세상 모든 이가 동참했음을 복음은 전하고 있습니다.

18 December

마태 1,18-24 :

임마누엘은 '주님께서 우리와 함께 계시다.'는 뜻입니다. 그분께서 함께 계시면 얼마나 든든할는지요? 느낌을 살리지 못한다면 이유를 찾아봐야 합니다. 주님께서 도와주셨기에 축복으로 끝난 사건은 얼마든지 있습니다. 무심코 잊은 채 살아가기에 무덤덤해지는 것입니다. 그때의 감각을 되새겨야 합니다. 그러면 '임마누엘'의 의미는 새로워집니다.

사람들은 별다른 병이 없는데도 건강에 대해 불안을 느낍니다. 갑작스런 사고에 대해서도 공포심을 지닙니다. 하지만 두려워한다고 문제가 해결되는 것은 아닙니다. 생명은 본래부터 '주님의 것'이었음을 늘 기억해야 합니다. 이 정도의 건강을 주심에 감사하며 살아야 합니다. 그것이 '임마누엘'의 의미를 되새기는 행위입니다.

주님께서는 언제까지나 우리와 함께 계실 것입니다. 이것은 믿음의 문제입니다. 예수님께서는 이 믿음을 알려 주기 위해 오셨습니다. 그러니 어떤 처지에 있든 두려움을 벗고 희망을 가져야 합니다.

복음의 요셉은 마리아의 잉태에 대해 아무것도 몰랐습니다. 당연히 그는 고뇌에 빠집니다. 주님께서 천사를 보내 주셨기에 모든 것을 깨닫게 됩니다. 주님께서는 우리에게도 천사를 보내 주셨습니다. 그분들을 보는 눈이 없었기에 지나쳐 버렸을 뿐입니다. 곁에 있는 천사들을 먼저 만나야 합니다.

19 December

루카 1,5-25 :

즈카르야는 천사의 모습을 보자 두려움에 사로잡힙니다. 갑작스레 천상의 모습을 접했기 때문입니다. 그러나 천사의 음성은 뚜렷합니다. "두려워하지 마라, 즈카르야. 네 아내 엘리사벳이 너에게 아들을 낳아 줄 것이다." 순간, 그는 아내를 떠올립니다. 생리적으로 아이를 가질 수 없게 된 아내를 기억합니다. 그리고 말을 더듬습니다. "그것을 어떻게 알 수 있을는지요? 저와 제 아내는 나이가 많습니다."

가브리엘 천사는 그를 질책합니다. 그리고 아기가 태어날 때까지 말을 하지 못할 것이라고 합니다. 순간, 그는 벙어리가 됩니다. 그러면서 깨닫습니다. 주님께서 하시는 일임을 알게 됩니다. 말은 잃었지만 깨달음의 은총은 얻었던 것입니다. 평생을 제관으로 살아왔던 즈카르야입니다. 그런데도 어찌하여 천사의 말을 긴가민가했을까요? 현실만을 기억했기 때문입니다. 그의 지식이 신앙생활을 방해하고 있었던 것입니다.

하지만 즈카르야는 모든 시련을 아들을 위해 견디어 냅니다. 그 아들이 세례자 요한입니다. 아버지의 희생을 바탕으로 탄생한 것입니다. 요한은 열매였고 즈카르야는 뿌리였습니다. 물을 찾아 보이지 않는 땅속으로 내려가는 뿌리였습니다. 즈카르야는 죽을 때까지 요한을 위해 참고 희생했을 것입니다.

20 December

루카 1,26-38 :

"두려워하지 마라, 마리아야. 너는 하느님의 총애를 받았다." 천사 가브리엘은 이렇게 주님의 '메시지'를 전합니다. 총애는 은총입니다. 하느님의 이끄심입니다. 그분의 특별한 선택입니다. 그러니 두려워해야 할 이유가 없습니다. 믿고 맡기는 실천만 있으면 됩니다.

언제나 주님의 선택이 먼저입니다. 생활 속의 두려움은 은총이 오면 사라집니다. 사람들이 그토록 바라는 '겁 없는 삶'은 이렇게 시작되건만 모르고 있습니다. 두려움에서 벗어나기 위해 얼마나 애쓰고 있는지요? 물질의 축적과 지식의 습득, 그리고 수많은 정보를 동원하지만 깨닫지 못하고 있습니다.

천사는 이렇게 '하느님의 이끄심'을 알려 주었습니다. 마리아께서도 처음에는 머뭇거리셨습니다. 자신의 지식을 뛰어넘는 일이었기에 망설였던 것이지요. '두려움 없는 삶'을 어찌 한순간에 이해할 수 있을는지요? 천사는 엘리사벳의 이야기를 들려줍니다. 하느님께서는 못하시는 일이 없음을 알린 것입니다.

"저는 주님의 종입니다. 말씀하신 대로 이루어지기를 바랍니다." 절대로 자신을 비하하는 말씀이 아닙니다. 주님의 이끄심을 따르겠다는 표현입니다. 두려운 미래지만 당신의 이끄심을 신뢰한다는 신앙 고백입니다. 우리 역시 '삶의 두려움' 앞에서 성모님의 모습을 묵상해야 합니다. '삶의 불만과 억울함' 앞에서 성모님의 말씀을 되새겨야 합니다.

21 December

루카 1,26-38 :

어느 날 천사는 마리아에게 나타나 아기를 갖게 될 것을 예언합니다. 처녀 신분에서 아기를 갖는다는 것은 '삶이 뒤바뀌는 현실'입니다. 당황한 마리아는 '어떻게 그런 일이 있을 수 있는지' 반문합니다.

"성령께서 너에게 내려오시고 지극히 높으신 분의 힘이 너를 덮을 것이다." 천사는 이렇게 답합니다. 모든 일의 원인은 주님이심을 선언한 것입니다. 그러자 마리아께서는 '하느님의 종'임을 고백하며 받아들일 것을 약속합니다. 무명의 시골 처녀에서 성모 마리아로 바뀌는 순간입니다.

누구라도 사건 속에 담긴 '주님의 뜻'을 모두 알아낼 수는 없습니다. 하지만 고통스러운 사건에서는 짐작이 가능합니다. 아픔이 길잡이가 되기 때문입니다. '어떻게 그런 일이!' 마리아의 반응은 이 한마디로 시작되었습니다. 우리 역시 살다 보면 이렇게 말할 수밖에 없는 사건을 만납니다. '어찌 나에게 이런 일이 일어나는가? 어찌 내 자식에게 이런 일이 생기는가?'

그때 우리도 성모님처럼 고백할 수 있어야 합니다. "주님, 저는 당신의 종입니다. 주님의 뜻대로 이루어지기를 바랍니다." 아프고 또 아픈 이 고백을 시도해 보라는 것이 대림 시기의 가르침입니다.

22 December

루카 1,46-56 :

성모님께서는 찬미의 노래를 부르셨습니다. '마리아의 노래'입니다. 당신께 일어난 일을 생각하면 찬양하지 않을 수 없었을 것입니다. 천사의 발현을 목격했고 그로부터 아기를 갖게 되리라는 말씀을 듣습니다. 그리고 그 아기는 보통 아이가 아님을 알게 됩니다. 교만에 빠질 수 있었지만 마리아께서는 마음을 다잡습니다.

그리고 천사의 귀띔으로 엘리사벳을 방문합니다. 그녀 역시 기적의 아이를 가졌기 때문입니다. 두 분은 무슨 이야기를 하셨겠습니까? 대화의 내용을 남긴 것이 '마리아의 노래'입니다. 가난하고 비천한 이를 높이시는 주님을 찬미하고 있습니다.

우리도 살면서 '생각지 않은 축복'을 체험합니다. 어려운 일이 쉽게 풀렸고 모르는 이들의 도움을 받았습니다. 확실한 실패였는데도 예기치 않은 사건으로 살아났습니다. 그때 어떤 마음이었습니까? 우연으로 받아들이지 않았는지요? 축복을 '우연한 것'으로 여기면 교만이 됩니다. 주님께서는 교만한 자를 내치신다고 하셨습니다.

오늘날, 마리아의 노래는 수도자들의 매일 기도에 들어 있습니다. 가난과 겸손을 늘 기억하며 살라는 무언의 가르침입니다. 우리 역시 '마리아의 노래'를 매일 읽는다면 '삶이 곧 축복'임을 깨닫게 됩니다. 교만해지지 않고 겸손하게 살아갈 수 있습니다.

23 December

루카 1,57-66 :

    가브리엘 천사는 즈카르야에게 나타나 요한의 탄생을 알립니다. 그 순간, 그는 의심에 휩싸입니다. "제가 그것을 어떻게 알 수 있겠습니까? 저는 늙은이고 제 아내도 나이가 많습니다." 아이를 잉태할 수 없는 '생리적 상황'을 우회적으로 표현한 것입니다.

    그의 의심은 합리적입니다. 하지만 요한의 잉태는 주님의 기적입니다. 그분께서 하시는 일입니다. '하느님의 일'을 인간의 계산으로 판단하려 했던 것이 즈카르야의 잘못이었습니다. 더구나 그는 사제였습니다. 보속으로 그는 벙어리가 되지요. 처음에는 놀랍고 부끄러웠을 겁니다. 사람들을 만나는 것도 피했을 것입니다. 하지만 차츰 은총을 느끼게 됩니다. 왜 이런 고통을 주셨는지 깨닫게 됩니다.

    그는 아들의 탄생을 받아들이지 못했습니다. 불가능하다는 것을 알고 있었기 때문입니다. 그렇다면 '아기를 가질 수 있는 상황'이었다면 어떠했을까요? 요한의 탄생을 기적으로 인정하지 않으려 했을 것입니다.

    그러기에 주님께서는 가능성이 없는 상황에서 아들을 주셨던 것입니다. 즈카르야는 벙어리로 있으면서 이것을 깨우치게 됩니다. 그러자 입이 열리고 혀가 풀려 말을 하게 됩니다. 벙어리의 삶은 깨달음을 얻기 위한 수단이었을 뿐입니다. 고통이 없으면 깨달음은 오지 않습니다. 똑똑한 사람들에게는 더욱 그렇습니다.

24 December

루카 1,67-79 :

이스라엘의 '사제'는 레위 지파에게만 주어진 직분입니다. 신분에서부터의 제약입니다. 그만큼 선택된 사람이라는 자긍심이 강했습니다. 율법을 보호하는 지도자였으며 종교 생활의 재판관이었습니다. 그들은 의복부터 달랐습니다. 금실로 짠 화려한 옷을 입었습니다. 일반인과 구별하기 위해서였습니다. 사제복을 입지 않고 제사를 드리면 처형을 당했습니다.

즈카르야는 평생을 그러한 사제로 지냈던 사람입니다. 그런데 어느 날 벙어리가 됩니다. 그것도 성전 안에서 예절을 거행한 뒤였습니다. 사람들의 수군거림을 그는 듣습니다. '무슨 일이 있었기에 벙어리가 되었을까?' 즈카르야는 말하려 했지만 목소리가 나오지 않습니다. 창피하고 답답했을 것입니다. 하지만 참을 수밖에 없었습니다.

천사의 말을 잠시라도 의심한 것이 미안해서입니다. 그는 자신의 지난날을 돌아봤을 것입니다. 중요한 순간마다 '주님께서 함께하셨음'을 선명하게 깨달을 수 있었을 것입니다. 이렇게 해서 나타난 것이 '즈카르야의 노래'입니다.

벙어리가 되지 않았다면 이런 찬미가는 나오지 않았을 것입니다. 그러므로 고통은 은총입니다. 즈카르야의 희생은 아들을 위한 거름이었던 것입니다. 고통은 더 큰 세계를 향해 눈뜨게 합니다. '아픈 만큼 성숙한다.'는 표현은 불변의 진리입니다.

마태 1,1-25 :

　　　　마태오 복음서는 첫 장부터 예수님의 족보 이야기를 꺼냅니다. 유다 지파의 핏줄인 메시아임을 강조하기 위해서입니다. 아브라함에게 하셨던 '약속'이 예수님을 통해 실현되었음을 증명한 것입니다. 복음은 처음부터 유다인들의 기를 꺾어 놓고 있습니다.

　　족보에는 다섯 여인이 등장합니다. 먼저 유다의 며느리였던 '타마르'와 살몬의 아내 '라합'과 며느리 '룻'입니다. 살몬은 여호수아의 명령으로 예리코 성에 들어갔던 정탐꾼이지요. 그는 가나안 여자였던 라합의 도움을 받고 그것이 인연이 되어 혼인합니다. '우리야의 아내'는 솔로몬의 어머니 '밧 세바'입니다. 다윗의 후계자를 낳은 여인이었으니 족보에 오르지 않을 수 없습니다. 그리고 마침내 예수님의 어머니 '마리아'가 등장합니다.

　　유다인의 족보에는 여자들을 기재하지 않습니다. 가문을 대표하는 남자와 대를 잇는 맏아들만 기록합니다. 그런데 마태오 복음서는 여인들의 이름을 정확하게 기재하고 있습니다. 더구나 라합과 룻과 밧 세바는 이방인 출신이거나 남편이 이방인이었습니다. 구세주의 출현에는 유다인뿐만 아니라 세상 모든 이가 동참하고 있었음을 드러낸 것입니다.

　　'임마누엘'은 "우리와 함께 계시는 하느님"이라고 했습니다. 선택된 이들만 부르시는 분이 아니라는 말씀입니다. 그분은 모든 이와 함께하시면서 '꿈을 이루어 주는 분'이십니다.

25 December

예수 성탄 대축일

루카 2,1-14 :

밤샘하던 목자들이 예수님의 탄생을 처음 목격합니다. 세상눈으로 볼 때 지위도, 가진 것도 별로인 사람들입니다. 주님께 가기 위해 '그러한 것'은 중요하지 않음을 알 수 있습니다. 모르는 사이에 우리는 신앙을 물질로 저울질합니다. 물질이 많아야 교회 생활도 잘할 수 있다고 생각합니다.

하지만 아닙니다. 믿음의 길은 은총이 좌우합니다. 은총에 합당한 사람을 주님께서는 부르십니다. 목자들이 선택된 것도 그들이 그러한 사람들이었음을 증명하는 것입니다. "두려워하지 마라. 나는 기쁨이 될 소식을 너희에게 전한다." 천사는 이렇게 말했습니다. 그러니 은총을 막는 장애물은 언제라도 두려움입니다.

우리는 무엇이 두려운지요? 우리를 두렵게 하는 것의 실체는 무엇인지요? 확실한 두려움이 있다면 그곳에 아기 예수님께서 오시길 청해야 합니다. 그러나 막연한 두려움이라면 '목자의 모습'이 되어 아기 예수님 앞으로 나아가야 합니다.

갈수록 사람들은 '사는 것'을 힘들어합니다. 삶의 기쁨을 두려움에 빼앗기고 있기 때문입니다. 맡기면 '건강한 미래'를 주십니다. 맡기지 못하기에 막연한 두려움'이 스며듭니다. '맡기는 삶'을 다시 시작하라고, 그분께서는 아기가 되어 오셨습니다. 2008년 성탄절의 메시지입니다.

26 December

성 스테파노 첫 순교자 축일

성 스테파노는 초대 교회 일곱 부제 중 한 분으로 그리스어에 능통했다. 그는 사도들로부터 안수를 받은 뒤에 하느님의 은총으로 놀라운 일을 많이 했다. 유다인들은 스테파노와 논쟁을 벌였는데, 그를 감당할 수 없게 되자 사람을 매수하여 하느님을 모독했다는 소문을 퍼뜨리게 했다. 이렇게 해서 스테파노는 최초의 순교자가 되었다. '스테파노'란 말은 그리스어로 "관冠"을 뜻한다.

마태 10,17-22 :

    혼자라고 생각하기에 삶의 지루함을 느낍니다. 누군가를 위하고, 누군가와 함께한다고 생각하면 인생은 지루하지 않습니다. 더불어 사는 이에게 삶은 언제나 '변수 그 자체'입니다. 그러니 미래는 주님의 것임을 믿어야 합니다. 그분만이 우리의 앞날을 인도하실 수 있습니다. 그런 믿음으로 살아가면 인생길은 '꽃길'이 됩니다.

    어떻게 살아야 그런 삶이 될는지요? 두려워하지 않는 삶입니다. 예수님은 "내일 걱정은 내일 하라."고 말씀하셨습니다. 저만치 오는 비를 미리 뛰어가서 맞지 말라는 말씀입니다. 요즘 우리는 쓸데없는 정보를 너무 많이 접합니다. 몰라도 되는 정보를 너무 많이 알기에 불필요한 걱정을 하는 것이지요.

    예수님은 외치십니다. "어떻게 말할까, 무엇을 말할까 걱정하지 마라. 너희가 무엇을 말해야 할지, 그때에 일러 주실 것이다." 성경 말씀을 한 번이라도 체험해 본 사람이라면 사는 것이 두렵지 않을 것입니다. 어떤 정보와 뉴스를 접하더라도 흔들리지 않을 것입니다.

    물질이 많다고 걱정이 사라지는 것은 아닙니다. 통장에 수십억 원이 있다고 불안이 없어지는 것은 아닙니다. 걱정과 불안은 돈과 재물이 좌우하지 않습니다. 믿고 맡기는 마음이 결정합니다. 주님께서 함께하시면 어떤 두려움도 오래가지 않습니다. 기회가 없었다면 이번 성탄 시기부터 시작해야 합니다. 진심으로 '믿고 맡기는 훈련'을 시작해야 합니다.

27 December

성 요한 사도 복음사가 축일

사도 요한은 야고보 사도의 동생이다. 형제는 갈릴래아 호수에서 고기잡이하던 어부였는데, 예수님의 부르심을 받고 제자가 되었다. 두 사람은 스승님의 애정을 많이 받았다. 중요한 기적의 장소에서는 늘 베드로와 함께 있었다. 예수님께서는 돌아가시기 전에 요한에게 성모님을 당부하셨다. 요한은 초대 교회의 중요한 지도자였고 에페소에서 선종하였다.

요한 20,2-8 :

막달레나는 이른 새벽에 예수님을 만나러 갑니다. 그분의 죽음을 믿을 수 없었습니다. 무덤 속에 계신다고 인정할 수도 없었습니다. 어떻게 만날 수 있는지도 생각하지 않았습니다. 극진한 사랑이 그녀를 무덤으로 가게 했고 부활하신 예수님의 흔적을 보게 했습니다.

베드로와 요한도 예수님 생각으로 가득 차 있었습니다. 그러기에 막달레나의 말을 듣자 한순간에 달려갑니다. 그리고 빈 무덤을 보고 놀랍니다. 환희와 기쁨의 놀람이었습니다. '마리아의 애정'과 '제자들의 열의'를 묵상해야 합니다. 우리가 돌아가야 할 믿음의 자세입니다.

이후에도 예수님께서는 베드로와 요한에게 발현하셨습니다. 무력감에 젖어 있던 그들을 위로하시기 위해서였습니다. 그분은 우리에게도 오셨습니다. 용기와 힘을 주시려고 아기의 모습으로 오셨습니다. 올해도 며칠 남지 않았습니다. 그러니 성탄의 은총을 믿고 밝게 걸어가야 합니다. 평화와 기쁨을 만들며 살아야 합니다.

무덤은 언제든 나타납니다. 신앙이 부담스럽다면 '무덤의 시작'입니다. '삶의 에너지'인 믿음이 '삶의 멍에'로 바뀌기에 생기는 현상입니다. 그러므로 막달레나의 정성과 요한의 열정으로 돌아가야 합니다. 예수님을 섬기는 사람에게 '부담스런 믿음'은 어울리지 않습니다.

28 December

예수, 마리아, 요셉의 성가정 축일

성가정에 대한 공경은 초대 교회 때부터 있었고 중세 이후 활발해졌다. 1921년 교황 베네딕토 15세는 '공현 축일 다음 첫 주일'을 성가정 축일로 지내게 했다. 그러다가 1969년 전례력을 개정할 때 '성탄 팔일 축제 내 주일'로 옮겼다. 한국 천주교 주교회의는 2001년부터 '예수, 마리아, 요셉의 성가정 축일' 주간을 '가정 성화 주간'으로 지정했다.

루카 2,22-40 :

"보십시오. 이 아기는 많은 사람을 쓰러지게도 하고 일어나게도 하며, 또 반대를 받는 표징이 되도록 정해졌습니다. 당신의 영혼이 칼에 꿰찔리는 가운데, 많은 사람의 마음속 생각이 드러날 것입니다." 시메온은 이렇게 예언의 말을 남깁니다. 말씀을 듣는 성모님의 마음은 착잡했을 것입니다.

하지만 하느님의 뜻을 먼저 생각하십니다. 그분의 뜻이라면 고난을 감수하겠다고 다짐하십니다. '성가정의 기본'을 이루었던 마음입니다. 성모님과 요셉 성인, 그리고 소년 예수님이라고 해서 인간적 갈등이 없었던 것은 아닙니다. 개성이 강한 분들이었기에 어쩌면 더 심각했을지도 모릅니다.

하지만 그분들은 '하느님의 뜻' 안에서 해결점을 찾으려고 했습니다. 언제나 '주님의 뜻'을 공통분모로 해서 해결을 시도했습니다. 성가정이 될 수 있었던 이유입니다. 그분들은 이렇게 해서 성가정을 만드셨던 것입니다. 요셉 성인과 성모님과 예수님, 이 세 분이 이루신 가정이기에 '성가정'이라고 하는 것은 아닙니다. 모두 '성가정의 일원답게 사셨기에' 성가정이라고 부르는 것입니다.

'불화와 갈등이 있으면 성가정이 아니고, 일치와 화목이 있어야만 성가정이다.' 이것은 잘못된 생각입니다. 갈등 속에서도 주님의 뜻을 찾으려고 노력하면, 그 가정은 성가정이 됩니다. 머지않아 성가정의 지혜와 힘을 얻게 됩니다.

29 December

성탄 팔일 축제 내 제5일

루카 2,22-35 :

유다인들은 아이가 태어나면 성전에서 봉헌식을 해야 했습니다. "사내 아이를 낳았을 경우, 이레 동안 부정하게 된다. 여드레째 되는 날에는 할례를 베풀어야 한다."는 '레위기'의 기록 때문입니다. 마리아께서도 이런 이유로 아기 예수님을 성전에 봉헌하러 가십니다.

그리고 그곳에서 시메온을 만납니다. 그는 나이 많은 예언자였습니다. 하지만 '주님의 그리스도를 뵙기 전에는 죽지 않으리라는 신념을 갖고 있었습니다. 시메온은 예수님을 팔에 안고 찬미의 노래를 부릅니다. '주님, 이제는 당신 종이 평화로이 떠날 수 있게 되었습니다. 제 눈으로 구원을 보았기 때문입니다.' 그리스도를 만나 뵈었으니 죽어도 여한이 없다는 말입니다. 할아버지 시메온이 예수님을 안고 있는 모습은 누구나 상상할 수 있습니다.

사람은 나이를 먹으면 욕심이 많아집니다. 그런데 시메온은 달랐습니다. 기꺼이 죽음을 맞이하겠다고 합니다. 그리스도를 기다리며 살아왔기에 그렇습니다. 누군가를 기다리며 사는 것은 이렇듯 사람을 순수하게 합니다.

우리 역시 누군가를 기다리며 살고 있습니다. 미구에 맞이할 죽음입니다. '빨리 돈을 모아 아이들을 혼인시키고, 그럴싸한 집도 마련해야 할 텐데! 그러기 전에 죽어서는 안 되는데!' 이렇게만 생각하고 있는 것은 아닌지요? 시메온 할아버지를 묵상해야 합니다.

루카 2,36-40 :

　사는 것이 너무 고통스러운 어떤 부인이 있었습니다. 그녀는 매일 하늘나라로 데려가 달라고 기도했습니다. 그런데 어느 날 주님께서 응답하셨습니다. '소원대로 해 주겠다. 그런데 몇 가지 부탁을 하겠다. 우선 그대가 죽으면 장례를 치를 것이니 사람들을 위해 집 안을 깨끗이 정리하길 바란다.'
　'그대가 떠나면 자식들이 마음에 걸릴 것이다. 자녀들에게 마음껏 애정을 쏟아 주기를 바란다. 남편에게도 최선을 다하라. 좋은 아내였다고 생각할 수 있도록 무슨 말을 해도 대꾸하지 말고 정성으로 모셔라. 사흘 뒤, 그대에게 가겠다.'
　부인은 눈 딱 감고 3일 동안 그렇게 했습니다. 마침내 주님께서 오셔서 '이제 갈 시간이 되었다.'고 하셨습니다. 그런데 깨끗이 정돈된 집 안을 보니 생각이 달라졌습니다. 남편과 자녀들의 '전에 없던 모습'에 마음이 흔들렸습니다. 부인은 '이렇게 좋아지니 떠나기 싫다.'고 생각하게 됩니다.
　마음을 바꾸면 세상도 바뀌어 보입니다. 내가 변화되면 나를 둘러싸고 있는 모든 것에도 변화가 옵니다. 죽음까지도 극복할 수 있는 변화입니다. 복음의 '한나 예언자'는 구약의 여인들을 대표하는 인물입니다. 그러기에 긴 기다림 끝에 아기 예수님을 뵙게 되었습니다. 기다림의 대가는 어떤 식으로든 주어지는 법입니다.

31 December

성탄 팔일 축제 내 제7일

요한 1,1-18 :

금년 한 해도 역사 속으로 사라지고 있습니다. 올해도 우리는 많은 일을 겪었습니다. '아찔한 사건'도 많았고 '위험한 만남'도 있었습니다. 어렵게 '고비를 넘긴 체험'도 기억납니다. 그때를 돌아보면 분명 은총이 함께했습니다. 한순간 삐끗했더라면 지금의 내 모습이 아닐 수도 있는 순간들입니다. 새삼 '모든 것이 은총'임을 느낍니다.

그런데도 세월이 가면 잊고 맙니다. 잊지 않으려고 애쓰지만 쉽지 않습니다. 그냥 그렇게 감정이 엷어지고 맙니다. 이것이 인간입니다. 주님께서는 인간의 이런 모습을 아시면서도 사랑해 주십니다. 그러니 한 해를 보내는 오늘, 우리가 할 일은 감사드리는 일뿐입니다. '그럼에도 불구하고' 은총으로 도와주셨음에 감사드리는 것이지요.

복음의 주제는 예수님입니다. 빛이신 예수님입니다. "모든 사람을 비추는 참빛이 세상에 왔다."고 했습니다. 우리는 수없이 성체를 모셨고 그때마다 빛이신 그분을 맞이했습니다. 그런데도 아직 어둠이 느껴지고 있다면 무엇이 잘못된 것인지요? '빛의 생활'을 못하고 있기 때문은 아닐는지요?

빛의 생활은 '밝은 기운'을 드러내는 행동입니다. '감사의 마음'을 표현하는 행위입니다. 말과 행동으로 얼마든지 할 수 있는 일입니다. 예수님처럼 '사랑하는 마음'만 있으면 언제 어디서든 가능합니다. 가까운 사람들에게 실천하면 금방 '에너지'로 바뀌는 일입니다.

말씀으로 걷는 하룻길
365일 복음 묵상 가해

지은이 : 신은근
펴낸이 : 백기태
펴낸곳 : 성바오로
주소 : 서울 강북구 송중동 103-36
등록 : 7-93호 1992. 10. 6
1판 1쇄 : 2011. 3. 15
1판 2쇄 : 2011. 7. 21
SSP 923

취급처 : 성바오로보급소
전화 : 9448--300, 986--1361
팩스 : 986--1365
통신판매 : 945--2972
E-mail : bookclub@paolo.net
http://www.paolo.net

값 18,000원
ISBN 978-89-8015-766-2